Breve História das Finanças

E as suas lições práticas
para os investidores

Breve História das Finanças
E as suas lições práticas para os investidores

2021

Rodolfo L. F. Olivo

BREVE HISTÓRIA DAS FINANÇAS
E AS SUAS LIÇÕES PRÁTICAS PARA OS INVESTIDORES
© Almedina, 2021
AUTOR: Rodolfo L. F. Olivo

DIRETOR ALMEDINA BRASIL: Rodrigo Mentz
EDITOR DE CIÊNCIAS SOCIAIS E HUMANAS: Marco Pace
ASSISTENTES EDITORIAIS: Isabela Leite e Larissa Nogueira

REVISÃO: Marco Rigobelli
DIAGRAMAÇÃO: Almedina
DESIGN DE CAPA: Roberta Bassanetto
IMAGEM DE CAPA: Jcomp/Freepik.com

ISBN: 9786587019154
Agosto, 2021

Dados Internacionais de Catalogação na Publicação (CIP)
(Câmara Brasileira do Livro, SP, Brasil)

Olivo, Rodolfo L. F.
Breve história das finanças : e as suas lições práticas para os investidores / Rodolfo L. F. Olivo. -- 1. ed. -- São Paulo : Actual, 2021.

ISBN 978-65-87019-15-4

1. Economia 2. Educação financeira 3. Finanças 4. Investimentos 5. Poupança e investimento I. Título.

21-67911	CDD-332

Índices para catálogo sistemático:

1. Finanças : Economia 332

Aline Graziele Benitez - Bibliotecária - CRB-1/3129

Este livro segue as regras do novo Acordo Ortográfico da Língua Portuguesa (1990).

Todos os direitos reservados. Nenhuma parte deste livro, protegido por copyright, pode ser reproduzida, armazenada ou transmitida de alguma forma ou por algum meio, seja eletrônico ou mecânico, inclusive fotocópia, gravação ou qualquer sistema de armazenagem de informações, sem a permissão expressa e por escrito da editora.

EDITORA: Almedina Brasil
Rua José Maria Lisboa, 860, Conj.131 e 132, Jardim Paulista | 01423-001 São Paulo | Brasil
editora@almedina.com.br
www.almedina.com.br

Dedico este livro às três mulheres da minha vida:
À minha filha Brenda;
À minha esposa Sandra;
À minha mãe Tânia.
Sem vocês eu nada seria. Muito obrigado.

Sumário

Prefácio 9
Introdução 15

PARTE I
Os Primórdios 23

CAPÍTULO 1. É impossível calcular a loucura humana 25
CAPÍTULO 2. Prelúdio em Paris 35

PARTE II
As Finanças Neoclássicas 57

CAPÍTULO 3. O único almoço grátis em finanças é a diversificação 59
CAPÍTULO 4. A Epopeia em busca do modelo-padrão de finanças 73
CAPÍTULO 5. A cereja do bolo e o mergulho no exótico 95

PARTE III
As Novas Finanças 109

CAPÍTULO 6. A ascensão das Finanças Comportamentais 111
CAPÍTULO 7. O mundo é mais complexo do que imaginávamos 133
CAPÍTULO 8. A curva normal não é o acontecimento mais normal
  em finanças.. 153
CAPÍTULO 9. Sinais dos tempos 167
CAPÍTULO 10. Uma tentativa de conciliação 181
CAPÍTULO 11. Se o mercado é invencível, quem são esses caras?.......... 195

PARTE IV
Lições da História das Finanças para os Investidores......................... 213

CAPÍTULO 12. Cuidado com o que você pensa................................... 215
CAPÍTULO 13. O *Value Investing* funciona?...................................... 223
CAPÍTULO 14. Cinco implicações intrigantes..................................... 233
CAPÍTULO 15. Como ganhar dinheiro com o que você não sabe......... 241

Epílogo 253
Personagens do livro em ordem alfabética pelo sobrenome 255
Vencedores do Prêmio Nobel de Economia e personagens do livro ... 261

APÊNDICES TÉCNICOS 263

APÊNDICE TÉCNICO I A Teoria da Carteira de Markowitz................... 265
APÊNDICE TÉCNICO II Teoremas de Modigliani e Miller (M&M)........ 275
APÊNDICE TÉCNICO III O CAPM 281
APÊNDICE TÉCNICO IV Fluxo de Caixa Descontado 291

Referências... 305

Prefácio

por Rodolfo Amstalden, sócio-fundador da Empiricus Research

Em 2005, ano em que eu concluiria o Bacharelado em Ciências Econômicas na FEA-USP, decidi que era o momento ideal para procurar um novo estágio.

Na época, as principais ofertas de emprego ainda eram impressas em papel sulfite, afixadas em um mural na faculdade.

Aproveitei o intervalo entre a primeira e a segunda aula para passar os olhos pelo mural, em busca de uma descrição de vaga minimamente compatível com aquilo que eu julgava ser o meu perfil. Dois grupos dominavam o mural: vagas em multinacionais e vagas em bancos. Não me lembro de qualquer menção a *startups*, por exemplo; não existia o mundo de *startups*. Oito em cada dez alunos escolhiam grandes empresas ou grandes bancos.

Dentro desse duopólio, os bancos cultivavam certa vantagem, graças ao glamour do setor financeiro. Você trabalharia entre 12 e 16 horas por dia, pediria ajuda de algum bicho grilo para assinar as listas de chamada, e, com sorte, correria atrás das disciplinas aos finais de semana. Em troca, receberia um *total compensation* acima da média e seria agraciado pelo reconhecimento dos pares.

Nos corredores da FEA de 2001 a 2005, não havia símbolo maior de status do que comparecer às aulas uma vez por semana, atrasado, vestido de social, passando de semestre com nota cinco bola (qualquer décimo a mais do que cinco seria desperdício).

Se você trabalhava em um banco de investimentos, tinha a honra de ocupar o altíssimo percentil entre os altos percentis.

Imerso em tamanha norma social, seria difícil resistir à ideia de, ao menos, se candidatar a vagas nos bancos de investimentos. Foi o que eu fiz, indo contra minha própria natureza.

A despeito de uma tentação de auto boicote (ou auto salvamento?) nos processos seletivos, acabei aplicando para uma instituição reputada, uma das metonímias da Faria Lima. Já nas etapas finais, lembro-me de ter feito uma entrevista na qual um dos sócios do banco me perguntou se eu praticava algum exercício físico.

Espremido entre uma faculdade diurna e outra noturna, eu não tinha tempo para nada. Mas também não queria passar a impressão de ser o verme sedentário que eu realmente era. Então, simplesmente respondi a verdade: incentivado pelo trânsito paralisante da Teodoro, decidira descer do ônibus antes do meu ponto, percorrendo o caminho restante a pé.

Isso me ajudava a ativar a circulação das pernas e a processar uma série de preocupações na cabeça. A sensação ao chegar em casa era tão benéfica que comecei pulando uns quatro pontos antes e, dois meses depois, já estava andando mais de uma hora até chegar em casa.

O sócio do banco terminou de ouvir meu breve relato e abriu um sorriso de canto, sem mostrar os dentes. Ele achou aquilo engraçado. Explicou que as pessoas que trabalhavam ali faziam picos de corrida ultra rápida na esteira, de forma a maximizar o número de calorias perdidas no menor tempo possível.

"Calculando aqui por cima, acho que em 40 minutos de sprint na esteira eu gasto mais calorias do que você em todas essas suas caminhadas da semana. Mas fica tranquilo. Se a gente te aprovar aqui, você vai aprender, por bem ou por mal, a otimizar seu tempo".

Perto do que ouvi sobre outras entrevistas na Faria Lima, considerei aquilo um elogio. Aparentemente, o sujeito tinha ido com a minha cara.

No fim das contas, passei no tão sonhado banco de investimentos, recebendo os parabéns do RH pela oportunidade incrível que haviam me dado. Desisti da vaga ali, na mesma hora, por telefone. Meu interlocutor ficou incrédulo, queria entender o que estava acontecendo comigo.

Não sei como teria sido a minha trajetória profissional se eu tivesse ido em frente com aquela vontade que não me pertencia. Um dos grandes desafios da vida consiste em nos apaixonarmos por nossas próprias paixões, e não pelas dos outros. Para isso, temos que aprender a conhecer quem somos desde muito cedo.

Sinto um frio na espinha ao imaginar que a Empiricus possivelmente não existiria se eu tivesse entrado no banco de investimentos. Naquela fase da minha vida, a probabilidade de ir trabalhar na Faria Lima era grande, enquanto a chance de fundar uma empresa como a Empiricus era minúscula. A única coisa que sabemos sobre probabilidades da vida real é que elas mudam o tempo todo, e mudam radicalmente.

Pois bem, neguei uma oferta de emprego, mas só porque tinha outra garantida. Aceitei ganhar um terço do que ganharia no banco para trabalhar num site de notícias e análises financeiras. Em compensação, meu expediente era de 6 a 8 horas por dia como estagiário, e eu tinha acesso amplo e irrestrito a uma biblioteca infinita de relatórios de análise publicados no mundo inteiro. Mais importante do que isso, foi lá que eu conheci o Felipe, e foi lá que tivemos, juntos, a ideia de fundar um *research* independente no Brasil.

Quando comecei a trabalhar naquele site, percebi rapidamente que eu não sabia absolutamente nada sobre Finanças. A cada dia, me deparava com conceitos e expressões completamente novos. Ao mesmo tempo que aquele aprendizado me estimulava intelectualmente, senti também uma certa vergonha pessoal, acompanhada da decepção com a bagagem que eu havia trazido da faculdade.

Fiquei lembrando de todas as disciplinas que eu cursei na FEA, de como elas desenvolveram em mim uma enorme capacidade de abstração, mas me prepararam pouquíssimo para a carreira profissional. Havia uma distância abismal entre o discurso acadêmico e a prática. Não era apenas o caso da escassez de conhecimento, mas também o caso da instrução transmitida de maneira ultrapassada, ou até mesmo errada. Por exemplo: passamos cinco semestres estudando econometria com base em distribuições gaussianas, que não se aplicam ao contexto de caudas gordas do mercado financeiro (obs. Modelos GARCH não resolvem o problema).

Quando converso com pessoas que cursaram outras faculdades e atuam em outras áreas, elas frequentemente me dizem coisas parecidas sobre a clássica dicotomia entre teoria e aplicação.

Para ser sincero, eu não acho que a faculdade deva se resumir a um exercício utilitarista de capacitação profissional, mas também não podemos chegar ao primeiro dia de trabalho com os dois pés flutuando sobre nuvens epistemológicas. Deve haver um meio termo aí. Enquanto as escolas não encontram esse meio termo, sinto-me também culpado como um aluno que poderia ter se dedicado mais, e peço desculpas pelo relato pessoal, repleto de distrações desnecessárias. Acontece que tudo isso que acabei de contar me voltou imediatamente à memória na primeira vez em que segurei nas mãos o livro do meu xará.

De volta ao passado, fiquei pensando em como a existência deste livro teria me ajudado se ele estivesse disponível lá atrás, em 2005. Por certo, preencheria várias das lacunas que me deixaram desnorteado no meu contato inicial com o mercado financeiro. E completaria os espaços brancos numa linguagem fácil, prazerosa de ler, sem arrogância – a linguagem de quem está mais interessado em compartilhar conhecimento e menos interessado em aparecer no Youtube.

Eu não pude ter aulas com o Professor Olivo, mas posso aprender com ele por meio destas páginas. Os bons livros contêm esta vantagem ímpar de nos levar a lugares onde não pudemos ou não poderemos estar.

Aqui, seremos levados a uma história das Finanças, que não é menos e nem mais do que a história das pessoas apaixonadas por Finanças. Os números são sistematicamente superestimados em outras histórias financeiras, mas aqui o exagero cabe aos protagonistas do conhecimento construído, tal como tinha que ser.

Newton, Friedman, Mandelbrot e Kahneman são algumas das figuras que vão lhe mostrar que os melhores conceitos financeiros ultrapassam as fronteiras estritas da Economia, misturando-se à Física, à Matemática, à Psicologia e, naturalmente, às demais Ciências Sociais.

Contido por sua costumeira modéstia, o autor talvez não admita que estamos também diante de uma breve história da Filosofia Financeira. Há muitos livros dentro deste livro, algo como 150 livros em um, ou até mesmo 1.400 livros em um.

Parafraseando Peter Lynch, imagino o seguinte relato hipotético advindo de Olivo:

> "Minha biblioteca continuou a crescer, a tal ponto que acumulei 150 livros. Em vez de me contentar com algumas revistas e gibis, comprei livros de forma generalizada (depois de determinar, é claro, que cada uma

era um investimento promissor). Logo eu me tornei conhecido como o Will Rogers dos livros, o homem que nunca viu um livro de que não gostasse. Eles estão sempre fazendo piadas sobre isso na Barron's – você pode citar um livro que Olivo não possui? Como atualmente possuo 1.400, acho que eles têm razão."

Boas leituras!

Introdução

Não é usual um autor de livro começá-lo contando sua própria história, a menos que seja uma autobiografia, o que não é o caso do presente livro. Mas começarei justamente fazendo isso, não por vaidade ou soberba, muito pelo contrário, pois tive uma vida bem normal. Farei apenas com o intuito de explicar ao eventual leitor ou leitora, pressupondo que haja algum, o que pretendo com esse livro.

Sempre fui uma criança muito curiosa e fui alfabetizado em meados da década de 1980, combinação essa que me levou ao gosto por livros e pela leitura – explico: ser alfabetizado é uma benção para os pais de uma criança muito curiosa, pois até então você pergunta toda a sua infinita curiosidade para seus pais, perguntas fáceis, difíceis e impossíveis, uma atrás da outra! Deve ser bem cansativo esse papel dos pais, coitados dos meus. A possibilidade de a criança ler "salva" os seus pais, que agora, ao invés de terem que responder às perguntas diretamente, podem simplesmente sugerir que você vá ler em algum lugar e descobrir a resposta. Aí é que entra o segundo aspecto da década de 1980: hoje é possível sugerir às crianças que leiam o Google, a internet, ou qualquer *website* que você quiser, basta emprestar o celular ou computador (caso o seu filho já não tenha um). Na década de 1980 não existia nada disso, era possível apenas ler livros ou revistas.

Bem, eu me apaixonei, ainda em minha infância, pelos livros, particularmente de histórias, ficção científica e que trouxessem conhecimentos acessíveis para mim. As crianças declaram geralmente que quando crescerem querem ser astronautas, policiais, bombeiros, detetives, pois há um certo ar de aventura e glamour nessas profissões. Eu queria ser cientista, mesmo sem compreender bem o que seria essa profissão, apenas intuía que isso me permitiria continuar aprendendo e explorando o mundo, essa era a grande aventura que eu queria.

Acabei fazendo faculdade de administração de empresas, pois tinha também muita curiosidade sobre o mundo empresarial e dos negócios, o funcionamento da Economia, essas coisas. Na faculdade, de todo o amplo leque de opções que o curso de administração oferece como marketing, gestão de pessoas, operações, estratégia empresarial, entre muitas outras, acabei me interessando por finanças, o que reforça a percepção sobre meus gostos pouco ortodoxos.

Apesar de finanças ter algum apelo no curso de administração, em geral, está longe de ser a disciplina e especialização preferida pelos alunos, que geralmente acham marketing e gestão de pessoas mais acessível e menos denso (para não usar as palavras chato e incompreensível). Após me formar, trabalhei em um banco e na área financeira de algumas multinacionais, gostava do trabalho, mas não estava plenamente realizado profissionalmente.

No ano de 2003, aos meus 27 anos de idade, tive a primeira oportunidade lecionar no ensino superior e foi amor à primeira vista! Eu me senti plenamente realizado profissionalmente, e logo no ano seguinte, decidi me tornar professor em tempo integral, ou como alguns preferem, "professor profissional". Essa é uma das anedotas prontas da profissão, a clássica pergunta dos alunos: "professor, além de dar aula, o sr. trabalha?". Desde então não trabalho mais, apenas leciono, para ficar na piada.

Assim, há quase duas décadas me dedico a ser um "professor profissional", em tempo integral, lecionando as disciplinas de finanças e suas correlatas. Ao longo desse tempo, fiz MBA, mestrado e doutorado, e acabei lecionando não somente para a graduação, mas também para a pós-graduação, MBAs e mestrado profissional.

A partir dos anos 2000, o Ministério da Educação passou a solicitar formalmente que as universidades e faculdades brasileiras adotassem um sistema de autoavaliação, o que acabou tendo como consequência que praticamente todas as disciplinas lecionadas pelos professores tem uma avaliação formal feitas pelos alunos.

No meu caso, em números aproximados, nesses quase vinte anos, lecionei na graduação para cerca de 7 mil alunos em 110 disciplinas semestrais; na pós-graduação e MBAs para cerca de 3 mil alunos em 230 disciplinas e no mestrado profissional para cerca de 20 disciplinas e 200 alunos.

Resumidamente, o "conjunto da obra" perfaz cerca de 360 disciplinas com cerca de 10 mil alunos. O mais curioso é que os feedbacks dos alunos quase sempre foram muito positivos, tão positivos a ponto de serem quase uma aberração estatística, na minha visão. Nesse longo período de quase duas décadas obtive 93% de avaliações positivas em minhas disciplinas, versus apenas 7% de avaliações negativas. Em média, isso levaria uma sala com 100 alunos a terem 93 que gostaram da aula, que pensam que agregou conhecimento para sua vida, que foi interessante, contra apenas 7 que pensam o contrário.

Isso não é o esperado para disciplinas de finanças por vários motivos. Elas contêm altas doses de matemática e grande parte das pessoas não gosta dela. Além da matemática, também se utilizam de pressupostos que por diversas vezes são excessivamente abstratos e que, para muitas pessoas, acaba por não fazerem sentido, já que não conseguem ver, pelo menos a princípio, como aquilo se conecta com o mundo real.

Tudo isso, via de regra, joga contra as avaliações dos professores de finanças. Tal qual os docentes de Matemática e Física no ensino médio, os professores de finanças no ensino superior são os mais mal avaliados, ou estão abaixo da média das avaliações. Daí o meu espanto com avaliações tão absurdamente positivas, do ponto de vista estatístico, das minhas disciplinas. Ainda mais espantoso isso ocorrer com tantas disciplinas, para tantos alunos em tanto tempo! Pela chamada lei dos grandes números (será explicada em mais detalhes no capítulo 2, mas resumidamente diz que quando temos um grande volume de dados, a sua média fica mais consistente e confiável do ponto de vista estatístico) minhas avaliações deveriam convergir para um número cada vez mais consistente e próximo da realidade, com o passar do tempo. Em outras palavras, estatisticamente, cada vez parece mais confiável de se inferir que 93% dos alunos gostam mesmo das aulas.

Além do aspecto quantitativo, tem chamado muito a minha atenção, o relato de diversos alunos ao longo do tempo, dizendo que não gostavam de finanças, ou não entendiam a disciplina e que passaram a entender e mesmo gostar depois das minhas aulas. Isso é para mim ainda mais surpreendente. Só para ilustrar, meu querido amigo e ex-aluno Murilo Lima, do mestrado profissional, escreveu literalmente nos agradecimentos de sua dissertação de mestrado: "Agradeço a todos os meus professores de disciplinas, em especial o prof. Rodolfo Olivo que fez um psicólogo se apaixonar por finanças". Esse tipo de manifestação tem sido muito mais comum do que eu jamais poderia supor.

Como professor e cientista – sim, quem estuda as Ciências Sociais como administração também é cientista, não somente quem estuda as Ciências Naturais como a Física e a química – fiquei intrigado com esses resultados. Claro que fiquei muito lisonjeado, mas não é esse o ponto. Eu queria entender o como e o porquê.

Investigando com diversos alunos e ex-alunos, cheguei à conclusão de que a principal causa do sucesso era o método de aula. Sempre acreditei que os livros-texto, apesar de úteis, possuíam uma falha capital: condensam o conhecimento da área de forma impessoal e amorfa, como se aquilo fosse completamente dissociado do contexto histórico e das pessoas geniais que tiveram seus problemas, seus insights e suas soluções para aquilo. Perde-se o que temos de mais humano. Os filmes de Hollywood, por exemplo, fazem sucesso porque conseguem contar uma história interessante e envolvente, com personagens que enfrentam problemas, têm qualidades e defeitos, vivem vidas atribuladas. Enfim, parafraseando Nietzsche, cada um deles é "humano, demasiado humano". Assim somos capturados, nos identificamos e emocionamos com essas histórias.

O livro-texto é construído para eliminar todas essas qualidades e, os professores em geral, se esforçam para replicar os livros-texto em suas aulas, fazendo uma auto sabotagem involuntária. Eu sempre tentei incorporar em minhas aulas esses elementos que tanto cativam e nos atraem, enquanto humanos.

Tenho convicção de que o papel do professor não é ensinar no sentido clássico. Na verdade, não é o professor quem ensina, é o aluno que aprende por seu esforço e mérito próprio. É impossível ensinar quem não quer aprender. Ao professor cabe criar o ambiente, a motivação e os meios para que os alunos aprendam, cada um de sua forma. Uma metáfora útil é a do jardim. O professor faz o papel do jardineiro, cria as condições para que o jardim floresça (os alunos aprendam), mas o que faz acontecer mesmo é a natureza (os próprios alunos).

E quanto à matemática, tão presente e temida em finanças? É uma linguagem que permite o entendimento mais profundo e formal na maioria dos casos (mas não todos) em finanças. A minha experiência tem sido de que o problema não é a matemática em si, mas a falta de contexto e aplicação de modelos que surgem "do nada" sem maiores explicações. Em geral, quando se explica o cerne do conceito, a matemática fica bem mais fácil, é apenas a formalização, uma consequência lógica. Mesmo quem tem pavor de matemática, ou tem lacunas em seus conhecimentos, pode aprender finanças de forma qualitativa e compreender as relações, pressupostos, desafios e mesmo incoerências das finanças, ainda que não seja capaz de quantificá-la. É um salto gigantesco, de qualquer forma.

Manterei a matemática ao mínimo neste livro. Procuro sempre substituir por uma figura ou conceito que passe o mesmo recado. Isso funciona muito bem nas aulas. Na verdade, a utilizarei apenas e somente quando julgar que ajuda a compreensão de alguma forma e ainda assim, em geral, confinada aos apêndices técnicos. De qualquer forma, para alguém que realmente tenha pavor e bloqueio com o assunto, prometo que os capítulos regulares do livro são plenamente compreensíveis e sem notação matemática, utilizando, quando muito, algumas poucas tabelas, figuras e gráficos para ilustrar certas ideias.

Eu mesmo tenho pavor de sangue, quando sou obrigado a fazer algum exame, muito a contragosto vou, mas combino com a enfermeira ou enfermeiro que vou fechar os olhos e eles só vão me avisar para abri-los quando tudo estiver terminado, senão passo mal mesmo.

Podemos combinar o mesmo neste livro. Para quem tem fobia pela matemática (juro que te entendo!) não se preocupe, o livro foi escrito para você, sem estresse. Já para quem gosta do assunto, os apêndices técnicos podem ser bem instigantes no aprofundamento de alguns conceitos.

Escrevi tudo isso para chegar ao seguinte ponto: o objetivo central deste livro é compartilhar com os eventuais leitores e leitoras essa experiência de quase duas décadas de aulas, nas quais procurei tornar esse tema árduo em algo divertido e prático.

Assim apresento a riquíssima história das finanças, seus memoráveis personagens, muitos dos quais poderiam ser protagonistas de filmes. Enfim, a forma que ensino finanças (e que como argumentei, tem sido estatisticamente tão bem-sucedida que chega a ser quase inacreditável) condensada em um livro.

Acredito que esse livro possa ser útil tanto como complemento de um livro-texto de finanças, para quem está estudando formalmente o assunto em uma graduação ou pós-graduação, mas também e talvez até mais útil para alguém que apenas esteja interessado em conhecer sobre o tema, que queira penetrar esse mundo do dinheiro, do investimento, das finanças com a visão de um curioso e a expectativa de tirar algum conhecimento teórico e prático sobre o assunto para enriquecer a sua vida.

Para tanto, o livro está dividido em quatro partes:

A primeira parte, chamada "os primórdios", explora a pré-história da teoria financeira moderna, como ela começou a ser gerada desde o XVI até a década de 1950.

A segunda parte, chamada de "As finanças neoclássicas", conta a história da criação da teoria base que utilizamos em grande parte ainda hoje. Aqui é o reino dos livro-texto de finanças, algum desavisado poderia facilmente confundir as finanças apenas com essa teoria. Cronologicamente inicia-se na década de 1950 e termina em fins dos anos 1970.

A terceira parte narra as críticas, novas propostas e o caminho para diversas modificações na teoria moderna de finanças, que chamei apenas da "as novas finanças". Esse processo ainda está em curso, não há uma nova teoria acabada para substituir plenamente a teoria moderna de finanças, daí que elas convivem, nem sempre de forma pacífica. Cronologicamente estende-se do final dos anos 1970 até os dias atuais.

A quarta e última parte procura fazer uma leitura crítica sobretudo do ponto de vista dos investidores e pessoas interessadas em aplicar finanças às suas vidas. Batizei essa parte de "lições práticas para os investidores", naturalmente sem a pretensão de ser um guia único ou inequívoco, isso seria impossível. O objetivo é resgatar algumas das ricas ideias discutidas anteriormente e contextualizá-las para uma possível aplicação prática.

A história das finanças é repleta de personagens, algumas dezenas deles estão presentes nesse livro, o que pode eventualmente confundir o leitor. Logo após o Epílogo, coloquei uma seção de consulta rápida sobre os principais personagens da trama, bem como uma lista dos vencedores do prêmio Nobel de Economia para minimizar essa possível dificuldade.

Para deixar o texto mais fluido e manter meu compromisso de não o povoar com fórmulas matemáticas, deixei somente no final do livro os quatro Apêndices Técnicos para aprofundar assuntos sobre os quais alguns (poucos, provavelmente) leitores possam se interessar. Os temas dos Apêndices Técnicos são: I – Teoria da Carteira de Markowitz; II – Os Teoremas de Modigliani e Miller; III – O CAPM e IV – O Fluxo de Caixa Descontado. Por fim, há ainda as notas e referência utilizadas em cada capítulo.

Assumi assim um papel de narrador, de guia, neste livro, procurando deixar que os personagens das finanças falem por si, apresentando seus dilemas, problemas e realizações da forma que discutimos em minhas aulas.

Eu e meus alunos nos divertimos muito no processo, espero que o leitor e leitora apreciem a jornada conosco.

PARTE I
Os Primórdios

PARTE I

Os Primórdios

CAPÍTULO 1.
É impossível calcular a loucura humana

Sir Isaac Newton estava desolado. Um dos maiores cientistas de todos os tempos não conseguia acreditar que perdera, em poucos meses, no final do ano de 1720, um montante superior a 20 mil libras esterlinas da época, algo comparável a 20 milhões de euros[1] nos dias atuais em uma bolha financeira, conhecida como bolha da South Sea Company. Não chegou a declarar falência, mas perdeu quase a totalidade da fortuna acumulada durante toda a sua vida.

Newton foi um dos maiores, senão, o maior físico e cientista de todos os tempos. A sua genialidade é quase ímpar ao longo da história da ciência. Tantas foram as suas contribuições que é correto afirmar que grande parte das tecnologias e conquistas científicas dos últimos três séculos são herdeiras de suas ideias. Criador da lei da gravitação universal, que postulou pela primeira vez que física aplicada aos objetos terrestres deveria ser

---

[1] Há controvérsias sobre as perdas efetivas sofridas por Newton na bolha, com alguns autores, como o próprio John M. Keynes afirmando que Newton se saiu bem em seus investimentos nesse período. Contudo estudo recente de Odlyzko (2018), com diversas fontes confiáveis, argumenta que Newton foi bem-sucedido até o evento da South Sea Company, mas é quase certo que sofreu grande perdas, da ordem de 20 mil libras da época, na citada bolha.

a mesma das dos corpos celestes. Até então esses dois conjuntos eram tratados como se tivessem naturezas diferentes, cada qual com as próprias leis. Os seus postulados sobre a natureza física, conhecidas modernamente como as três leis de Newton, são ensinadas em nível médio e universitário, sendo a base da engenharia moderna: os carros andam, os aviões e helicópteros voam, devido às suas leis do movimento. Para desenvolver a contento as suas ideias, Newton precisou, em primeiro lugar, criar um novo campo da Matemática, o cálculo diferencial e integral, sem o qual não haveria como operacionalizar suas "leis" em termos numéricos precisos. O mesmo campo da Matemática foi desenvolvido de forma independente alguns anos depois por Leibniz (Gottfried Wilhelm von Leibniz, 1646-1716), com o qual divide os méritos pelo seu desenvolvimento. O cálculo diferencial e integral é ensinado como disciplina básica de formação de engenheiros, administradores, economistas, estatísticos, matemáticos, físicos e diversas outras profissões universitárias na atualidade.

O próprio Albert Einstein, talvez o único físico a rivalizar com Newton em termos de contribuições à ciência, nunca escondeu sua profunda admiração pelo antecessor. Na verdade, a Einstein incomodava que sua teoria geral de relatividade pudesse contradizer o "grande Newton" e só ficou plenamente satisfeito com a relatividade quando conseguiu deduzir as leis de Newton como um caso especial da sua própria teoria. Em outras palavras, a teoria da relatividade não contradizia as ideias de Newton, apenas as ampliava em outros contextos.

A teoria da gravitação universal de Newton funciona perfeitamente bem na escala do ser humano, ou seja, na nossa experiência cotidiana. Por exemplo, para os princípios físicos que movem carros, aviões e navios. A Física do século XX, contudo, demonstrou que para escalas diferentes, há a necessidade de outras teorias. Para o microcosmos, ou seja, para átomos, moléculas e partículas muito pequenas, faz-se necessária a mecânica quântica, enquanto para o macrocosmo, as grandes distâncias do universo, galáxias, sistemas, solares, faz-se necessário a teoria geral da relatividade. Considerando-se a escala humana, tantos os efeitos quânticos quanto os efeitos relativísticos são desprezíveis, portanto, as leis de Newton funcionam muito bem, daí Einstein ter conseguido deduzir as leis de Newton dentro de sua teoria geral da relatividade. O grande desafio da Física no século XXI é unificar essas teorias, algo que vem sendo tentado há décadas, ainda sem sucesso.

Isaac Newton[2], nascido em 25 de dezembro de 1642, numa fazenda em Lincolnshire, interior da Inglaterra, estudou no Trinity College de Cambridge, onde recebeu no ano de 1665 o título de bacharel, aos 23 anos. Nesse mesmo ano, foi obrigado a se recolher à sua aldeia natal devido à peste que assolava a Inglaterra. Ficou na fazenda de sua mãe por aproximadamente dois anos (1665-1667), período mais tarde chamado de "os anos admiráveis" pelos historiadores da ciência. Em 1667, Newton retornou a Cambridge e redigiu o princípio que trata da atração dos corpos, mas só o retomou em 1684, reagindo a uma provocação do astrônomo Edmund Halley, que ficou famoso posteriormente pela correta previsão que fez do praza do retorno do cometa que leva o seu nome.

Em agosto de 1684, aos 42 anos, Newton recebeu a visita de Halley, que fora de Londres a Cambridge com o único objetivo de interrogá-lo sobre o assunto do momento nas rodas de ciência: como explicar o movimento dos planetas, observado pelos astrônomos, a partir das "leis da física"? Newton retomou, então, suas reflexões sobre a mecânica celeste. O resultado foi sua obra-prima *Philosophiae Naturalis Principia Mathematica* (Princípios Matemáticos da Filosofia Natural), base de toda a engenharia moderna.

Eleito para o Parlamento em 1687, foi nomeado para a Superintendência da Casa da Moeda em 1696, quando trocou Cambridge por Londres. A saída da Universidade representou o fim da atividade científica, mas o início de seu poderio político nos círculos científicos. Muito respeitado por todos, foi eleito presidente da Royal Society em 1703 e, no ano 1708 foi o primeiro cientista da história a receber o título honorífico de "cavaleiro",

---

[2] Existem ótimos textos biográficos sobre sir Isaac Newton, para os interessados em se aprofundar, seguem três sugestões de textos curtos sobre o assunto:
BBC BRASIL. "Como Isaac Newton perdeu milhões com ações apostando que faria fortuna na América do Sul". *BBC News Brasil*. 10 dez. 2017. Disponível em: <https://www.bbc.com/portuguese/geral-42136063>. Acesso em: 16 abr. 2021.
KLICK EDUCAÇÃO. "Sir Isaac Newton: Físico, matemático e astrônomo". *Biografias UOL*. 17 ago. 2015. Disponível em: <https://educacao.uol.com.br/biografias/sir-isaac-newton.htm>. Acesso em: 16 abr. 2021.
OLIVEIRA FILHO, Kepler de Souza. "Sir Issac Newton". *Universidade Federal do Rio Grande do Sul*. Disponível em: <http://astro.if.ufrgs.br/bib/newton.htm>. Acesso em: 16 abr. 2021.

grafado na tradição inglesa como "Sir", tornando-se Sir Isaac Newton por obra da Rainha Anne. Presidiu a Royal Society até 1727, ano de sua morte.

Como pôde tal matemático e físico genial, crítico e grande pensador, reconhecido e premiado, com todas as conexões políticas e científicas de sua época, portanto, muito bem-informado, no final de sua vida ter sido iludido por uma bolha financeira a ponto de quase ter ficado na miséria? Foi o que aconteceu no ano de 1720 por meio da compra das ações da South Sea Company (SSC).

A South Sea Company foi fundada em 1711 pelo conde de Oxford, Robert Harley em associação com John Blunt, amanuense por profissão, com o objetivo de resolver o problema da dívida pública inglesa. Em troca do direito de monopolizar o comércio e o tráfico para as terras da América, notadamente do Sul, a SSC assumiu toda a dívida pública inglesa, pretendendo auferir fabulosos lucros com o monopólio e enriquecer seus acionistas.

A questão central, contudo, era que a América já era explorada pela Espanha há séculos, deixando nenhum espaço para uma companhia inglesa. Havia uma remota esperança de um acordo entre Espanha e Grã-Bretanha para dividirem essa exploração, que acabou não ocorrendo. Seria difícil encontrar um projeto comercial mais dúbio e arriscado, mas de forma inacreditável não houve ceticismo nem dúvidas por parte dos investidores. Novas emissões de ações foram autorizadas e oferecidas ao público até o início de 1720, com a absorção da totalidade da dívida pública para SSC. As leis necessárias foram aprovadas presenteando-se ministros e parlamentares com ações da South Sea.

Em 1720 parcela da população britânica hipnotizada pela ideia do enriquecimento financeiro rápido, alimentou uma bolha nos preços das ações da SSC que passaram de 128 libras em janeiro de 1720 para 330 em março, 550 em maio, 890 em junho e 1.000 libras em agosto-setembro. Nunca antes na Inglaterra tantos haviam enriquecido tão depressa. Como sempre acontece, a cena de alguns se tornando ricos em tão pouco tempo, provocou uma corrida em que outros também queriam participar do jogo, levando o preço das ações a uma espiral ascendente, cada vez mais rápida. Esse fenômeno é conhecido modernamente como "efeito manada".

O efeito manada se refere à tendência humana de seguir seus pares, há diversas pesquisas que mostram como é custoso e difícil, do ponto de vista psicológico, ir contra a multidão. Não comprar ações que estão se valorizando rapidamente e deixando seus amigos e vizinhos ricos, faz a pessoa se sentir tola e inferior, fornecendo um grande impulso para imitar o comportamento destes. Abordaremos mais detalhes sobre o efeito manada quando discutirmos a respeito das finanças comportamentais.

O sucesso da South Sea fez proliferar diversas imitadoras, todas desejando participar do boom do mercado de ações. Surgiram empresas para desenvolver o moto-contínuo, fazer seguros de cavalos, aperfeiçoar a fabricação de sabão, comprar e vender cabelo, transmutar mercúrio em metal fino, além da famigerada (e em certo sentido, imortal) iniciativa que pretendia "dar continuidade a um empreendimento de grandes lucros, sem que ninguém soubesse qual seria." Em 1720 o governo britânico deu um basta à bolha, promulgando uma lei, a Bubble Act, proibindo esses lançamentos de ações – menos para proteger o público inocente do que para garantir o monopólio da South Sea Company.

Contudo, nesse período já era possível vislumbrar o triste fim da SSC, o preço de suas ações despencou do pico de 1000 libras em agosto de 1720 para menos de 124 em dezembro do mesmo ano, empobrecendo e falindo os que haviam investido pouco antes ou próximo do pico, incluindo Sir Isaac Newton, o qual, amargurando e humilhado com as perdas financeiras e até de reputação, declarou: "posso medir o movimento dos corpos celestes, mas sou incapaz de medir a loucura humana"[3].

Newton não foi o único a perder muito dinheiro com a "loucura financeira". Bolhas financeiras são recorrentes ao longo da história nos últimos séculos e geralmente se caracterizam por três fases: mania, pânico e crash.

A mania é a primeira fase da bolha, na qual, em geral por motivos obscuros ou pouco racionais, o preço de algum ativo sobe de forma abrupta em um curto período de tempo, suplantando em diversas vezes o seu preço médio histórico. A alta nos preços se auto reforça por meio do efeito manada, ou seja, mais pessoas compram, fazendo os preços subirem, o que atrai ainda mais pessoas para comprarem, querendo aproveitar-se de uma suposta oportunidade única de enriquecimento rápido. A fase da mania

---

[3] Na versão original em inglês Newton teria dito "[he could] calculate the motions of the heavenly bodies, but not the madness of people".

pode perdurar meses, ou mesmo anos, levando o preço do ativo a patamares nunca imaginados.

Contudo, mais cedo ou mais tarde alguma racionalidade, de alguma forma, retorna aos compradores desses ativos e eles percebem que os preços praticados são irreais, muito acima do razoável. Novamente, por meio do efeito manada, isso leva à segunda fase da bolha, o pânico. É como se as pessoas estivessem participando de uma festa e cada vez se embriagassem mais (fase da mania), até que, de repente, acordam, e passada a embriaguez se dão conta que fizerem algo irracional e tentam corrigir esse erro de forma desordenada e imediatamente (fase do pânico). As pessoas tentam vender seus ativos, todas ao mesmo tempo, e não conseguem mais sustentar os preços por excesso de vendedores e falta de compradores. Os pânicos, em geral, são muito rápidos, ocorrendo em um dia, ou mesmo horas, e acabam levando à terceira fase, o crash.

Por fim, a terceira fase, o crash (ou quebra) se caracteriza por uma imensa e extremamente rápida queda no preço do ativo, que pode inclusive atingir valores inferiores aos praticados anteriormente à fase da mania. Historicamente o crash leva muitas pessoas à miséria, e alguma, lamentavelmente, até ao suicídio.

A primeira e provavelmente mais inusitada bolha financeira de todos os tempos aconteceu na Holanda, no início do século XVII, na década de 1630, mas não, como seria de se esperar, no mercado de ações, tampouco no mercado de imóveis e nem mesmo com as exuberantes pinturas holandesas: ocorreu com um ativo extremamente improvável, os bulbos de tulipa, recebendo o criativo nome histórico de "tulipomania"[4].

A bolha das tulipas ilustra o padrão clássico de três fases e ficou tão anedótico e famoso no mundo financeiro que no filme Wall Street 2: o dinheiro nunca dorme, o anti-herói Gordon Gekko, interpretado por Michael Douglas, notório financista que se utiliza de quaisquer meios, lícitos ou não, para enriquecer, possui na sala de seu apartamento um quadro que ilustra essa bolha. Para esse personagem a tulipomania foi a maior bolha financeira de todos os tempos.

---

[4] GALBRAITH, John Kenneth. *Uma breve história da euforia financeira*. São Paulo: Pioneira, 1992.

A tulipa, nativa dos países a leste do Mediterrâneo, chegou à Europa provavelmente durante a metade do século XVI. Imagina-se que seu cultivo nas Sete Províncias (atual Holanda) tenha começado em 1593, quando Charles de L'Écluse criou mudas de tulipa capazes de tolerar as duras condições climáticas nos Países Baixos, a partir de bulbos que lhe haviam sido enviados da Turquia. No começo do século XVII, a flor já era muito usada na decoração de jardins e também na medicina.

Apesar de não terem perfume e florescerem apenas por uma ou duas semanas ao ano, não possuírem qualquer utilidade prática, que a estética, os jardineiros holandeses apreciavam as tulipas por sua beleza. A tulipa, linda e de variada coloração, de forma absolutamente implausível cativou a imaginação de uma multidão de investidores e especuladores em meados da década de 1630, cujos aumentos nos preços pareciam não ter limites.

Essa febre tomou toda a Holanda, uma multidão de pessoas passou a especular com a tulipa a fim de enriquecer. Os preços tornaram-se rapidamente extravagantes, no ano de 1636 um bulbo sem grande valor pouco tempo antes, poderia facilmente ser trocado por "uma nova carruagem, dois cavalos cinzentos e um conjunto completo de arreios", ou ainda por um valor equivalente a 24 toneladas de trigo.

Em 1637, auge da mania, estima-se que um bulbo de tulipa chegou a ser vendido pelo inacreditável montante de 50 mil dólares em valores atuais.

Todos imaginavam que paixão pelas tulipas duraria para sempre e que os ricos de todo o mundo as comprariam na Holanda, pagando qualquer preço que fosse exigido. Nobres, fazendeiros, mecânicos, marinheiros, domésticas e até limpadores de chaminés e lavadeiras idosas decidiram participar da loucura, especulando com tulipas. Pessoas de todas as classes sociais e origens convertiam suas propriedades em dinheiro e investiam em flores. Casas e terras foram postas a venda, por valores baixos ou dadas em garantia no mercado de tulipas, afinal não havia tempo a perder, todos estavam ficando ricos com as tulipas.

As operações financeiras envolvendo essas flores tornaram-se tão amplas e intrincadas que foi necessário criar um código especial de leis para orientar e disciplinar os seus negociantes. Nas cidades menores, onde não havia um mercado de troca, a taverna principal, em geral, era selecionada como o lugar "de exibição", nos qual se negociavam com tulipas não raramente em meio a jantares suntuosos, aos quais poderiam comparecer até duzentas ou trezentas pessoas e durante os quais, em intervalos regulares, eram exibidos enormes vasos de tulipas, em plena florescência, para êxtase de todos.

Da mesma forma misteriosa como as flores capturaram a imaginação (e as Economias) das multidões, em 1637, veio o pânico, sem razão aparente, logo seguido pela abrupta queda nos preços. Muitos haviam comprado de forma alavancada, ou seja, por meio de empréstimos de casas bancárias cujas garantias eram suas casas e propriedades e não raramente os próprios bulbos de tulipa. Com a queda nos preços não conseguiram honrar seus empréstimos, tiveram seus bens executados e ficaram reduzidos praticamente à mendicância. Não poucos nobres viram a fortuna de suas famílias completamente arruinadas.

O colapso do preço da tulipa e o consequentemente empobrecimento que se seguiu produziu um efeito nefasto sobre a vida econômica na Holanda por anos a fio, gerando uma depressão (forte recessão) econômica, para utilizar uma terminologia moderna.

Os episódios da Tulipomania e da South Sea, longe de terem sido ocorrências isoladas, foram apenas um prelúdio de diversas outras bolhas ocorridas nos séculos XX e XXI.

Desde a crise de 1929, ocorrida no mercado de ações e que levou o mundo a uma grande depressão econômica, e passando por outras bolhas menores, até as mais recentes bolha com ações das empresas de internet no ano 2000 e a crise de 2008, com o mercado de hipotecas, o padrão de preços de ativos subindo em níveis irracionais (mania) até o pânico e crash se repete, tal qual, com as tulipas e a South Sea, nos séculos XVII e XVIII, deixando um rastro de desilusão, falências e miséria ao longo da história.

Esses eventos ilustram como uma multidão de seres humanos, não apenas ingênuos e tolos, mas até gênios, grandes cientistas, filósofos, céticos e pensadores incluídos, podem facilmente ser iludidos pela promessa de riqueza rápida e fácil ainda que manifestamente pouco crível e arriscada.

Mas não teríamos evoluído e nem aprendido nada desde a crise das tulipas no século XVII, há quase quatrocentos anos? As finanças seriam tão misteriosas e sujeitas a surtos de loucura coletiva humana que nada poderíamos fazer? Tais respostas passam pela evolução da teoria financeira, em especial ao longo dos séculos XX e XXI, durante o qual diversos pensadores, matemáticos, físicos, gestores de carteira, administradores, economistas, psicólogos, entre diversos outros, contribuíram para a construção e posterior crítica e revisão dessa mesma teoria financeira.

A pretensão de qualquer teoria, a financeira incluída, é apresentar uma resposta completa para um problema ou fenômeno. Por exemplo, a já introduzida teoria da gravidade de Newton é tão bem-sucedida, justamente por conseguir explicar tanto a queda da maçã em um jardim quanto a órbita da Lua, pelo mesmo princípio. Toda uma classe de fenômenos pode ser explicada, de forma completa, por ela. A teoria financeira está longe desse resultado contundente, mas tem feito perguntas interessantes ao longo das últimas décadas e talvez chegado à algumas respostas parciais.

O presente livro explora essa fascinante história da construção da teoria financeira contemporânea, bem como de seus exóticos personagens.

A fim de organizar de forma mais cronológica essas ideias, a Parte I do livro, já incluído esse capítulo, trata de seus primórdios, das primeiras ideias modernas sobre finanças mais sistematizadas. A parte II investiga como a teoria em foi construída entre as décadas de 1950 a 1970 e ficou conhecida como "Finanças Modernas" ou ainda "Finanças Neoclássicas". A Parte III discute diversas críticas e revisões, em busca de uma nova teoria (ainda em construção) a partir do final da década de 1970 até os dias atuais, pela constatação de limitações e falhas nas Finanças Neoclássicas. Por fim, a Parte IV tem por objetivo oferecer ao leitor alguns insights práticos decorrentes dessa rica história do pensamento sobre finanças até o momento.

Assim, esse livro, em grande medida, é um livro de história, a qual começa com todo o charme, em Paris, na virada dos anos 1900.

CAPÍTULO 2.
Prelúdio em Paris

Paris, capital da França, a chamada "Cidade Luz", provavelmente nunca foi tão iluminada intelectualmente e culturalmente, quanto na virada do século XIX para o século XX. Esse período, conhecido também como *La Belle Époque*[5], ou a Bela Época, em uma tradução livre do francês, geralmente é caracterizada iniciando-se com o final da Guerra Franco-Prussiana, em 1871, e terminando na eclosão da Primeira Guerra Mundial, em 1914.

É considerada uma era de ouro da beleza, inovação e paz, principalmente entre os países europeus, as maiores potências mundiais da época. Enquanto novas invenções, a ciência e tecnologia tornavam a vida mais fácil em todos os níveis sociais, a cena cultural estava em efervescência: o cinema havia nascido, a arte tomava novas formas com o Impressionismo e o *Art Nouveau*. A *Belle Époque* foi representada por uma cultura urbana de divertimento, incentivada pelo desenvolvimento dos meios de comunicação e transporte, os quais aproximaram ainda mais as principais cidades do planeta.

Ernest Hemingway, consagrado autor estadunidense, vencedor dos dois maiores prêmio da literatura contemporânea, o Pulitzer de Ficção em 1953 e a Prêmio Nobel de Literatura, em 1954, devido ao seu "domínio da arte

---

[5] WIKIPÉDIA. "Belle Époque". *Wikipédia*. Disponível em: <https://pt.wikipedia.org/wiki/Belle_%C3%89poque>. Acesso em: 16 abr. 2021.

da narrativa, mais recentemente demonstrado em O Velho e o Mar, e pela influência que exerceu no estilo contemporâneo", tem como uma de suas obras de referência justamente esse período, na década de 1920, na qual morou em Paris. Em seu livro póstumo "Paris é uma festa", lançado em 1964, três anos após o suicídio do escritor, descreve sua vida na década de 1920 na capital francesa. O título original, A *Moveable Feast* — Uma Festa Móvel, em tradução livre — remete à afirmação do próprio autor em correspondência com um amigo, falando de seu período na "Cidade Luz" europeia. Sobre a situação da cidade durante o período entre as duas Grandes Guerras Mundiais, Hemingway deixa claro sua importância como um imã dos mais influentes artistas do momento, a maioria se conhecia e se encontrava regularmente nos cafés (que na verdade eram mais voltados a servir cervejas e vinhos), sendo pintores, escritores, jornalistas, escultores, uma gama de pessoas dos principais locais do mundo se reunia ali. Ressalta o autor, também, a generalizada falta de dinheiro entre os artistas, sendo que o próprio Hemingway narra sua fase em Paris sempre em dificuldades financeiras, concluindo o livro com as palavras "pobre e feliz", resumindo o momento que passou.

Se Paris era uma festa do ponto de vista cultural e artístico, não ficava atrás na exuberância e desenvolvimento de sua Bolsa de Valores e mercados especulativos.

A Bolsa de Paris vivia um momento especial, de significativo florescimento, sediada na *Palais Brongniart* quando Louis Bachelier a visitou pela primeira vez em 1892. Ele tinha vinte e poucos anos, era órfão, acabara de chegar a Paris, recém-saído do serviço militar obrigatório, para retomar os seus estudos na Universidade de Paris. Estava determinado a ser um matemático ou físico, mesmo contra todas as chances, afinal tinha irmã mais velha não casada e um irmãozinho de três anos de idade para sustentar em casa.

Ele havia vendido recentemente o negócio da família, que gerou dinheiro suficiente no momento, mas não duraria para sempre. E assim, enquanto seus colegas de classe se dedicavam aos estudos, Bachelier teria que trabalhar. Com uma boa cabeça para números e alguma experiência comercial, ele conseguiu arranjar uma posição na Bolsa de Paris. Prometeu a si mesmo que era apenas temporário, assim se dedicaria às Finanças durante o dia, mas as suas noites seriam da Física.

Bachelier conhecia os rudimentos do sistema financeiro francês[6], mas o lugar agitado não parecia adequado a um matemático. Sem opções de outros empregos, decidiu agarrar a oportunidade. Para se motivar, convenceu-se que aquilo era apenas um grande jogo. O futuro matemático sempre fora fascinado pela teoria da probabilidade, pela sua matemática e consequentemente pelos jogos de azar.

Assim, se ele pudesse imaginar os mercados financeiros franceses como um grande cassino, um jogo cujas regras ele poderia aprender e matematizar, talvez pudesse sobreviver e até prosperar naquele ambiente, utilizando o que tinha de melhor: sua capacidade analítica e matemática.

Louis Bachelier nunca teve muita sorte na vida. Apesar de suas contribuições seminais para a Física, Finanças e Matemática, nunca foi reconhecido proporcionalmente a esses feitos, em vida. Nascido em 1870 em Le Havre, uma movimentada cidade portuária no noroeste da França, o jovem Louis era um estudante promissor. Ele se destacou em Matemática no liceu (basicamente, ensino médio) e, em outubro de 1888, obteve seu bacharelado em ciências, o que provavelmente poderia ter lhe permitido ser aceito uma das grandes *écoles* da França, universidades de elite que serviam como pré-requisito para a vida como funcionário público ou intelectual. Ele veio de uma família de comerciantes de classe média, assim, frequentar uma grande *école* teria aberto portas intelectuais e profissionais para Bachelier que não estavam disponíveis para seus pais ou avós. Mas antes que pudesse se candidatar, seus pais faleceram. Ele ficou com uma irmã mais velha solteira e um irmão de três anos para cuidar. Por dois anos, dirigiu o negócio de vinhos da família, até ser recrutado para o serviço militar em 1891.

Após terminar o serviço militar, um ano depois, que Bachelier conseguiu voltar aos seus estudos. Quando voltou à academia, agora com vinte e poucos anos e sem família em casa para apoiá-lo, suas opções eram limitadas. Velho demais para frequentar uma grande *école*, ele se matriculou na Universidade de Paris, uma escola muito menos prestigiada. Ainda assim, algumas das mentes mais brilhantes de Paris atuavam como professores na universidade – era uma das poucas universidades da França onde os professores podiam dedicar-se à pesquisa e não ao ensino – e era certamente possível obter uma educação de primeira linha.

---

[6] WEATHERALL, James Owen. *A Física de Wall Street*. Rio de Janeiro: Elsevier, 2015.

Bachelier rapidamente se distinguiu entre seus pares. Depois de terminar o curso de graduação, ficou na Universidade de Paris para fazer seu doutorado. A sua tese extremamente inovadora para a época, sobre formulação matemática em especulações no mercado financeiro, atraiu a atenção das melhores mentes da universidade e com isso conseguiu ter como orientador ninguém menos que Henri Poincaré, provavelmente o matemático mais famoso da França na época, e um dos maiores do século.

Jules Henri Poincaré nasceu em 29 de abril de 1854 e faleceu em 17 de julho de 1912. Prestigioso matemático, físico e filósofo da ciência, talvez tenha sido um dos últimos "universalistas", ou seja, capaz de entender e contribuir em todos os âmbitos da disciplina Matemática. De 1873 a 1875 estudou na Escola Politécnica e em 1875 ingressou na Escola Nacional Superior de Minas (*École des Mines*). Em 1879 obteve seu doutorado em Ciências Matemáticas com uma tese sobre equações diferenciais.

Em 1881 tornou-se professor na Universidade de Paris, assumindo a cadeira de Física Matemática, onde permaneceu até sua morte em 17 de julho de 1912. Henri Poincaré[3] publicou, ao longo da sua vida, mais de 500 trabalhos, entre livros e artigos, além de suas notas de aula. Seu pensamento influenciou a Matemática, a Física Matemática e a filosofia, desde a teoria de funções e topologia, até um modo particular de pensar o mundo e sua lógica. No campo da mecânica, elaborou diversos trabalhos sobre as teorias da luz e as ondas eletromagnéticas, desenvolvendo, paralelamente (mas sem publicar) a Albert Einstein, a Teoria da Relatividade restrita (também conhecida como Relatividade especial)[7].

---

[7] A relatividade especial publicada por Albert Einstein em 1905, resumidamente, propunha uma solução radical para um grande mistério da Física, a velocidade da luz ser uma constante, independentemente do observador. Isso é um problema, afinal as velocidades na Física variam conforme o observador. Por exemplo, um carro está a 60 km/h para um observador parado na estrada, contudo estará em repouso para o motorista, cuja velocidade em relação ao carro é zero, pois está viajando dentro dele. Portanto dois observadores com velocidades diferentes, percebem de forma diferente a velocidade do carro. Isso não acontecia com a velocidade da luz, a qual era medida sempre em cerca de 300 mil km/segundo independentemente da velocidade do observador. Poincaré e Einstein chegaram à mesma conclusão, praticamente simultaneamente, que única forma disso ser possível era se o tempo e espaço variassem conforme o observador, daí teoria da relatividade (espaço e tempo seriam relativos ao observador). Einstein publicou esse resultado e abalou o mundo da Física, enquanto Poincaré preferiu abandoná-lo por acreditar que uma resposta tão radical deveria estrar equivocada de alguma forma.

Certamente alguém que rivaliza com Albert Einstein dispensa outras credenciais. Foi também o primeiro a considerar a possibilidade de caos num sistema determinista, em seu trabalho sobre órbitas planetárias. Este trabalho teve pouco interesse, até que começou o estudo moderno da dinâmica caótica, em 1963. Em 1889, foi premiado por seus trabalhos sobre o problema dos três corpos. Mais detalhes sobre esse assunto quando abordarmos a teoria da complexidade.

Bachelier não poderia estar em melhores mãos que as de Poincaré. Teria sido praticamente impossível para ele produzir sua tese sem um orientador do quilate acadêmico de Poincaré. Além disso, o prestígio de Poincaré fez dele um defensor influente para um estudante cuja pesquisa era difícil de enquadrar na Matemática do início do século XX.

Bachelier terminou em 1900 a sua tese, cuja ideia básica era que a teoria das probabilidades, a área da Matemática desenvolvida por Cardano, Pascal, Fermat e Bernoulli nos séculos XVI e XVII, poderia contribuir para o entendimento dos mercados financeiros, comparando-os, em outras palavras, a um enorme jogo de azar, abordagem relativamente comum nos dias atuais, mas revolucionária para a época[8].

Gerolamo Cardano, nascido em Milão por volta da virada do século XVI, foi um médico talentoso de sua época, que escreveu centenas de ensaios sobre tópicos que vão da medicina à matemática e ao misticismo. Mas sua verdadeira paixão era jogar. Ele jogava constantemente, em dados, cartas e xadrez. O jogo, durante a Idade Média e o Renascimento, foi construído em torno de uma noção aproximada de probabilidades e recompensas, por exemplo, se você fosse um apostador que oferece uma aposta a alguém, poderá anunciar probabilidades na forma de um par de números, como "10 para 1", o que refletiria o quão improvável era a coisa em que estava apostando. (as probabilidades de 10 a 1 significariam que, se você apostasse 1 dólar receberia 10 dólares, mais sua aposta original).

Mas essas apostas eram baseadas quase exclusivamente na intuição do apostador sobre como a aposta seria arriscada, era, portanto muito subjetiva. Cardano acreditava que havia uma maneira mais rigorosa de entender as apostas, pelo menos em alguns jogos simples. No espírito de sua época,

---

[8] BERNSTEIN, Peter. *Desafio aos deuses: a fascinante história do risco*. Rio de Janeiro: Elsevier, 1997.

ele queria trazer a matemática moderna para o seu assunto favorito. Em 1526, Cardano escreveu um livro que descrevia as primeiras tentativas de uma teoria sistemática da probabilidade.

Ele se concentrou em jogos envolvendo dados, sendo sua premissa básica que qualquer das faces dos dados teria a mesma probabilidade de ocorrer. Isso permitia calcular as chances das combinações possíveis, contando e somando cada uma delas. Apesar dos resultados parecerem óbvios atualmente, para jogadores de séculos atrás eles pareciam ser de alguma forma intuitivos, mas Cardano foi a primeira pessoa a dar uma explicação matemática do motivo das probabilidades serem o que todos já sabiam que eram. Na verdade, Cardano nunca publicou seu livro *"Liber de Ludo Aleae"* (livro dos jogos de azar) em vida, mas o manuscrito foi encontrado em seu espólio quando ele morreu e, finalmente, foi publicado postumamente em 1663.

A teoria das probabilidades evoluiu para além dos escritos de Cardano, ainda impulsionada pelos jogos de azar. Outro jogador, um escritor francês que recebeu o nome de Cavaleiro de Méré (apesar de não ser nobre), estava interessado em uma série de perguntas, das quais a mais urgente dizia respeito à sua estratégia em um jogo de dados que ele gostava de jogar.

O jogo envolvia jogar dados várias vezes seguidas e o jogador apostaria em como as jogadas sairiam. Por exemplo, você pode apostar que, se jogasse um único dado quatro vezes, obteria 6 pelo menos um desses momentos. A sabedoria recebida dizia que essa era uma aposta equilibrada, que o jogo se resumia à pura sorte. Mas de Méré tinha um instinto de que, se você apostasse que um seis seria lançado, e você fizesse essa aposta sempre que jogasse o jogo, ao longo do tempo tenderia a ganhar um pouco mais frequentemente do que perderia. Essa era a base da sua estratégia de jogo e ganhara uma quantia razoável com ela.

No entanto, de Méré também tinha uma segunda estratégia que ele achava que deveria ser igualmente boa, mas, por algum motivo, só lhe causava perdas, a qual consistia em apostar sempre em um 6 duplo, o qual deveria ocorrer pelo menos uma vez, se você jogasse dois dados vinte e quatro vezes. Mas essa estratégia não parecia funcionar, e de Méré queria saber o motivo. Como escritor, de Méré frequentava regularmente os salões de Paris, até que apresentou o problema a Blaise Pascal.

Pascal era um garoto prodígio, que acabaria por fazer enormes contribuições à Física e Matemática ao longo da sua vida. Pascal não sabia a resposta, mas ficou intrigado. Em particular, ele concordou com a avaliação de Méré de que o problema deveria ter uma solução matemática. Na época não havia publicações acadêmicas regulares, a forma clássica de estruturar uma solução de um problema colaborativamente era desenvolver uma correspondência com outro matemático, o que Pascal fez com Pierre de Fermat, advogado, fluente em diversos idiomas e um dos matemáticos mais capazes de sua época.

Fermat morava cerca de 600 quilômetros ao sul de Paris, em Toulouse, e assim Pascal não o conhecia pessoalmente, mas ele ouvira falar dele por meio de suas conexões nos salões de Paris. Durante o ano de 1654, em uma longa série de cartas, Pascal e Fermat elaboraram uma solução para o problema de Méré, por meio da qual estabeleceram os fundamentos da moderna teoria da probabilidade.

A correspondência de Pascal e Fermat produziu foi uma maneira de calcular com precisão as chances de ganhar apostas de dados do tipo que causou problemas a Méré. Assim eles foram capazes de mostrar que a primeira estratégia de Méré era boa porque a chance de ter-se um 6 se você jogou um dado quatro vezes foi um pouco melhor que 50% (algo como 51,7747%). A segunda estratégia de Méré, no entanto, não era boa porque a chance de você jogar um par de seis se jogasse dois dados vinte e quatro vezes era de apenas 49,14%, pouco menos de 50%.

Isso significava que a segunda estratégia era menos propensa a ganhar do que a perder, enquanto a primeira estratégia de Méré era levemente mais provável de vencer. De Méré ficou emocionado ao incorporar as ideias dos dois grandes matemáticos e, a partir de então, continuou com sua primeira estratégia. Contudo isso não garantia que o jogador ficasse rico com a estratégia. Para ilustrar o motivo, imagine um jogo de cara ou coroa com uma moeda não viciada. Sabe-se que a probabilidade é de 50% para cada lado, o que não significa que ocorrerá uma cara e uma coroa em dois lançamentos seguidos, necessariamente. Podem ocorrer duas caras seguidas, ou mesmo três, ou quatro, ou cem, ou qualquer número.

Então, o que as probabilidades nos dizem, se não garantem nada sobre a frequência com que algo vai acontecer? A primeira pessoa que postulou como pensar sobre a relação entre probabilidades e frequência de eventos foi um matemático suíço chamado Jacob Bernoulli, pouco antes de sua morte em 1705.

O que Bernoulli mostrou foi que, se a probabilidade de obter cara é de 50%, então a probabilidade de que a porcentagem de cara que você obteve seja diferente de 50% em qualquer quantidade diminuiu e diminuiu quanto mais vezes se jogava a moeda.

As chances de obter 50% de obter cara se jogasse a moeda 100 vezes do que se jogasse apenas duas vezes. Em outras palavras, para De Méré ter certeza de que ganharia 51,7477% dos jogos, teria que jogar infinitas vezes. A formulação matemática moderna dessa ideia no século XX ficou conhecida como Teorema do Limite Central e pode ser interpretado de forma simples, como quanto mais vezes você joga, maiores a chance de obter os resultados previstos pela teoria das probabilidades.

O conceito matemático de limite de uma função (como no Teorema do limite central, por exemplo) é muito útil em diversas análises. Um exemplo simples, digamos a função:

$$y = 1 / x$$

O valor de y também chamado de f(x) é simplesmente o número 1 dividido por x. Logo teremos:

Para x = 2 teremos y = ½ ou em decimal 0,50
Para x = 5 teremos y = 1/5 ou em decimal 0,20
Para x = 10 teremos y = 1/10 ou em decimal 0,10

Bem, o que acontece quando o valor de x aumenta? O valor de y vai ficando cada vez menor, uma vez que é o fruto da divisão de 1 por x. O conceito de limite nos ajuda a compreender o que pode acontecer com essa função. A pergunta é: o que acontece quando x se torna um número muito alto? Por exemplo 1 bilhão (1 com nove zeros). Nesse caso y se torna um número muito pequeno, exatamente 0,000000001. Levando esse raciocínio ao limite máximo possível, daí o nome de limite da função, o maior número possível para x é infinito, o que levará y a ser um número muito, muito pequeno, com infinitos zeros após a vírgula. Dizemos assim que, para essa função, quando x tende a infinito o limite dessa função é zero, ou seja, y tende a ser tão pequeno que chegará muito próximo de zero.

O teorema do limite central se vale dessa ideia de limite, quando se joga a moeda um número muito grande de vezes, tendendo a infinito, a probabilidade de tirar cara é no limite, 50%, cada vez se aproximando mais desse "centro" ou alvo numérico, analogamente a como y tem como limite zero na função y = 1/ x quando x tende a infinito. Por conta disso, também é conhecido mais popularmente como a lei dos grandes números, ou seja, conforme o número de jogadas aumenta (grandes números), mais se aproxima de sua probabilidade teórica.

Pascal foi ainda mais longe em suas ideias antecipando elementos das modernas teorias dos jogos e teoria da decisão, ainda que, provavelmente, nesse caso, de forma involuntária, ao propor o que ficou conhecido como a aposta de Pascal.

A última carta entre Pascal e Fermat, do conjunto que desenvolveram a teoria das probabilidades, é datada de 27 de outubro de 1654. Menos de um mês depois, Pascal vivenciou algum tipo de experiência mística que mudou completamente a sua vida a partir de então.

Ele abandonou a Física e a Matemática, vendeu todos os seus bens, com exceção dos livros religiosos e fundou a primeira linha de ônibus comerciais de Paris, cujos lucros foram dedicados ao mosteiro de Port-Royal. Tal foi o desapego às questões matemáticas, que em julho de 1660, Pascal fez uma viagem a Clermont-Ferrand, próximo à residência de Fermat em Toulouse, o qual convidou Pascal para que se encontrassem para "abraçar-te e conversar contigo por alguns dias". Pascal recusou o convite de seu antigo colaborador alegando que "mal se lembrava de algo chamado matemática, a qual era apenas um ofício e que provavelmente nunca mais voltaria a pensar nela".

Pascal organizou e reuniu os seus pensamentos sobre religião enquanto estava em Port-Royal e os publicou em um livro intitulado "Pensamentos". O livro trata de assuntos religiosos e uma de suas passagens se dedica à existência de Deus, o que é esperado em um livro desse tema. Contudo, a abordagem que Pascal dá à questão é extremamente inovadora, antecipando diversos aspectos da moderna teoria da decisão e da teoria dos jogos na Economia. Essa abordagem ficou conhecida como a Aposta de Pascal.

O raciocínio é o seguinte: em primeiro lugar Pascal reconhece que a questão de existência ou não de Deus não podia ser respondida diretamente apenas por argumentos racionais e empíricos, para utilizar uma linguagem moderna. Em outras palavras, na época de Pascal (e ainda hoje) não há provas definitivas racionais e empíricas (experimentais) da existência de Deus. Em contrapartida, também não se pode provar de forma inequívoca a não existência de Deus. Persiste, portanto, uma situação indeterminada do ponto de vista estritamente racional, admitindo-se, assim, pela impossibilidade de exclusão de qualquer das duas premissas, que é possível que Deus exista ao mesmo tempo que é possível que não exista.

Pascal assim assume essa incerteza e explora as consequências das possibilidades advindas dessa dúvida. Tal qual em um jogo de azar, por exemplo, ao lançar-se uma moeda, pode ocorrer cara (Deus existe) ou coroa (Deus não existe). Metaforicamente, a aposta do jogador seria: se ele acredita em Deus, apostará seguindo uma vida religiosa e devota, mas se não acredita sua aposta consistirá em uma vida devassa e de pecado. Isso cria, novamente em linguagem moderna, uma *matriz de payoff* ilustrada a seguir:

		A aposta (eu acredito ou não em Deus)	
		Eu acredito em Deus	**Eu não acredito em Deus**
O jogo (Deus existe ou não)	**Deus existe**	Ganho infinito (paraíso pela eternidade)	Perda infinito (inferno pela eternidade)
	Deus não existe	Perda finita (vida religiosa)	Ganho finito (vida devassa)

Figura 2.1 – A aposta de Pascal

Uma *matriz de payoff* nada mais é que a representação gráfica (matriz) dos ganhos ou perdas (*payoff*) de determinada situação.

Matriz é o termo técnico mais utilizado, para o que é mais popularmente conhecido como tabela, ou seja, a representação gráfica de duas dimensões ou variáveis, uma nas linhas e a outra nas colunas. A grande inovação da matriz é que ela não nos dá a resposta "correta", até porque há uma situação incerteza, assim não é possível definir uma resposta "correta". Ao invés disso, a matriz fornece as consequências de cada situação possível, medidas em termos de ganhos ou perdas. Na moderna teoria da decisão, deve-se avaliar as probabilidades de cada situação incerta *versus* os seus ganhos e perdas, e escolher a melhor situação, dada a incerteza inerente e indissociável implícita nas opções.

No caso da Aposta de Pascal, conforme representada pela matriz acima, não é possível controlar o jogo, ou seja, é incerto se Deus existe ou não. A única decisão que o jogador pode controlar é se acredita em Deus ou não. A matriz apresenta as possibilidades.

A primeira opção, acreditar em Deus implicava um ganho infinito se Deus existisse, em contrapartida a uma perda finita, a vida religiosa, em caso de sua não existência. A segunda opção, não acreditar em Deus, gerava uma perda infinita, caso Deus existisse, o inferno pela eternidade, *versus* um ganho finito, uma vida devassa, caso Deus não exista. Para Pascal a escolha era clara: a aposta na existência de Deus era a racional, já que promoveria uma potencial recompensa infinita em troca de uma possível perda finita. Não seria lógica a opção de não acreditar em Deus, visto que teria como recompensa apenas um possível ganho finito em detrimento de uma potencial perda infinita, a eternidade no inferno. A sua conclusão foi que era racional e lógico acreditar em Deus, devido aos ganhos maiores e perdas menores, em comparação à alternativa.

A aposta de Pascal rendeu diversos *insgihts* aos financistas do século XX e XXI, que serão discutidos mais adiante.

Voltando ao início do século XX, essas ideias de probabilidade aplicadas ao mercado financeiro foram a base da tese de doutorado de Bachelier, a qual foi revolucionária, mas, para azar de seu criador, estava bem à frente de seu tempo. O apoio de Poincaré foi suficiente para a aprovação de sua tese de doutorado, mas como não foi possível enquadrá-la em uma das áreas clássicas da Matemática, isso atrapalhou enormemente uma possível carreira acadêmica para Bachelier.

Com o apoio contínuo de Poincaré, Bachelier permaneceu em Paris. Ele recebeu pequenas doações da Universidade de Paris e de fundações independentes para pagar por seu estilo de vida modesto. A partir de 1909, ele foi autorizado a dar palestras na Universidade de Paris, mas sem receber um salário.

Contudo, o mais cruel revés do destino ainda estava por vir. No início do ano de 1914, o conselho da Universidade de Paris autorizou o reitor da faculdade de Ciências a criar uma posição permanente para Bachelier. A carreira que ele sempre sonhou estava ao seu alcance. Mas antes que a posição pudesse ser finalizada, a Alemanha marchou pela Bélgica e invadiu a França. Em resposta, a França se mobilizou para a guerra. Em 9 de setembro, o matemático de quarenta e quatro anos, que revolucionou as finanças sem que ninguém notasse, foi convocado para o exército francês.

Para compreender a maior contribuição de Bachelier para as finanças, faz-se necessário explicar brevemente um conceito da Física do século XIX, o movimento Browniano.

Para explicar esse movimento, imagine o sol brilhando através de uma janela em um quarto empoeirado. Com a devida atenção, poderá ver pequenas partículas de poeira dançando na coluna de luz, parecendo suspensos no ar. Mais do que isso, poderá vê-los ocasionalmente rodopiando e mudando de direção, flutuando para cima tantas vezes quanto para baixo, em um movimento aparentemente aleatório. O poeta romano Titus Lucrécio (escrevendo cerca de 60 A.C.), argumenta que deve haver elementos minúsculos e invisíveis impulsionando as partículas de poeira de todas as direções e empurrando-as primeiro em uma direção e depois em outra.

Quase dois mil anos depois, Albert Einstein apresentou um argumento semelhante defendendo da existência dos átomos. Apesar da teoria atômica ser milenar, proposta originalmente ainda na Grécia Antiga, pelo filósofo Demócrito de Abdera (também chamada de Mileto) em cerca de 360 A.C, foi majoritariamente descartada pelos principais físicos e cientistas pela falta de evidência empírica de sua existência. Apenas no século XX foi retomada e plenamente aceita pela comunidade científica.

Einstein deu um passo além de Lucrécio: desenvolveu uma estrutura matemática que lhe permitiu descrever com precisão as trajetórias que uma partícula seguiria se seus movimentos fossem realmente causados por colisões com partículas ainda menores. Com isso criou os alicerces do ramo da Física conhecido como "Física Estatística". Em continuidade ao trabalho pioneiro de Einstein, o físico francês Jean-Baptiste Perrin desenvolveu um método experimental para rastrear partículas suspensas em um fluido com precisão suficiente para mostrar que elas realmente seguiram caminhos do tipo previsto por Einstein. Esses experimentos contribuíram para convencer os céticos restantes de que átomos realmente existiam.

Os fenômenos em que Einstein estava interessado são exemplos do Movimento Browniano[9], batizado assim em homenagem ao botânico

---

[9] "Movimento Browniano". *IFUSP*. Disponível em: <https://portal.if.usp.br/labdid/sites/portal.if.usp.br.labdid/files/Browniano-L.pdf>. Acesso em: 16 abr. 2021.

escocês Robert Brown, que observou o movimento aleatório de grãos de pólen suspensos na água em 1826. O tratamento matemático do movimento browniano é frequentemente chamado de *random walk* (algo como "passeio aleatório") e também, de forma mais sugestiva, como o "andar do bêbado".

A imagem do andar do bêbado pode ser bem elucidativa: visualize um rapaz completamente bêbado saindo de um bar. Ele dá alguns passos à frente e há a mesma probabilidade dele cambalear em uma direção ou outra. Ele se firma, dá outro passo e depois cambalear mais uma vez. A direção que o rapaz traça é basicamente aleatória, nada tem a ver com o seu suposto destino, a sua casa, por exemplo. Após algum tempo cambaleando em diversas direções, de forma aleatória, o seu trajeto parecerá o caminho de uma partícula de poeira flutuando à luz do sol, como no movimento Browniano.

Em geral, perante a comunidade científica, Einstein recebe o crédito por ter explicado matematicamente o movimento browniano, porque foi seu artigo de 1905 que chamou a atenção de Perrin. Mas, na verdade, Einstein estava cinco anos atrasado. Bachelier já havia descrito a Matemática dos passeios aleatórios em 1900, em sua tese de doutorado. Contudo, diferentemente de Einstein, Bachelier tinha pouco interesse no movimento aleatório de partículas de poeira, ele estava interessado nos movimentos aleatórios dos preços das ações.

Em qualquer dado momento no tempo há uma chance de o preço da ação subir e uma chance de que o preço caia. Essas duas possibilidades são similares ao bêbado cambaleando para frente ou para trás aleatoriamente. A pergunta que a Matemática pode responder neste caso é a seguinte: assumindo que a ação começa em um determinado preço e tem o comportamento do passeio aleatório, qual é a probabilidade de que o preço tenha um valor específico após um certo tempo? Em outras palavras, onde estará o bêbado após caminhar 10 passos? E após 100 passos? Quais são essas probabilidades? Essa é a pergunta que Bachelier respondeu em sua tese.

Para começar a responder, Bachelier, baseado em sua experiência no mercado financeiro, observou que notícias positivas faziam o preço da ação subir enquanto notícias negativas faziam seu preço cair. Por exemplo, quando a empresa anunciava um lucro acima do esperado, as suas ações, via de regra, subiam. Da mesma forma, um prejuízo não previsto poderia derrubar as suas cotações. A grande sacada foi que as notícias positivas ou negativas eram essencialmente imprevisíveis, portanto, poderiam matematicamente ser tratadas como aleatórias, assemelhando-se em comportamento ao bêbado cambaleando. Notícias positivas faziam o bêbado "cambalear para a frente", aumentando o preço das ações. O contrário também era verdadeiro, notícias negativas faziam o bêbado "cambalear para trás", reduzindo as cotações.

Digamos que determinada ação está cotada no momento a $ 100. A fim de ilustrar o raciocínio, vamos supor uma simplificação: durante cada dia haverá apenas uma notícia sobre essa ação, que pode ser positiva ou negativa, de forma aleatória, com 50% de probabilidade para cada um. Caso seja positiva, a ação subirá 10%, caso seja negativa, a ação cairá 10% do seu valor. Ao final do primeiro dia teríamos:

$ 100 Preço Inicial

Notícia negativa (50% de chance)   Notícia positiva (50% de chance)

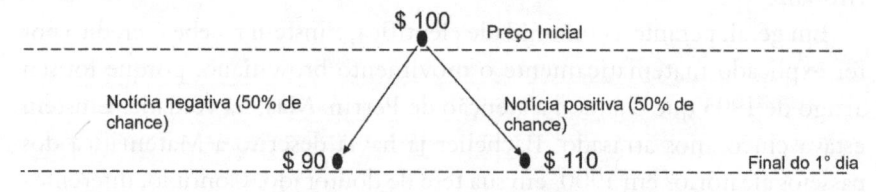

$ 90 $ 110   Final do 1° dia

Figura 2.2 – Modelo Binomial em 1 dia

Na figura 2.2 observamos o que pode acontecer com o preço da ação (iniciou-se a $ 100) ao final do primeiro dia. Há apenas duas possibilidades: com 50% de chance haveria uma notícia positiva e o preço subiria 10% para $ 110; com a mesma probabilidade de 50% ocorreria uma notícia negativa, a ação cairia 10% para $ 90. Ao final do primeiro dia teríamos, portanto:

Preço final – dia 1	Probabilidade
$ 90	50%
$ 110	50%

O interessante, na verdade, é a evolução dos preços ao longo do tempo. O que aconteceria ao final do segundo dia? A Figura 2.3 resume as possibilidades:

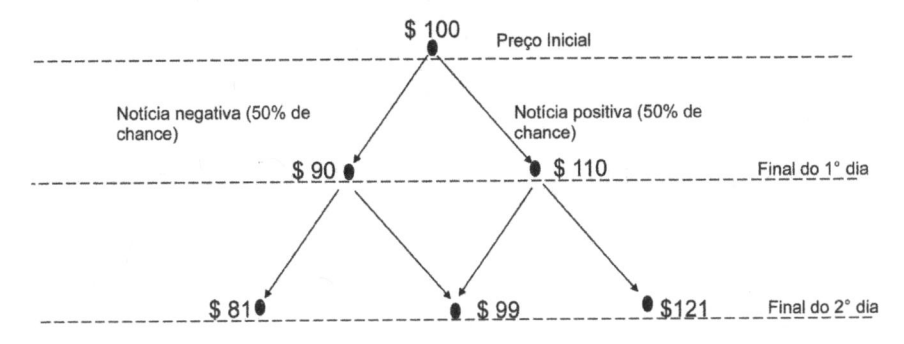

```
                    $ 100    Preço Inicial
                      ●
        Notícia negativa (50% de      Notícia positiva (50% de
        chance)                        chance)
                  $ 90 ●           ● $ 110           Final do 1° dia


    $ 81 ●              ● $ 99          ● $121       Final do 2° dia
```

Figura 2.3 – Modelo Binomial em 2 dias

Ao final do segundo dia, partimos dos preços de $ 90 e $ 110. Caso o preço estivesse a $ 90, poderia receber outra notícia negativa e cair ainda mais 10% para $ 81, ou ainda receber uma notícia positiva e subir 10% para $ 99. O mesmo raciocínio vale para o preço de $ 110, que poderia ser negativamente afetado para $ 99 ou ainda subir mais 10% com outra notícia positiva para $ 121. Ao final do segundo dia teríamos, portanto:

Preço final – dia 2	Probabilidade
$ 81	25%
$ 99	50%
$ 121	25%

As probabilidades ficaram mais interessantes. Duas quedas seguidas ou duas altas seguidas são menos prováveis (25% de chance) do que uma queda / alta ou alta/ queda que teria 50% de chances. Os eventos das pontas (extremos) são menos prováveis. Isso fica ainda mais evidente se observarmos o que ocorreria após 3 dias na Figura 2.4:

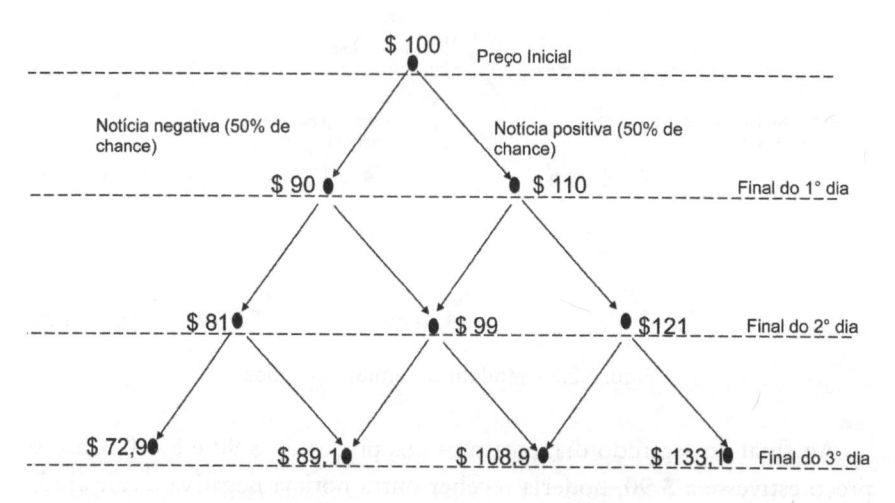

Figura 2.4 – Modelo Binomial em 3 dias

Seguindo sempre a mesma lógica de que pode haver uma notícia negativa com 50% de chance de ocorrer que faria o preço da ação cair 10% ou alternativamente uma notícia positiva que faria o preço subir 10% (com 50% de probabilidade de ocorrer) os resultados ao final do terceiro dia seriam:

Preço final – dia 3	Probabilidade
$ 72,9	16,7%
$ 89,1	33,3%
$ 108,9	33,3%
$ 133,1	16,7%

O efeito observado ao final do segundo dia se intensificou. No modelo simplificado que adotamos, se forma uma espécie de triângulo, conforme os dias passam. Os eventos mais ao centro, mais próximos do valor inicial são mais prováveis, enquanto os valores dos extremos são menos prováveis.

Nosso modelo é muito simplificado e não reflete bem a realidade, pois não temos apenas uma notícia por dia, podemos ter várias, ou mesmo nenhuma, elas podem afetar os preços da ação em mais ou menos que 10% cada uma. Essa simplificação que fizemos nos permite entender a característica essencial da modelagem adotada por Bachelier: conforme o tempo decorre, aumentam as possibilidades de os preços subirem ou caírem mais, mas de uma forma que depende dos preços anteriores e que fica cada vez improvável ocorrerem apenas aumentos ou apenas quedas de preços. Isso implica que os preços mais ao "centro" do triângulo sejam mais prováveis, pois se formam com uma combinação de altas e baixas e os preços dos extremos (também chamado de cauda) sejam menos prováveis por necessitarem de uma combinação de apenas altas / apenas baixas. Mais do que isso, dado alguns pressupostos, nos permite calcular as probabilidades dos preços conforme o tempo avança, como fizemos nas figuras e tabelas anteriores.

Essa modelagem que adotamos para compreender o princípio básico da contribuição de Bachelier utilizou uma variável discreta[10]. As variáveis, ou seja, aquilo que queremos estudar em ciências, quando são numéricas, basicamente podem ser de dois tipos: variáveis discretas e variáveis contínuas.

As variáveis discretas só podem assumir (serem) alguns números específicos predeterminados. Por exemplo, quando tratamos de populações de pessoas, a variável número de pessoas só pode ser um número inteiro: pode-se ter 1, 2, 5, 10, 1 milhão de pessoas, mas não é possível ter 5,23 pessoas, esse número não faz sentido. Não existem pessoas "com casas decimais", meias pessoas, um terço de pessoa. Assim a variável é discreta, no sentido em que pode possuir apenas alguns estados futuros predeterminados, não todos os possíveis, no caso do exemplo, apenas números inteiros.

As variáveis contínuas, por outro lado, podem assumir quaisquer valores. Por exemplo, o peso de uma pessoa é uma variável contínua. Um rapaz não precisa necessariamente pesar 65 kg ou 66kg exatos, números inteiros, pode muito bem pesar 65,4kg. Dependendo da precisão da balança, pode ser 65,442 kg, ou qualquer outro valor mensurável.

No nosso exemplo utilizamos um modelo muito simplificado, de uma variável discreta, o preço da ação, que só poderia assumir duas possibilidades. Mas como poderíamos deixar o modelo mais realista? Poderíamos supor que ocorreriam diversas notícias positivas e negativas durante o dia e no final haveria uma composição desses efeitos. Assim, ao invés de apenas

---

[10] Para ser mais exato é uma variável discreta do tipo binomial, como o próprio nome indica, só pode assumir dois estados futuros: uma alta ou uma baixa dos preços predeterminada, no caso de +10% ou -10%.

duas setas possíveis, teríamos várias, cada um representando outra informação / outro impacto no preço da ação, como ilustrado na figura 2.5:

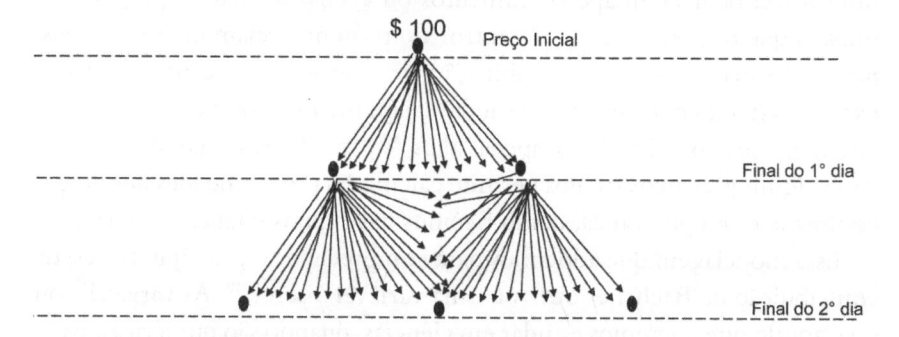

Figura 2.5 – Modelo com Múltiplas Possibilidades

Ao invés de apenas duas possibilidades, agora há uma diversidade de possibilidades, dizemos que há uma "densidade de probabilidade" maior. Densidade é o conceito da Física que mede a relação do peso com o volume. Por exemplo, a água tem densidade 1, ou seja, 1 litro de águas pesa 1 kg. Se pegarmos uma garrafa de água de 1 litro e pesarmos em uma balança teremos 1 kg (descontando o peso da garrafa). Já o chumbo tem densidade muito maior, de 11,34, ou seja, se enchermos a mesma garrafa de 1 litro com chumbo e não mais com água, a balança irá indicar que ela pesa 11,34 kg! A ideia é a mesma para a distribuição. No nosso exemplo de distribuição com apenas duas opções há uma baixa densidade de probabilidades (apenas duas) representada por um grande espaço vazio no triângulo. Ao aumentarmos a densidade, temos mais possibilidade, "mais setas", como vimos na figura 2.5, logo uma maior densidade (menos espaços em branco), e consideramos essa distribuição mais realista.

Mas quantas notícias e com qual intensidade deixariam o modelo realista? No mercado financeiro moderno há uma imensa quantidade de informações e notícias, elas são quase instantâneas, tal o seu volume. Retomando o conceito de limite matemático que discutimos há pouco, qual seria o limite dessas "novas muitas setas"? Seria justamente uma distribuição contínua, os preços das ações poderiam assumir qualquer valor (limitado aos centavos, claro). Assim, o limite do modelo simplificado, aumentando cada vez mais e mais o número de possibilidades para o preço da ação leva a à distribuição estatística chamada de Curva de Gauss (ou do sino), ou mais popularmente Curva Normal[11], ilustrada na figura 2.6:

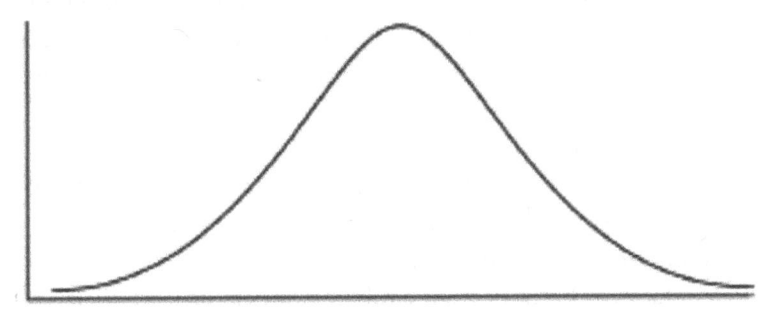

Figura 2.6 – Curva Normal

O que acontece se unirmos as figuras 2.5 e 2.6? Observamos visualmente que o limite matemático da figura 2.5 é justamente a figura 2.6, vejamos:

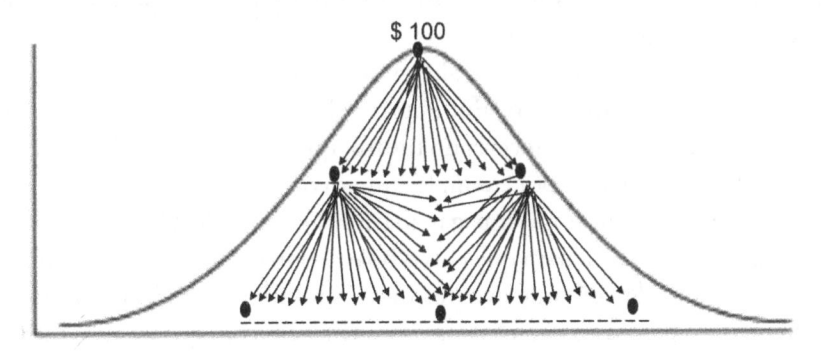

Figura 2.7 – Múltiplas Possibilidades na Curva Normal

Essa foi a grande e inovadora contribuição de Bachelier, tratar os aumentos e quedas dos preços de uma ação por meio de uma Curva Normal, com uma distribuição contínua de probabilidades.

A Curva Normal ganhou esse "apelido" justamente porque é uma *pop star* na estatística, muitos fenômenos naturais são quase perfeitamente

---

[11] "Curva normal". *Wikipédia*. Disponível em: https://pt.wikipedia.org/wiki/Distribui%C3%A7%C3%A3o_normal. Acesso em: 16 abr. 2021.

explicados por ela, daí ela ser o "normal" de ocorrer, foi chamada por Henri Poincaré (sim, o mesmo orientador de Bachelier) de Curva Normal.

Uma das primeiras aparições da distribuição normal ocorreu em 1733 com Abraham de Moivre com o aprofundamento do estudo da fatorial. Em 1777, Pierre-Simon Laplace retomou o trabalho e em seu livro publicado em 1781, publicou uma primeira tabela da distribuição normal. Em 1809, Carl Friedrich Gauss aplicou a curva à astronomia, ampliando seu uso e compreensão. Assim, a distribuição normal também pode ser chamada de distribuição de Gauss ou distribuição de Laplace–Gauss, ou ainda distribuição de Laplace ocasionalmente.

Alguém tão familiarizado com o funcionamento da bolsa de Paris como Bachelier sabia o quão forte poderia ser o efeito de uma informação sobre os preços das ações. Observando-se o passado, a partir de qualquer instante no tempo, é fácil apontar para boas ou más notícias e usá-las para explicar como o mercado se move. Mas Bachelier estava interessado em entender as probabilidades de preços futuros, no qual, obviamente, não é possível saber quais serão as notícias. Algumas notícias futuras podem ser previsíveis com base em coisas que já são conhecidas.

Bachelier argumentou que qualquer evento previsível já estaria refletido no preço atual de uma ação. Em outras palavras, se você tivesse motivos para pensar que algo aconteceria no futuro, que acabaria por fazer com que o Google valesse mais – por exemplo um novo aplicativo revolucionário –, você deveria estar disposto a pagar mais pelas ações do Google agora do que alguém que não achava que coisas boas aconteceriam à empresa. Informações que fazem com que eventos futuros positivos pareçam prováveis – aumentam os preços agora; informações que fazem com que eventos futuros negativos pareçam prováveis – diminuem os preços agora.

Dessa forma, argumentou Bachelier, os preços das ações devem ser aleatórios. Uma transação significa que duas pessoas – um comprador e um vendedor – conseguiram concordar com um preço. Tanto o comprador quanto o vendedor examinaram as informações disponíveis e decidiram quanto eles acham que as ações valem para eles, mas com uma ressalva importante: o comprador, pelo menos de acordo com a lógica de Bachelier, está comprando as ações a esse preço porque acha que, no futuro, é provável que o preço suba. O vendedor, enquanto isso, está vendendo a esse preço porque acha que é mais provável que o preço caia.

Levando esse argumento adiante, um mercado composto por muitos investidores bem-informados, que estão constantemente transacionando pelos preços os quais acreditam que possam ganhar dinheiro antecipando ser mais provável a queda/aumento do preço no futuro, implica logicamente que o preço atual de uma ação só pode ser interpretado como o preço que leva em consideração todas as informações possíveis.

Caso Bachelier esteja certo, e os mercados funcionam dessa maneira que, então a hipótese do *random walk*, o andar no bêbado, é um elemento essencial que faz os mercados financeiros funcionarem.

Essa abordagem modernamente é conhecida como a Hipótese do Mercado Eficiente (HME). A premissa básica é que os preços de mercado sempre reflitam o valor real do que está sendo negociado, porque incorporam todas as informações disponíveis.

Bachelier foi o primeiro a sugerir isso, mas, como aconteceu com muitas de suas ideias seminais sobre os mercados financeiros, passou despercebida no início do século. As suas ideias, como a Hipótese do Mercado Eficiente, foram mais tarde redescobertas, com grande alarde, pelo economista da Universidade de Chicago, Eugene Fama, em 1965, inclusive sendo laureado com o Prêmio Nobel de Economia em 2013.

Bachelier sobreviveu à Primeira Guerra Mundial. Foi dispensado das forças armadas no último dia de 1918. Ao retornar a Paris, descobriu que sua posição na Universidade de Paris havia sido eliminada. Mas, no geral, as coisas foram melhores para ele depois da guerra. Muitos jovens matemáticos promissores haviam morrido em batalha, abrindo posições na universidade. Bachelier passou os primeiros anos após a guerra, de 1919 a 1927, como professor visitante, primeiro em Besançon, depois em Dijon e, finalmente, em Rennes. nenhuma dessas universidades era particularmente prestigiada, mas ofereceram a ele posições de professor remuneradas, algo raro na França na época.

Por fim, em 1927, Bachelier foi nomeado professor titular em Besançon, onde lecionou até se aposentar em 1937. Ele viveu mais nove anos, revisando e republicando o trabalho que havia escrito no início de sua carreira. O reconhecimento pelo seu pioneirismo e genialidade, infelizmente para ele, viriam apenas após a sua morte.

PARTE II
As Finanças Neoclássicas

CAPÍTULO 3.
O único almoço grátis em finanças é a diversificação

Em 1954, Harry Markowitz, como diversos outros estudantes prestes a fazer sua defesa de doutorado na Universidade de Chicago, estava tenso, muito mais do que seria o normal para a situação, e não sem uma boa razão. A liturgia da defesa de doutorado é tensa por natureza. Você deve apresentar um trabalho profundo e analítico, supostamente inédito e inovador, que traga uma contribuição à fronteira da ciência, sobre um tema que estudou por longos anos. Apesar da supervisão e apoio do professor orientador, existe uma possibilidade real de reprovação, o que basicamente sepulta a possibilidade de uma carreira como professor ou pesquisador em uma universidade renomada. Esse risco decorre de que, além do professor orientador, a banca de defesa é composta por outros quatro professores, grandes especialistas no assunto pesquisado, que são convidados para escrutinar, interpelar e criticar o trabalho e o doutorando, a fim de verificar se realmente há méritos e contribuições naquele trabalho que mereçam a concessão de um título de doutor, mais conhecido pela sigla Ph.D. – do latim *philosophiae doctor* – Doutor em Filosofia[12].

---

[12] O termo "filosofia" não se relaciona, neste contexto, apenas ao campo da Filosofia propriamente dita, mas provém do sentido grego da palavra, que é *amor ao conhecimento*, assim pode-se atribuir o Ph.D. a qualquer campo do conhecimento, como em Economia, no caso de Harry Markowitz.

Markowitz trabalhava como pesquisador da RAND Corporation (acrônimo do inglês *Reserach ANd Development* – Pesquisa e Desenvolvimento em uma tradução livre), uma instituição sem fins lucrativos, atuando como uma entidade que desenvolve pesquisas e análises para o Departamento de Defesa dos Estados Unidos. Após terminar sua tese de doutorado, viajou de Santa Monica para Chicago para defendê-la. Quando aterrissou, estava bastante confiante, pensou: "Conheço esse assunto muito bem. Nem o Dr. Milton Friedman pode criar grandes dificuldades na minha defesa de doutorado". O jovem Harry, então apenas com 27 anos, estava muito enganado.

Milton Friedman já era uma estrela em ascensão em 1954. Economista e estatístico, lecionou por 30 anos na Universidade de Chicago e foi, possivelmente, o economista estadunidense mais famoso do século XX. A Universidade de Chicago foi o epicentro de uma nova geração de economistas do pós-guerra nos Estados Unidos, que resgataram as ideias liberais, em contraposição às ideias do economista britânico John Maynard Keynes, que propunha uma maior intervenção na economia. Essas duas grandes linhas econômicas – liberais vs. keynesianos – dominou a discussão, pesquisa e mesmo as políticas governamentais após a década de 1950, estando longe de se encerrar, mesmo nos dias atuais.

Friedman foi um dos (muitos) grandes destaques de Chicago, muitos dos quais vencedores do Prêmio Nobel de Economia. Mas Milton Friedman tinha um brilho especial mesmo entre todas essas estrelas, laureado com o prêmio Nobel de Economia em 1976, influenciou vários campos de pesquisa da Economia. Uma pesquisa feita com economistas posicionou Milton Friedman como o segundo economista mais influente do século XX, logo atrás do próprio John Maynard Keynes[13].

O jovem Harry Markowitz teve sua confiança seriamente abalada quando, apenas uns cinco minutos após iniciar a defesa do doutorado, Friedman lhe disse: "Harry, eu li sua tese. Não consigo encontrar erros na matemática, mas há um problema: isso não é uma tese de Economia. Não podemos dar-lhe um Ph.D. em Economia para uma tese que não

---

[13] DAVIS, William L.; FIGGINS, Bob; HEDENGREN, David; e KLEIN, Daniel B. "Economic Professors' Favorite Economic Thinkers, Journals, and Blogs", *Econ Journal Watch 8(2): 126–146*, maio de 2011.

é de Economia." Friedman passou então a maior parte da hora e meia seguinte dizendo que a banca não poderia dar-lhe um Ph.D. Ele continuou o massacre: "Harry, você tem um problema: a tese não é Economia; também não é administração de empresas; não é nem matemática."[14]

Por fim, a banca solicitou que Markowitz aguardasse no corredor por sua decisão. Cerca de cinco minutos depois, o prof. Marschak, seu orientador, apareceu e disse: "Parabéns, Dr. Markowitz."

De toda forma, essa inusitada banca de doutorado foi o encerramento adequado de uma não menos pouco ortodoxa trajetória acadêmica de estudos e prenunciou o pioneirismo e inovação das ideias de Markowitz. Friedman estava certo: não era Economia, Administração e nem mesmo Matemática. Só não conseguiu verbalizar o que realmente era – o nascimento da moderna teoria financeira.

Harry Max Markowitz nasceu em Chicago em 1927, filho único de Morris e Mildred Markowitz, proprietários de uma pequena mercearia. Morava em um apartamento confortável, a família sempre tinha o suficiente para comer e o pequeno Harry tinha seu próprio quarto. Uma vida bastante afortunada, considerando-se que os Estados Unidos na época viviam a Grande Depressão, da qual Markowitz nunca teve consciência enquanto criança[15].

O garoto gostava de beisebol e jogava futebol no terreno vazio próximo ou no parque a alguns quarteirões de distância. Tocava violino na orquestra do ensino médio. E também gostava de ler. No início, seu material de leitura consistia em histórias em quadrinhos e revistas de aventura. No final do ensino fundamental e no ensino médio, lia revistas populares de Física e astronomia.

No ensino médio, começou também a ler obras originais de filósofos clássicos. Ficou particularmente impressionado com o argumento de David Hume de que, apesar de lançarmos uma bola mil vezes, e toda vez ela cair no chão, isso não é prova suficiente que ela voltará a cair na milésima

---

[14] WASENDORF SR., Russel R.; WASENDORF JR., Russel R. "Feature Interview: Harry M. Markovitz, Nobel Laureate. *Altavra*. Disponível em: <http://www.altavra.com/docs/thirdparty/interview-with-nobel-laureate-harry-markowitz.pdf>. Acesso em: 16 abr. 2021.
[15] EDITORS. "Harry Markowitz Biography". *TheFamousPeople.com*. Disponível em: <https://www.thefamouspeople.com/profiles/harry-markowitz-7400.php>. Acesso em: 16 abr. 2021.

primeira vez. Essa objeção lógica é conhecida na filosofia das ciências como o "problema da indução" e seria posteriormente explorada por outros filósofos contemporâneos de Markowitz como Karl Popper.

Após ingressar na Universidade de Chicago e fazer alguns cursos iniciais chegou o momento de escolher a sua área de especialização. Harry gostava um pouco de Matemática e um pouco de alguns tópicos de Economia. Após uns 10 minutos de indecisão, tomou sua decisão – seria um economista – mesmo sem saber que o departamento de Economia da Universidade de Chicago era um dos melhores do mundo.

Mesmo antes de completar o seu doutorado, Markowitz publicou em 1952 seu artigo mais famoso "*Portfolio Selection*", no prestigioso *Journal of Finance*, a revista científica mais famosa da área de finanças. Esse artigo é considerado o marco de início da teoria das finanças modernas. Mas o que ele tinha de tão inovador e revolucionário?

Markowitz estava interessado em uma nova abordagem econômica para a época, a Economia da incerteza, ou como os agentes econômicos se comportam em ambientes com incerteza. Quando chegou a hora de escolher o tema de sua tese de doutorado, Harry foi visitar seu orientador, o professor Marschak, para pedir sugestões. O mais curioso é que enquanto ele esperava no saguão pelo orientador, para passar o tempo, começou a conversar com um corretor de ações que também estava esperando. Ele disse: "Por que você não faz uma tese sobre o mercado de ações? Após consultar seu orientador, obteve o aval para prosseguir.

O único problema é que Markowitz não sabia quase nada sobre o mercado de ações. O mesmo poderia ser dito de Marschak. Assim restou-lhe uma única alternativa: tornar-se um autodidata no assunto.

Foi assim que começou a frequentar a biblioteca da faculdade de administração. Em uma tarde, estava lendo o trabalho do economista John Burr Williams, *Theory of Investment Value* (Teoria do Valor do Investimento). Williams basicamente argumenta que o valor de uma ação é o valor presente de dividendos futuros. Essa é uma das ideias mais fundamentais de finanças e ainda muito utilizada, tanto que o principal método de avaliação de uma empresa também fala em estimar o seu *valuation* no jargão técnico, é justamente o fluxo de caixa descontado, que na sua essência é o valor presente dos fluxos de caixa (ou dividendos em outra versão) futuros esperados da empresa.

Levando o raciocínio adiante, Markowitz diz que obviamente o mundo é incerto, portanto, não sabemos o valor dos dividendos que a empresa pagará no futuro com certeza. Logo, Burr Williams só podia estar se referindo ao valor esperado dos dividendos futuros. Harry estava sentado pensando: "Se tudo em que você está interessado sobre ações é o seu valor esperado, então, naturalmente, você só deve estar interessado no valor esperado do seu portfólio. E se você está interessado apenas no valor esperado ou no valor médio do seu portfólio, a maneira como você maximiza isso é colocar todo o seu dinheiro em qualquer ação que possua o maior valor esperado."

Continuando com essa lógica, Markowitz ponderou que todo mundo sabe que você não deve colocar todos os seus ovos em uma única cesta. Ele estava ainda analisando investimentos em empresas e seus portfólios. Então, pensou consigo mesmo: claramente os investidores desejam um retorno esperado, mas não desejam muita variabilidade do retorno. É por isso que existe diversificação – para reduzir a variabilidade. E a medida natural de variabilidade que os estatísticos usam é o desvio-padrão ou a variância.

A ideia é simples em sua essência. O investidor gosta de retornos altos, mas não gosta de risco. Assim, se for possível mensurar o retorno e o risco dos investimentos, pode-se compará-los de forma objetiva e investir na melhor relação de retorno vs. risco.

Markowitz propôs que o retorno esperado de um investimento deve ser mensurado como a média dos seus retornos passados. Para o risco a proposta foi adotar uma medida de variabilidade. Qual a relação entre risco e variabilidade? Quanto maior a variabilidade, mais difícil fazer uma previsão acurada sobre o futuro, logo maior o risco. Tomemos como exemplo dois campeonatos nacionais de futebol: o brasileiro e o espanhol.

Digamos que um apostador deseja testar a sua sorte nesses dois campeonatos de futebol, tentando antecipar o vencedor. Ele poderia verificar o histórico dos últimos 20 anos de cada um, para apostar nos maiores vencedores, que, portanto, teriam maior probabilidade estatística de vencer no próximo ano. Seriam os favoritos pelo seu histórico mais recente.

Analisando o campeonato brasileiro de futebol, o apostador encontraria, dependendo do período de 20 anos analisado, entre oito e dez campeões, sendo que o maior vencedor provavelmente teria três ou quatro títulos apenas, em vinte possíveis. O caso do campeonato espanhol é bem diferente: nos últimos 20 anos muito provavelmente teríamos de 17 a 19 títulos para apenas dois times (Real Madrid e Barcelona) e um ou dois outros times campeões uma ou duas vezes.

O apostador teria chances muito melhores com o campeonato espanhol, apostando no Real Madrid e Barcelona do que no campeonato brasileiro tendo que escolher entre oito ou dez times. Isso ocorre porque a variabilidade do campeonato brasileiro é muito maior que do espanhol, assim é muito mais difícil probabilisticamente acertar o campeão brasileiro – o risco é maior porque há maior variabilidade dos resultados.

Um exemplo simples pode ilustrar e ajudar a compreender a abordagem de Markowitz, conhecida como média-variância. Um investidor deseja escolher entre duas ações de empresas, utilizando-se do critério de retorno e risco. Para tanto construiu os seguintes cenários de análise:

Retorno Esperado (%)	Empresa A	Empresa B
Expansão econômica robusta	19%	4%
Expansão econômica moderada	10%	10%
Recessão econômica	1%	16%

Figura 3.1 – Cenário de Análise

Na abordagem adotada, a probabilidade de ocorrência de cada um dos três cenários é a mesma (1/3 para cada um). De acordo com Markowitz, o retorno esperado de cada ação será a média dos seus retornos esperados em cada cenário. O cálculo da média é bem simples, basta somar os retornos esperados em cada cenário, no caso as expectativas em expansão robusta, moderada e em recessão e dividir-se pelo número de cenários, no caso três.

Os retornos esperados das ações, coincidentemente, nesse caso, foram iguais a 10% para as duas empresas. Em uma primeira análise, pode parecer então que as duas ações são equivalentes, tanto faz investir em uma ou outra, pois os ganhos esperados são iguais. Nesse ponto é que entra a genialidade de Markowitz ao propor que o investidor não estava interessado apenas no retorno em si, mas na relação entre o retorno e o risco da ação. Quanto maior o retorno proporcionalmente ao risco, mais interessado o investidor ficaria no investimento, esse seria mais "eficiente". Mas como calcular o risco?

Harry se utilizou das medidas clássica de variabilidade da estatística: variância e desvio-padrão. Quanto maior a variabilidade, maior o risco, pois como exemplificado pelos campeonatos brasileiro e espanhol, mais difícil prever o resultado, logo mais risco e maiores seriam a variância e o desvio-padrão. No exemplo anterior, o desvio-padrão da empresa A é 7,35% (com variância de 0,54%), enquanto o da empresa B é 4,90% (com variância de 0,24%). As fórmulas e cálculos para esses números, bem como a explicação mais detalhada da matemática envolvida na teoria de Markowitz estão no Apêndice Técnico I para os leitores interessados, contudo, é plenamente possível acompanhar o entendimento dos conceitos, de forma qualitativa, sem a leitura do Apêndice para aqueles que não desejarem fazê-la – apenas continue a leitura do capítulo.

A primeira genialidade da abordagem de Harry foi não focar apenas no retorno das ações, o que era bem comum na década de 1950, mas insistir que o investidor deveria considerar também o risco – ou mais do que isso – a relação entre risco e retorno.

Nesse contexto, claramente a empresa B é o melhor investimento. Ambas possuem o mesmo retorno esperado de 10%, porém a empresa B possui menos risco, desvio-padrão de 4,90% contra 7,35% da empresa A. Um investidor racional não teria dúvidas em escolher a empresa B – mesmo retorno e menor risco. Mas justamente nesse ponto entra a segunda genialidade de Markowitz, a qual lhe rendeu o prêmio Nobel de Economia de 1990: o investidor não precisa escolher. Ele pode dividir seus recursos entre as duas empresas, comprando ambas as ações.

Intuitivamente, isso não faz sentido. Por que alguém colocaria parte de seus recursos em uma ação que possui uma relação retorno-risco pior como a da empresa A? Em uma primeira análise não faria o menor sentido, a intuição diria para investir 100% dos recursos na empresa B. Mas a intuição está errada nesse caso, pois desconsidera a correlação entre os ativos.

A correlação é uma medida estatística que tem por objetivo identificar se duas variáveis tendem a se comportar de forma relacionada ao longo do tempo ou não. As correlações são números padronizados que podem variar entre -1,0 e +1,0, mas o que significa isso? O sinal positivo indica que as duas variáveis tendem a se mover na mesma direção ao longo do tempo, quando uma aumenta ou diminui o mesmo tende a ocorrer com a outra. Por exemplo, ações de empresas do mesmo setor tendem a ter correlações positivas, uma vez que na maioria das vezes são impactadas da mesma forma (ainda que em intensidades diferentes) pelas mesmas notícias: um aumento do preço do petróleo será uma notícia ruim tanto para as ações das companhias aéreas, pois o seu custo de operação aumentará, o que impactará as ações tanto da American Airlines quanto a United Airlines.

O sinal negativo significa que duas variáveis tendem a se mover em direções opostas. A ação de uma empresa petrolífera tende a ter correlação negativa com a ação de uma companhia aérea, uma vez que um aumento no preço do petróleo é bom para a primeira, já que aumenta a sua receita de vendas, enquanto é ruim para a segunda, pois aumenta os seus custos. As ações das empresas são impactadas de forma inversa por essa notícia, ou seja, tendem à correlação negativa.

Em relação ao número em si, quanto mais próximo de 1,0, mais forte estatisticamente é a relação entre as variáveis e quanto mais próxima a zero, mais fraca essa relação. Eventos com correlação próxima a zero, ou seja, sem relação entre si, às vezes também são denominados de "independentes".

Markowitz percebeu que ações que tivessem correlações negativas seriam ideais para compor uma carteira, pois não reduziriam o retorno da carteira, mas reduziriam sim o seu risco, medido como variabilidade (desvio-padrão ou variância). A explicação matemática mais detalhada está no Apêndice Técnico I, mas é possível compreender-se visualmente esse efeito. Observe a figura 3.2 a seguir:

Cenários	Ativo X	Ativo Y	Carteira
1	20,0%	-5,0%	7,5%
2	6,0%	1,0%	3,5%
3	-1,0%	15,0%	7,0%
4	4,0%	9,0%	6,5%
5	-7,0%	22,0%	7,5%
6	3,0%	6,0%	4,5%
7	15,0%	2,0%	8,5%
8	2,0%	9,0%	5,5%
9	1,0%	14,0%	7,5%
10	17,0%	-3,0%	7,0%
Retorno	6,0%	7,0%	6,5%
Risco (σ)	8,6%	8,5%	1,5%
Correlação			-0,94

Figura 3.2 – Cenários de Carteira

Duas ações, os ativos X e Y apresentam ganhos ou perdas esperados ao longo de dez diferentes cenários econômicos. De forma simplificada, os cenários econômicos seriam de expansão ou recessão e afetariam de forma diferente as ações. A carteira na tabela investe metade de seus recursos em cada uma das ações.

O efeito da carteira é muito interessante. Enquanto os ativos individualmente podem apresentar significativos ganhos ou perdas dependendo do cenário (no cenário 1 o ativo X ganha 20% e o Y perde 5%, mas no cenário 5 isso se inverte, com o ativo X perdendo 7% e o Y ganhando 22%), em seu conjunto apresentam um retorno sempre positivo, que varia muito pouco. Traduzindo para a relação retorno-risco, o retorno da carteira é a média dos retornos de X e Y (retorno de 6,5% da carteira é a média entre retornos de 6% e 7%, de X e Y, respectivamente). Contudo, o risco da carteira é muito menor que dos ativos individuais. Os riscos (desvios-padrão) de X e Y são 8,6% e 8,5% enquanto a carteira apresenta um risco de apenas 1,5%! Isso fica ainda mais evidente em um gráfico:

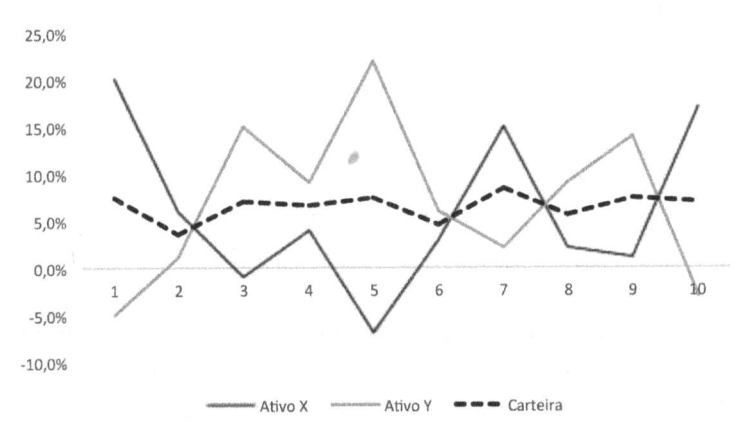

Figura 3.3 – Gráficos dos Cenários de Carteira

A linha escura representa os ganhos ou perdas do ativo X, enquanto a linha clara os resultados do ativo Y. Ambos são bastante instáveis, podendo obter perdas ou ganhos significativos dependendo do cenário. A linha tracejada representa a carteira, a composição simples (metade de cada ativo), com muita estabilidade, essa linha quase não varia ao longo do tempo, representado baixa variabilidade e consequentemente baixo risco na definição de Markowitz. O segredo está na forte correlação negativa entre os dois ativos, de -0,94, em outras palavras, como as empresas tendem a ser afetadas de forma inversa nos cenários econômicos, fortes perdas em um ativo tendem a ser compensadas por ganhos no outro ativo, dando estabilidade (redução de risco) para a carteira.

Por fim, desenvolveu o conceito de fronteira eficiente, fornecendo um guia prático para os gestores de recursos – aplicar os recursos sob sua gestão em carteiras na fronteira eficiente. Essa "fronteira" seria composta pelo melhor conjunto possível de carteiras, dadas as oportunidades no mercado de capitais. Observe a figura 3.4:

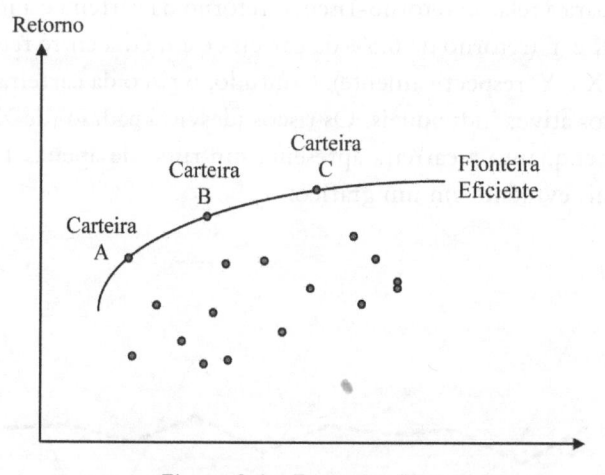

Figura 3.4 – Fronteira Eficiente

Cada ponto no gráfico representa uma possível carteira de investimentos no mercado de capitais. As melhores carteiras são aquelas que possuem a melhor relação retorno sobre risco, na representação gráfica são, portanto, aquelas que estão mais "alto", indicando o maior retorno possível para um determinado nível de risco. A fronteira eficiente demonstra o conjunto das melhores carteiras. "Eficiente" significa, nesse caso, fazer a melhor relação retorno sobre risco, para cada nível de risco.

Qual o papel do investidor racional? Construir a carteira eficiente mais adequada ao seu perfil de risco. Para um investidor conservador, possivelmente o melhor seria investir na carteira A, ela é eficiente no sentido de Markowitz, mas com um nível de risco relativamente baixo. Pelo mesmo raciocínio a carteira C pode ser bem interessante para um investidor mais arrojado. O mesmo vale para o gestor profissional de recursos, o qual deveria identificar o perfil dos seus investidores e criar carteiras eficientes adequadas a esse perfil.

Essa foi uma contribuição muito longeva de Harry para a teoria de gestão de investimentos. Ainda que a estatística que ele propôs originalmente possa ter sido criticada e superada em diversos aspectos na atualidade, quase todos os gestores profissionais de recursos concordariam no mundo atual, ainda que utilizando outras palavras, que sua função primordial é identificar o perfil de seus clientes e construir carteiras adequadas a esse perfil em termos de retorno e risco. Caso isso soe óbvio décadas após seu trabalho seminal, é mérito de Markowitz.

Voltando à década de 1950, Harry havia demonstrado, por meio de medidas estatísticas, que o velho ditado "não coloque todos os ovos na mesma cesta", fazia todo o sentido em investimentos no mercado de capitais. A diversificação, ou seja, investir em diversos ativos, permitia uma redução de risco sem perda de retorno, um "almoço grátis" para utilizar um termo caro a Milton Friedman, apesar que na mitologia *Friedmaniana*, almoços grátis não existem. Markowitz acabara de demonstrar que o "impossível" existia e era, na verdade até, bem simples de aplicar na prática da multibilionária indústria de gestão de recursos.

Esse conhecimento intuitivo sobre os benefícios da diversificação é ancestral, na visão de Markowitz retratado até na literatura. Mais de uma vez iniciou uma palestra ou aula, citando a clássica peça teatral de Shakespeare, "O Mercador de Veneza", na qual Antônio alegremente declara:

> "Podeis crer-me, não é assim. Sou grato à minha sorte; mas não confio nunca os meus haveres a um só lugar e a um barco, simplesmente nem depende o que tenho dos azares do corrente ano, apenas. Não me deixam triste, por conseguinte, as minhas cargas."[16]

---

[16] SHAKESPEARE, W. O Mercador de Veneza. Disponível em: < http://www.dominio publico.gov.br/pesquisa/DetalheObraForm.do?select_action=&co_obra=2354>. Acesso em: 16 abr. 2021.

Para Markowitz, Shakespeare claramente conhecia não somente o princípio da diversificação, mas em um nível intuitivo, até entendia a correlação[17].

Mais do que acadêmica ou literária, contudo, a pretensão de Markowitz era tornar sua teoria um guia prático Wall Street esbarrava na dificuldade que essa versão tão quantitativa de finanças era ainda muito nova e possuía um mercado muito pequeno. Assim para tentar popularizar esse novo campo de finanças quantitativas Harry conseguiu uma bolsa de estudos da *Merill Foundation* e se mudou para a Universidade de Yale, passando o ano acadêmico de 1955 – 1956 transformando sua tese de doutorado em um livro, o qual foi publicado em 1959 com o título de *Portfolio Selection* ("Seleção de Carteira de Investimentos", em uma tradução livre).

Markowitz pretendia que o livro fosse totalmente prático e aplicável à realidade do mercado de capitais, ainda que fosse densamente quantitativo, um verdadeiro manual prático de investimentos para Wall Street.

Uma questão central para essa transição da teoria para a prática era como gerar estatísticas confiáveis, de variâncias e correlações, entre outras, se o mercado financeiro, ao contrário dos exemplos didáticos, era incerto, confuso, caótico? Bem, não havia uma única forma, as expectativas sobre o futuro necessariamente são pessoais e subjetivas. Contudo, podem e devem ser moldadas, ajustadas, revistas por novas e melhores informações. Assim Markowtiz adotou a perspectiva de seu antigo professor de estatística, Jim Savage, o qual defendia, nas palavras de Milton Friedman, que "o papel da estatística não era descobrir a verdade, mas sim resolver desavenças entre as pessoas"[18]. Savage havia defendido essa visão probabilística em seu livro publicado originalmente em 1954, intitulado de *Foundations of Statistics* (Fundamentos de Estatística)[19]. Já no início do livro, argumenta que há muitos provérbios contraditórios no mundo e que todos guardam algum grau de verdade e sabedoria. Por exemplo o provérbio "quem não arrisca, não petisca" e seu provérbio antagonista "mais vale um pássaro na mão que

---

[17] FOX, Justin. *The Myth of the Rational Market: a history of risk, reward and delusion on Wall Street*. New York: HarperCollins, 2009.

[18] FRIEDMAN, Milton; FRIEDMAN, Rose D. *Two lucky people: Memoirs*. Chicago: University of Chicago Press, 1999, pp. 216.

[19] SAVAGE, Leonard J. *The foundations of statistics*. New York: Dover Publications, 1972.

dois voando"[20], claramente ambos possuem uma certa verdade imbuída, como reconciliá-los? Savage propunha que quando os provérbios estão em conflito dessa forma, não é possível conciliá-los em um único provérbio raso verdadeiro, já que essa verdade tinha múltiplas dimensões e dependia, naturalmente, da situação concreta. Assim o papel da estatística era oferecer a melhor solução intermediária entre esses extremos, que capturaria a melhor "verdade possível" na situação.

O livro de Markowitz ofereceu ampla orientação sobre como seguir os axiomas de Savage para ponderar as evidências em face da incerteza, mas ele não estava tentando tirar de Wall Street o trabalho de fazer as escolhas das ações e os julgamentos de risco. Esses ainda deveriam ser o papel do analista de ações. Apesar de todas as suas páginas e páginas de notação matemática, o livro continha várias concessões cruciais à realidade prática.

Apesar da inovação e relevância do seu trabalho, a recepção das ideias e conselhos de Harry em Wall Street foi gélida. Ele tentou vender para uma pequena empresa de corretora de valores, argumentando que poderia ser muito útil para avaliar os erros cometidos pelos analistas ao longo do tempo e fornecer um modelo de referência de análise. O responsável pela empresa, um analista sênior de mercado, que ainda atuava na seleção de ações, simplesmente recusou a oferta.

Além da questão da abordagem excessivamente quantitativa para os padrões de Wall Street da época, o que gerava insegurança em possíveis clientes no mercado financeiro, havia ainda uma questão de ordem prática. O volume de cálculos necessários para efetivamente aplicar a teoria da carteira à gestão de recursos era proibitivo para as décadas de 1950 e 1960, nos primórdios da computação (maiores detalhes no Apêndice Técnico I). Apenas para ilustrar a dificuldade, as correlações, pela sua natureza, precisam ser calculadas entre cada par de ações. Assim, por exemplo, uma carteira modesta em termo de tamanho, com 20 ações, demandaria uma matriz (nome técnico de tabela) com 20 linhas e 20 colunas, portanto com 400 cálculos. O mercado estadunidense nessa época possuía várias centenas de ações. Simplesmente não havia como fazer tantos cálculos com os recursos que

---

[20] O autor alterou os provérbios originais do livro para os citados no texto, bastante comuns no Brasil, de forma a tornar mais compreensível para o leitor.

possuíam os bancos e corretoras na década de 1960. O modelo precisava ser simplificado para ser útil na prática de finanças.

A questão central das recusas tão categóricas, contudo, era mais profunda. Da mesma forma que diversos conceitos e ideias disruptivos, a teoria da carteira de Markowitz estava à frente de seu tempo, ainda seriam necessários anos e diversos outros trabalhos complementares de professores de finanças para que esse arcabouço se consolidasse e ganhasse os corações e mentes da academia e de Wall Street.

CAPÍTULO 4.
A Epopeia em busca do modelo-padrão de finanças

As ideias de Harry Markowitz eram inovadoras e geniais, mas demoraram para serem reconhecidas e renderem frutos, em grande medida pela falta de um *paradigma* de ciência em finanças. O termo foi cunhado por Thomas Kuhn, ilustre físico e filósofo da ciência, que explica a sua evolução dessa por meio de grandes disrupções, ao contrário da visão mais popular que enxerga na ciência um avanço mais linear e cumulativo.

Thomas Kuhn nasceu em 1922 em Ohio, nos Estados Unidos. Com grande capacidade intelectual e propensão às ciências, foi aceito em Harvard, onde formou-se em Física com máxima distinção (designada em latim como *summa cum laude* – "com a maior das honras" em uma tradução livre) em 1943. Continuou sua carreira acadêmica ainda em Harvard, finalizando seu PhD em Física em 1949, até então como quase nenhum contato com a filosofia, pela grande demanda por físicos durante a Segunda Guerra Mundial.

Após concluído o doutorado, Kuhn permaneceu em Harvard como professor. O grande ponto de inflexão na sua carreira ocorreu quando ele foi convocado para lecionar uma disciplina de ciências para alunos de Ciências Humanas. A estrutura desta disciplina baseava-se nos casos mais famosos da história da ciência, assunto que Kuhn pouco conhecia e que, ao estudar mais detalhadamente, percebeu que o desenvolvimento da ciência, em uma perspectiva histórica, era muito diferente da apresentada nos textos de Física ou mesmo de Filosofia das Ciências. Este fato foi determinante para o desenvolvimento da sua obra.

Para sua grande surpresa, a história da ciência não era um acúmulo contínuo de progressos pontuais, mas sim uma coleção de períodos de certa estabilidade teórica entrecortados por outros de grandes mudanças e às vezes até de volta ao passado ou resgate de conceitos abandonados.

Em seu livro mais famoso e considerado por muitos como um dos livros científicos mais influentes do século XX, intitulado "A Estrutura das Revoluções Científicas", Kuhn exemplifica essa descontinuidade e idas e vindas das ciências com a criação da teoria da eletricidade:

> "Um primeiro grupo de teorias, seguindo a prática do século XVII, considerava a atração e a geração por fricção como os fenômenos elétricos fundamentais. Esse grupo tendia a tratar a repulsão como um efeito secundário devido a alguma espécie de rebote mecânico. Tendia igualmente a postergar por tanto tempo quanto possível tanto a discussão como a pesquisa sistemática sobre o novo efeito descoberto por Gray — a condução elétrica. Outros "eletricistas" (o termo é deles mesmo) consideravam a atração e a repulsão como manifestações igualmente elementares da eletricidade e modificaram suas teorias e pesquisas de acordo com tal concepção. (Na realidade este grupo é extremamente pequeno — mesmo a teoria de Franklin nunca explicou completamente a repulsão mútua de dois corpos carregados negativamente.) Mas estes tiveram tanta dificuldade como o primeiro grupo para explicar simultaneamente qualquer coisa que não fosse os efeitos mais simples da condução. Contudo, esses efeitos proporcionaram um ponto de partida para um terceiro grupo, grupo que tendia a falar da eletricidade mais como um "fluido" que podia circular através de condutores do que como um "eflúvio" que emanasse de não-condutores. Por seu turno, esse grupo tinha dificuldade para reconciliar sua teoria com numerosos efeitos de atração e repulsão. Somente através dos trabalhos de Franklin e de seus sucessores imediatos surgiu uma teoria capaz de dar conta, com quase igual facilidade, de aproximadamente todos esses efeitos. Em vista disso essa teoria podia e de fato realmente proporcionou

um paradigma comum para a pesquisa de uma geração subsequente de eletricistas."[21]

Para Kuhn, de forma muto resumida, cada ramo da ciência possuía uma pré-história, até que se formava o primeiro paradigma, ou seja, conjunto de ideias e princípios que orientam o corpo das pesquisas na área, em conteúdo e método. Após essa primeira etapa, os cientistas trabalhariam nesse paradigma, ou modelo-padrão, resolvendo uma série de problemas, "quebra-cabeças", esmiuçando os detalhes e dominando aquele campo de conhecimento por um tempo. Contudo, com o passar dos anos, alguns problemas não conseguem ser resolvidos, criando anomalias que vão se acumulando, até que se faz necessária a quebra do paradigma, com novos métodos, pressuposto, ideias e conceitos alterados para dar conta desses novos problemas e anomalias, que levará, no futuro à consolidação de um novo paradigma. Em uma revisão posterior de sua obra, após algumas críticas sobre o uso da expressão paradigma de forma muito ampla, Kuhn cunhou o termo "matriz disciplinar", com o mesmo sentido de paradigma, mas menos abrangente e mais adequado para uma disciplina específica.

Essa forma histórica de ver a ciência paradigmática (ou em matriz disciplinar) é particularmente interessante para compreender a evolução das finanças. Até Markowitz, as finanças enquanto ciência estava em sua pré-história. Nesse capítulo e nos dois próximos veremos a formação desse primeiro paradigma da teoria financeira, as chamadas "finanças modernas" ou "finanças neoclássicas". Na parte III do livro discutiremos os desafios a esse paradigma e o caminho que apontam para um futuro novo modelo-padrão, ainda em construção, que na falta de um nome mais apropriado, chamei de novas finanças.

Markowitz deu o primeiro passo, mas naturalmente, não criou o paradigma completo das finanças modernas, até porque isso, quase sempre, é uma obra coletiva. Ele precisava de muita ajuda para isso, e por caminhos diversos e inesperados, obtendo essa ajuda nos anos que se seguiram aos seus *insights*.

---

[21] KUHN, Thomas. *A Estrutura das Revoluções Científicas*. São Paulo: Perspectiva, 5ª edição, 1998, página 33.

Um dos elementos mais fundamentais na construção desse paradigma veio de Oskar Morgenstern, economista austríaco, o qual se propôs a resolver um dos problemas mais difíceis da Economia neoclássica. A teoria padrão era que os mercados seriam perfeitos, racionais e sempre tenderiam ao equilíbrio e alocação ótima de recursos em longo prazo. Isso era muito útil como modelo de explicação do comportamento dos agentes econômicos, mas havia um problema: como incorporar a incerteza a esse modelo de perfeição? A questão é que para o modelo funcionar, os agentes precisariam conhecer o futuro para assim poder fazer as escolhas racionais adequadas. A introdução de incerteza econômica seria nefasta ao modelo, causando uma falha que o impediria de funcionar. Não era que o modelo ficaria pouco realista com a incerteza (o que até poderia ser aceitável em um primeiro momento), ele ficaria logicamente falho e desmoronaria.

Para ilustrar esse ponto de como a incerteza levaria a falhas na estrutura de um modelo plenamente racional, Morgenstern criou uma metáfora, uma história baseada no detetive de ficção mais famoso de todos os tempos, Sherlock Holmes, e seu arqui-inimigo, o gênio do crime, professor Moriarty.

Nessa metáfora, Holmes está sendo perseguido por Moriarty, que deseja matá-lo, portanto, precisa desesperadamente despistá-lo. Holmes está na estação de trem em Londres e embarca para Dover em uma viagem que possui uma parada programada antes do destino final. Ao embarcar, o detetive vê o vilão na estação de trem. Inicialmente, ele pressupõe que o professor pegará um trem direto para Dover, chegando antes para emboscá-lo e assassiná-lo. Nesse caso a sua melhor opção seria descer na parada anterior a Dover e tomar um trem de volta a Londres, despistando o criminoso. Mas Moriarty é muito inteligente e poderia deduzir que Holmes faria a parada intermediária. Nesse caso o melhor para o herói seria seguir para Dover. E assim continua de forma indefinida, cada um podendo deduzir os incertos passos seguintes de seu opositor e nunca haveria uma solução racional ótima com incerteza.

No paralelo de Morgenstern, o mesmo valeria para os mercados. Com a incerteza não seria possível que os agentes tomassem decisões racionais ótimas, simplesmente não existiriam elementos confiáveis o suficiente para esse tipo de decisão, como justificou o próprio Oskar, por: "uma infindável cadeia de conjunturas recíprocas levando a reações e contrarreações", complementando que "capacidade ilimitada de previsão e equilíbrio econômico são irreconciliáveis entre si."[22]

O modelo não permitia a incerteza e Morgenstern desejava encontrar uma forma de suprir essa questão. Para tanto, por indicação de outros colegas, chegou a um artigo escrito em 1928, sobre o jogo de pôquer, pelo matemático húngaro John von Neumann.

Neumann havia imigrado para os Estados Unidos em 1930 e tornou-se um dos professores mais influentes do Instituto de Estudos Avançados da Universidade de Princeton, ao lado de Albert Einstein.

O pôquer apresentava o exato paralelo que Morgenstern desejava para o seu problema econômico: como ser racional em um ambiente de incerteza? Não havia uma sequência de jogadas previamente definidas como as melhores possíveis, portanto um modelo otimizador. As jogadas consistiam em apostas e blefes, baseadas na intuição e percepção do jogador em relação aos seus oponentes. Para Neumann a resposta racional consistia em considerar as jogadas dos adversários como sujeitas à aleatoriedade. Contudo, naturalmente, dadas as possíveis combinações presentes na regra do jogo, sua hierarquia, em algumas situações as probabilidades eram mais favoráveis que em outras.

O jogador deveria assim avaliar cada situação como aleatória, mas ponderada por uma probabilidade mais ou menos favorável a depender da sua configuração dentro das regras do jogo. Era na verdade uma forma racional de jogar, não necessariamente um modelo otimizador.

Morgenstern imigrara para os Estados Unidos em 1938, fugindo dos nazistas na Áustria e conseguindo um emprego em Princeton, onde trabalhou em parceria com Neumann, publicando juntos o livro *"Theory of Games and Economic Behavior"* (teoria dos jogos e comportamento econômico em uma tradução livre) em 1944, considerado uma das obras fundadoras da teoria dos jogos, com implicações em diversas áreas, inclusive Economia e Finanças.

Para esses campos, a contribuição principal do livro era a forma como propunha que um jogador (leia-se agente econômico ou investidor no

---

[22] MORGENSTERN, Oskar. "Perfect Foresight and Economic Equilibrium". *The Selected Economic Writings of Oskar Morgenstern*. Nova York: New York University Press, 1976, pp. 172–73.

contexto) deveria decidir sua próxima jogada, no paralelo, decisão econômica ou investimento.

O ponto central para lidar com a incerteza era estabelecer um valor numérico para cada resultado potencial e ponderá-lo (multiplicando) pela sua probabilidade, o que geraria uma utilidade esperada. A ideia não era tão original, já havia sido proposta por Daniel Bernoulli em 1738, como vimos no capítulo 1, mas o livro serviu para torná-la um conceito central e padrão nas teorias econômicas e financeiras sobre decisão de indivíduos racionais frente a situações de incerteza. Fez tanto sucesso, que ficou conhecida pelos nomes de seus pais do século XX, como Teoria da Utilidade Esperada de Von Neumann-Morgenstern.

O nascente paradigma de finanças na década de 1950 tinha uma explicação teórica de como os investidores se comportam frente a situações de risco: de forma racional e probabilística. Isso faria toda a diferença, mas não sozinha.

O jovem professor Merton Miller estava incrédulo e decepcionado, mas viu uma oportunidade. Recém doutorado em Economia em 1952 pela Universidade John Hopkins, conseguiu um emprego para lecionar na Escola de Negócios (*Business School*) da Carnegie Institute of Technology, que atualmente é conhecida como Carnegie Mellon University.

Como economista, sem formação em administração de empresas, foi aprender como ensinar finanças para alunos de escolas de negócios, no templo sagrado da administração de empresas, a *Harvard Business School* (Escola de Negócios de Harvard), onde ficou incrédulo e decepcionado.

Justin Fox, em seu brilhante livro "O Mito dos Mercados Racionais"[23], brinca que as finanças são a versão da Economia para as escolas de administração de empresas. Se isso é verdade, o jovem professor Miller não gostava nada dessa versão no início dos anos 1950 e resolveu fazer algo a respeito.

A questão era que o método de ensino e pesquisa em finanças, na época, diferia muito do de Economia. Isso remonta a uma discussão de séculos na filosofia das ciências. Para resumir uma longa e fascinante história em

---

[23] FOX, Justin. *The myth of the rational market: A history of risk, reward, and delusion on Wall Street*. Nova York: Harper Business, 2009, pp. 75.

breves linhas, as Ciências Naturais se firmaram como forma de conhecimento aceito e reconhecido pela sociedade bem antes que as Ciências Sociais. Notadamente, a Física moderna já desfrutava de grande prestígio com as descobertas de Galileu, Copérnico, Kepler e especialmente as leis de Newton, enquanto as Ciências Sociais ainda engatinhavam.

Tal fato levou os cientistas sociais a tentaram imitar o método da Física para as suas disciplinas. Contudo, a construção de axiomas a partir dos quais seria possível estabelecer-se "leis gerais" sobre os fenômenos, corroborados por dados empíricos, como é feito usualmente nas Ciências Naturais se mostrou particularmente desafiador nas Ciências Sociais pelo seu objeto único de estudo: o ser humano.

Essa busca por "leis gerais" que governariam os seres humanos, replicando o método da Física nas nascentes Ciências Sociais, apresentou dificuldades quase intransponíveis. Por óbvio que seja, seres humanos não são átomos: mudam de opinião, são incoerentes, sofrem efeitos psicológicos, sociológicos, culturais, há muita dificuldade de simular situações de laboratório com humanos, por questões práticas, mas também éticas, entre dezenas de outras complexidades. Com o tempo, as Ciências Sociais abandonaram a sua busca por leis gerais, focando seus esforços para formar algo como uma coletânea de conhecimentos sobre diversas situações mais específicas. Mas houve uma exceção importante: a ciência econômica, ou pelo menos assim acreditavam os economistas.

Geralmente se considera como marco inicial da Economia enquanto ciência a publicação da obra clássica de Adam Smith, "A Riqueza das Nações" em 1776. Aliado a outras obras de autores seminais, a disciplina se ramificou em diversas escolas de pensamento. Uma das mais de maior impacto foi a chamada neoclássica (ou liberal), que floresceu ainda no século XIX e está consolidada atualmente nos livros-texto "microeconomia".

Construção coletiva de diversos autores, como Alfred Marshall, William Jevons, economistas ingleses, Carl Menger, austríaco e Léon Walras, francês, no final do século XIX, essa escola de pensamento econômico replicou o método da Física e construiu axiomas formais sobre o comportamento humano, pressupondo a racionalidade e conhecimento sobre o futuro irrestritos dos agentes econômicos e assim conseguiu deduzir "leis gerais econômicas".

Marshall condensou essas ideias no seu livro Princípios de Economia (*Principles of Economics*)[24], um todo coerente sobre essa teoria, no qual, por exemplo, a "lei da oferta e procura" apareceu de forma destacada, uma lei geral na Economia e, portanto, nas Ciências Sociais! O livro foi muito bem aceito, tornando-se o manual de Economia mais adotado na Inglaterra por um longo período.

Do ponto de vista estritamente da sua construção teórica, a teoria econômica neoclássica foi um feito sem paralelos nas Ciências Sociais em termos de rigor lógico-formal. A questão prática, se seria ou não uma boa descrição da realidade, contudo, é bem mais controversa, que seria discutida mais a fundo apenas muito posteriormente à morte desses autores, notadamente a partir da década 1960. Voltaremos a essa discussão mais à frente com Eugene Fama.

Voltando à frustração do jovem prof. Merton Miller, em sua estadia em Harvard, aprendeu sobre o mundialmente famoso "método do caso" no ensino de administração. Harvard é conhecida como a grande defensora e propagadora desse método, inspirando quase todas as principais escolas de negócios do mundo a fazer o mesmo, devido ao seu prestígio. O método é tão disseminado que na atualidade Harvard possui uma empresa especializada em comercializar seus famosos casos com as outras universidades, inclusive capacitando-as para a sua aplicação.

A ideia geral do método do caso de Harvard é submeter os estudantes a um grande volume de casos de negócios reais (ou adaptados da realidade) de empresas e fazer os alunos discutirem e proporem soluções. Naturalmente não há uma solução única correta, vale muito o bom senso, capacidade analítica e até retórica dos alunos. Talvez um dos melhores exemplos da "coletânea de conhecimentos sobre diversas situações específicas" das Ciências Sociais.

Miller, com sua visão de teoria geral propagada na Economia, procurou um fio condutor para descobrir a "teoria geral do método de casos", mas, como não podia ser diferente dada a própria natureza do método de casos, se frustrou, relatando em suas próprias palavras:

"Quando analisamos o caso número um do livro-texto, eu me lembro que a solução não era óbvia para mim. Após o professor explicá-lo,

---

[24] MARSHALL, Alfred. *Principles of Economics*. Nova York: Amherst, 1ª edição, 1997.

contudo, eu pensei, está certo, agora faz sentido. Então veio o caso número dois e eu pensei que como me lembrava como resolver o caso número um, a solução seria da mesma forma para o número dois. E, claro, era diferente. Eu não consegui estabelecer nenhuma conexão do caso um para os seguintes. Tudo era, como dizem sobre as passagens de trem, válida apenas por um dia. Para mim, como economista, era muito frustrante não possuir uma teoria geral de finanças corporativas para conectar todo o material entre si."[25]

Então Miller visualizou a oportunidade que mudaria sua carreira para sempre e lhe renderia o prêmio Nobel de Economia de 1990 (dividido com Harry Markowitz e William Sharpe): se não há uma teoria, então vamos construi-la! Seria, claro, espelhada no método da Economia Matemática que tanto admirava.

Para essa ousada missão, Miller se aliou a outro professor, Franco Modigliani, um italiano que havia imigrado para os Estados Unidos em 1939, criando uma parceria de longa data, que deu origem a dupla mais famosa das finanças corporativas, Modigliani & Miller, dupla carinhosamente conhecida pela sua sigla M&M, as letras iniciais de seus sobrenomes. Ambos acreditavam que o trabalho do professor de Economia era construir modelos matemáticos baseados na racionalidade dos agentes econômicos e que os professores de finanças deveriam fazer o mesmo.

Foram tão primordiais para as finanças corporativas, que a anedota é que no imaginário dos estudantes obrigados a lerem seus artigos técnicos, a sigla M&M, atribuída aos dois professores, suplantou, em *top of mind* (a primeira lembrança que vem à mente quando um nome é citado, muito usada em marketing) até o mundialmente famoso chocolate homônimo.

Para a construção de sua teoria geral de finanças corporativas decidiram como ponto de partida analisar uma questão central para as empresas: como deveriam decidir, de forma racional, sobre os seus investimentos?

---

[25] TANOUS, Peter. *Investment Gurus* (New York: New York Institute of Finance, 1997), pp. 215.

Para as empresas a questão do investimento é primordial: devemos abrir uma nova fábrica? Expandir? Adquirir novos bens e direitos? Existe até uma parte do Orçamento Anual e do Plano de Negócios, principais instrumentos de planejamento das corporações exclusivamente dedicada aos investimentos.

A prática padrão nos anos 1950, herdada principalmente da indústria química DuPont consistia em estimar o retorno esperado do investimento e compará-lo com o seu custo econômico de capital.

A ideia é bastante intuitiva. Digamos que a DuPont deseja analisar a viabilidade de expandir suas atividades abrindo uma nova planta industrial. Estima, baseado em suas outras plantas similares e no potencial de mercado, um retorno de 10% ao ano para o investimento. Nesse caso, se o custo do capital, ou seja, o custo econômico para remunerar os provedores do dinheiro necessário para o investimento fosse menor que 10% ao ano, ótimo, o investimento teria viabilidade e deveria ser feito. Caso contrário, haveria perda econômica e o investimento não faria sentido racionalmente, devendo ser descartado.

Tudo ótimo, intuitivo, calcado na prática corporativa e na racionalidade econômica, mas com um pequeno problema: na década de 1950 ninguém sabia ao certo como calcular o custo de capital.

A questão é que o custo de capital é composto por dois elementos. Existem dois possíveis provedores de dinheiro para a empresa fazer seus investimentos: os acionistas e os credores. No jargão técnico existem o capital próprio, nomeado de patrimônio líquido pela contabilidade (*equity*, em inglês) proveniente dos acionistas, os proprietários da empresa e o capital de terceiros, as dívidas (*debt* em inglês) que são os empréstimos feitos para a empresa, a qual paga juros por eles.

As empresas usualmente utilizam uma combinação de capital próprio com capital de terceiros para financiar seus investimentos. O próprio Balanço Patrimonial da empresa, um dos principais relatórios da contabilidade reflete isso.

Balanço Patrimonial

Ativos	Passivos
	Total das Dívidas = $ 30
	Total do Patrimônio Líquido = $ 70
Total dos Ativos = $ 100	Total dos Passivos & PL = $ 100

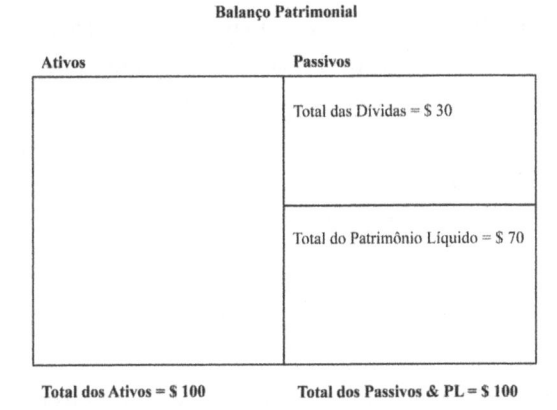

Figura 4.1 – Balanço Patrimonial

Os ativos da empresa são os seus bens e direitos, os recursos utilizados para viabilizar o seu negócio, em uma palavra, no sentido de finanças, são os investimentos realizados pela organização.

Os passivos são as fontes de financiamento da corporação, que podem ser capital de terceiros (dívida) ou capital próprio (patrimônio líquido). Os recursos levantados junto a acionistas e credores, por meio de dívidas e do patrimônio líquido permitem a aquisição dos ativos. Por isso o total dos ativos deve ser sempre igual ao total do passivo e patrimônio líquido, são os mesmos recursos, mas observados de pontos de vistas diferentes, como foram captados (pelo passivo) e como foram investidos (pelo ativo).

O custo de capital da empresa nada mais é do que a média do custo do capital próprio e de terceiros. Por exemplo, se a empresa decidiu se financiar com uma estrutura de 50% de capital próprio e 50% de capital de terceiros, e o primeiro custa 8% ao ano enquanto o segundo 4% ao ano, o seu custo econômico de capital é de 6% a.a., simplesmente a média dos seus custos[26].

Mas qual o motivo da empresa utilizar as duas fontes de capital? Isso ocorre pois há vantagens e desvantagens em cada uma delas. O primeiro ponto é que capital de terceiro é mais barato que o capital próprio. Isso

---

[26] Fórmula da média ponderada é cada custo multiplicado pelo seu percentual, assim no exemplo:
Custo de capital = (custo do capital próprio x volume percentual de capital próprio) + (custo de capital de terceiros x volume percentual de capital de terceiros)
Custo de capital = (8% x 50%) + (4% x 50%) = 4% + 2% = 6% a.a.

pode parecer estranho à primeira vista, mas pense na relação retorno e risco. O credor corre menos riscos que o acionista, já que, por contrato possui uma taxa de juros estabelecida e uma data certa para receber seu dinheiro de volta. O seu único risco é a falência da empresa, em qualquer outro caso sua remuneração está garantida. Já o acionista toma muito mais risco, pois não possui garantia nenhuma de remuneração. Considerando-se que os acionistas e credores são investidores plenamente racionais, naturalmente por correr mais risco os acionistas demandarão mais retorno, que se traduz em um custo mais elevado para a empresa. Logo o capital de terceiros é mais barato.

Por outro lado, o capital de terceiros, ou seja, o endividamento é mais arriscado para a empresa que se compromete com um fluxo de caixa fixo de pagamentos. Esse dilema da composição estrutura de capital é chamado tecnicamente de alavancagem financeira.

Vejamos um exemplo simples da empresa A para compreendermos a ideia. Inicialmente a empresa A só possui capital próprio, portanto não precisa pagar juros e todo seu lucro operacional é revertido para o acionista:

Empresa A

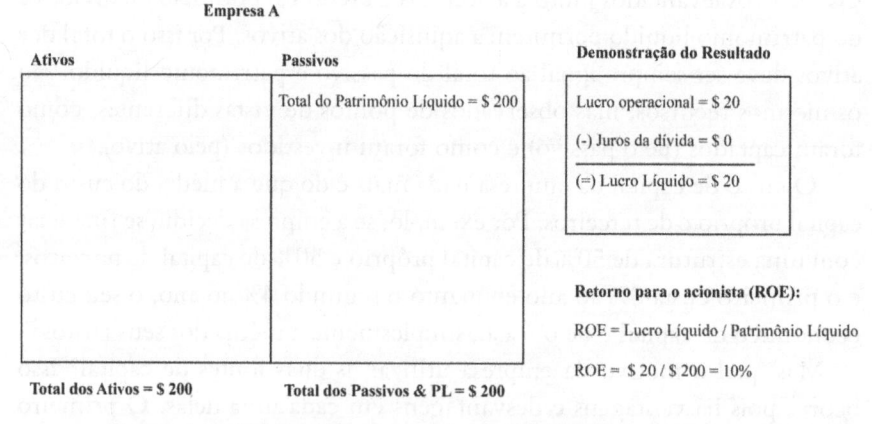

Ativos	Passivos	Demonstração do Resultado
	Total do Patrimônio Líquido = $ 200	Lucro operacional = $ 20
		(-) Juros da dívida = $ 0
		(=) Lucro Líquido = $ 20
		Retorno para o acionista (ROE):
		ROE = Lucro Líquido / Patrimônio Líquido
		ROE = $ 20 / $ 200 = 10%
Total dos Ativos = $ 200	Total dos Passivos & PL = $ 200	

Figura 4.2 – Balanço Patrimonial sem Dívidas (Desalavancado)

Nessa situação inicial, dizemos que a alavancagem financeira é zero, uma vez que a empresa não possui dívidas. O retorno do acionista, no jargão técnico representado pela sigla ROE (*return on equity* – retorno sobre o patrimônio líquido) é de 10%, resultado do ganho de $ 20 apropriado pelo acionista em comparação com seu investimento de $ 200 na empresa.

Em um segundo momento a empresa decide se alavancar por meio de uma dívida de $ 100 com taxa de juros de 4%. Com esses recursos recompra metade se suas ações no mercado, ficando com uma estrutura de capital com $ 100 de capital próprio e $ 100 de capital de terceiros. O que acontece com o retorno do acionista?

Empresa A

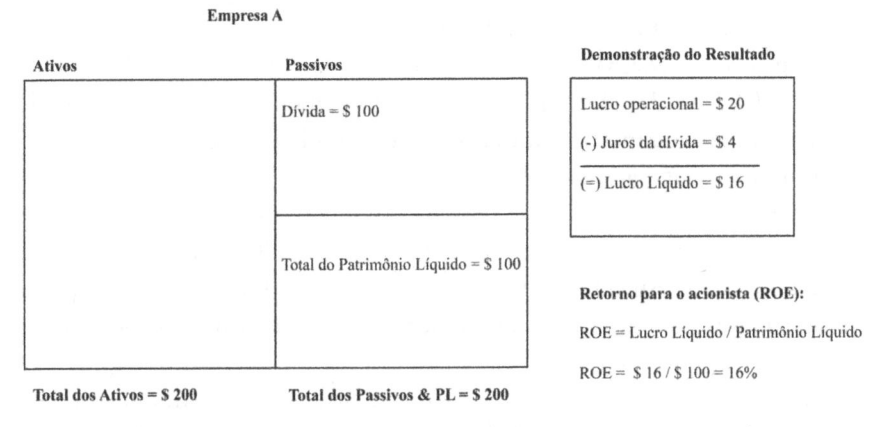

Ativos	Passivos	Demonstração do Resultado
	Dívida = $ 100	Lucro operacional = $ 20
		(-) Juros da dívida = $ 4
		(=) Lucro Líquido = $ 16
	Total do Patrimônio Líquido = $ 100	**Retorno para o acionista (ROE):**
		ROE = Lucro Líquido / Patrimônio Líquido
		ROE = $ 16 / $ 100 = 16%
Total dos Ativos = $ 200	Total dos Passivos & PL = $ 200	

Figura 4.2 - Balanço Patrimonial com Dívidas (Alavancado)

O mesmo lucro operacional de $ 20 agora remunera os credores com juros de $ 4, deixando um lucro líquido de $ 16 a ser apropriado pelos acionistas, contudo seu investimento diminuiu mais que proporcionalmente para $ 100, o que resulta em um ROE de 16% em comparação com o mesmo indicador de 10% na situação sem alavancagem. Em outras palavras a alavancagem financeira aumentou o retorno do acionista, pois utilizou-se de um dinheiro (a dívida) com custo mais baixo. Contudo, como observaria Milton Friedman, não existe almoço grátis, o incremento de retorno proporcionado pela alavancagem financeira é acompanhado pelo aumento no risco para a empresa, que agora tem um fluxo de caixa obrigatório fixo a pagar, os juros da dívida.

O administrador financeiro assim deve escolher um nível de alavancagem financeira que otimize a relação de retorno versus risco, mas como determinar essa composição de endividamento?

A resposta a essa pergunta foi dada por M&M em 1958 de forma surpreendente. Inspirados no método da Economia Matemática que tanto admiravam, propuseram em seu artigo seminal[27] uma idealização com sete pressuposto simplificadores (para seus críticos pressupostos irrealistas), entre os quais que os investidores e empresas tomam recursos emprestados pagando a mesma taxa e juros e sem limitação de montante levantado.

Assim, utilizando-se de argumentos de arbitragem, chegaram à conclusão de que qualquer estrutura de capital seria adequada, ou seja, um volume maior ou menor de dívidas seria irrelevante para a empresa. Essa conclusão é muito contraintuitiva, em geral, temos a clara sensação que o nível de dívida que uma empresa possui deveria ter algum efeito sobre ela.

A "prova" de M&M em seu artigo é baseada em princípios de arbitragem. O conceito de arbitragem é antigo, proveniente da oportunidade de ganhar dinheiro quando um mesmo bem é vendido em diferentes mercados por um preço que não seja idêntico.

Por exemplo, suponha que a onça de ouro (medida padrão nesse mercado, próxima a 28 gramas) esteja sendo negociada a 2.000 dólares na Bolsa de Chicago e, no mesmo momento, negociada a 1.900 dólares na B3 (Bolsa de São Paulo). Os investidores identificam a oportunidade de ganhar dinheiro com isso, no jargão técnico, arbitrar os dois mercados. O processo é simples, comprar ouro a 1.900 dólares em São Paulo e imediatamente (eletronicamente) vendê-lo a 2.000 em Chicago, gerando um lucro imediato de 100 dólares por onça.

A oportunidade é muito tentadora e diversos investidores farão a arbitragem ao mesmo tempo, o mais rapidamente possível, para auferir os ganhos. Esse movimento em massa de investidores possui um efeito colateral interessante: uma vez que há grande demanda pela compra de ouro em São Paulo, o preço começa a subir nesse local. O efeito contrário acontece em Chicago, como há muitos vendedores, os preços tendem a cair. Em continuidade a esse processo, rapidamente os preços de São Paulo subirão e os de Chicago cairão, até que fiquem iguais, possivelmente em um valor próximo ao "meio do caminho" entre os preços, ou seja, 1.950 dólares em ambos os mercados. Nesse momento não existe mais oportunidade de arbitragem para esse caso.

---

[27] MODIGLIANI, Franco; MILLER, Merton. H. The Cost of Capital, Corporation Finance and the Theory of Investment. *The American Economic Review*, Vol. 48, No. 3. 1958, pp. 261-297.

Os economistas argumentam que a arbitragem é o mecanismo pelo qual os mercados que são competitivos possuem preços idênticos ao redor do mundo, por exemplo, os mercados de *commodities*. A lógica é que caso apareçam diferenças de preços entre mercados rapidamente o mecanismo de arbitragem, de investidores em busca de lucros, farão os preços convergirem novamente.

M&M utilizaram um argumento similar de arbitragem como "prova" que a estrutura de capital seria irrelevante. Partindo-se de um dos seus pressupostos simplificadores, de que os investidores poderiam tomar recursos emprestados com a mesma taxa de juros que as empresas, argumentaram que duas empresas idênticas, que fossem diferentes apenas pelo seu endividamento precisariam necessariamente possuir o mesmo valor de mercado.

Caso contrário, os investidores poderiam tomar recursos emprestados ao mesmo custo das dívidas das empresas e assim arbitrar essas diferenças de valor de mercado entre elas. Para tanto, poderiam trocar dívidas por ações, ou vice-versa, conforme a situação e fariam os valores das empresas convergirem, como no exemplo anterior do ouro em dois mercados. Logo, como a arbitragem faria necessariamente os valores das empresas serem iguais, a estrutura de capital seria irrelevante. O Apêndice Técnico II ao final do livro traz mais detalhes sobre as proposições de M&M.

Em um segundo artigo posteriormente, M&M, utilizando-se de técnicas similares e diversos pressupostos simplificadores, argumentaram que uma segunda questão fundamental em finanças corporativas também seria irrelevante: a política de dividendos. Muito resumidamente, não importava se a empresa utilizava seus lucros para reinvestir no próprio negócio ou alternativamente pagava dividendos, de qualquer forma o retorno para os acionistas seria o mesmo.

Caso a empresa optasse pelos dividendos, os acionistas seriam remunerados em dinheiro, caso optasse por reinvestir os lucros, esses fariam a empresa crescer, aumentando seus ganhos futuros e assim aumentando também os preços das suas ações. Logo seriam remunerados por ganhos de capital (aumento nos preços das ações). De qualquer forma, o retorno do acionista seria entregue. Pagar ou não dividendos era também irrelevante.

Outra anedota entre os estudantes de finanças era que M&M provaram, de forma genial, que nada é relevante. Piadas à parte, a conclusão geral a que chegaram era uma resposta a questão do investimento nas empresas: qualquer projeto de investimento e seu plano de financiamento devem passar apenas no seguinte teste: o projeto, conforme financiado, aumentará o valor das ações da empresa? Em caso positivo, vale a pena empreender; senão, seu retorno é menor do que o custo de capital para a empresa e o projeto deverá ser rejeitado.

Ao longo das décadas seguintes, a teoria financeira adotou essa ideia M&M como seu ponto central: o objetivo da gestão financeira seria maximizar o valor da empresa, ou, dito mais prosaicamente, aumentar o preço das suas ações no mercado.

Alfred Rapapport, professor de contabilidade da *Northwestern University*, em um artigo da *Harvard Business Review* de 1981, deu à abordagem iniciada nos trabalhos de M&M o tom ainda em voga na atualidade: a questão mais básica qualquer executivo de negócios, ele escreveu, era "o plano corporativo de longo prazo (*business plan*) cria valor para os acionistas?"[28]

As conclusões a que M&M originalmente chegaram são bastante controversas, e consideradas pela grande maioria dos acadêmicos como pouco válidas para o mundo real, contudo seus métodos e perguntas fizeram história em finanças. As discussões contemporâneas em finanças corporativas quase sempre partem de seus trabalhos e as pesquisas investigam basicamente os mesmos temas que eles levantaram. Por isso tudo receberam separadamente o Prêmio Nobel de Economia. Modigliani em 1985, por outras contribuições e Miller em 1990, dividindo-o com Harry Markowitz e William Sharpe.

Apesar disso tudo M&M nunca criaram uma teoria de como calcular o custo de capital. Entre os dois elementos necessários para esse desenvolvimento, o custo de capital de terceiros não apresentava problemas, naturalmente seria a taxa de juros da dívida. Mas como estimar o custo do capital próprio? Os acionistas não recebiam uma renumeração fixa, na verdade possuem direitos residuais, ou seja, ficam com o lucro, o que "sobra", se sobrar algo, claro. Conforme definido por Modigliani e Miller, o custo de uma empresa de capital era o custo de oportunidade de não colocar dinheiro nas ações de uma empresa diferente na classe de "retorno equivalente". Eles nunca realmente definiram o que isso deveria significar.

---

[28] RAPPAPORT, Alfred, "Selecting strategies that create shareholder value," *Harvard Business Review* (May–June 1981): 139–49

O entendimento de finanças é que o custo de capital próprio seria um custo de oportunidade para o acionista, certo, fazia sentido, mas quais oportunidades e como compará-las? A resposta foi dada alguns anos após os artigos de M&M, mas não por eles, e sim por quatro professores que, trabalhando separadamente, chegaram a resultados muito similares. Essa resposta ficou conhecida pela sigla CAPM – *Capital Assets Pricing Model* (modelo de precificação de ativos de capital, em tradução livre).

Jack Treynor, um ex-aluno da Harvard Business School e com formação também em Matemática, percebeu a oportunidade de desenvolver a ideia do cálculo do custo de capital ao ler os artigos de M&M. Trabalhando como consultor da Arthur D. Little, possuía tanto a curiosidade e capacidade intelectual, quanto os incentivos profissionais para tal, já que essa seria uma excelente ferramenta de consultoria de negócios, caso conseguisse desenvolvê-la.

Para tanto, Treynor se inspirou no trabalho pioneiro de Markowtiz. Essa teoria foi concebida para orientar a tomada de decisão ideal pelos investidores, não para descrever o comportamento real do investidor. Contudo, poderia também ser interpretado como uma descrição do comportamento do investidor, e, dessa forma, sinalizaria em a direção de uma resposta útil e aparentemente sensata à questão do que determinava os preços dos ativos.

O risco que mais importava era o risco do mercado, concluiu Treynor, então os investidores deveriam receber um prêmio de risco proporcional à variação em comparação com o mercado como um todo. Em outras palavras, quanto mais sensível fosse o investimento em comparação com a variação do mercado, maior o seu risco.

Treynor mostrou uma versão inicial de seu trabalho ao economista John Lintner, da Harvard Business School, o qual aparentemente não gostou ou pelo menos não se interessou pelo assunto naquele momento. Contudo, de alguma forma, uma cópia do trabalho acabou chegando às mãos de Franco Modigliani, misteriosamente inclusive sem o conhecimento de Treynor, e para sua surpresa, Modigliani, após ler o texto, o convidou para estudar Economia e Finanças com ele, o que Treynor fez por seis meses em 1962 no MIT – *Massachusetts Institute of Technology*.

Durante sua estadia no MIT, Jack elaborou ainda mais sua teoria de precificação de ativos, mas, lamentavelmente, nunca chegou a publicá--la. Pensou que o trabalho ainda não estava maduro o suficiente para tal, talvez fossem necessários outros fatores de risco além do risco de mercado sozinho. Além disso a vida profissional de consultor o chamara para voltar a trabalhar na Arthur D. Little.

Coube a William Sharpe, outro professor, ainda em início de carreira, mas também inspirado no trabalho de Harry Markowitz a continuação a construção do modelo que ficaria conhecido como CAPM.

Após terminar de escrever seu livro sobre seleção de portfólio, Markowitz voltou para o seu emprego na RAND, onde trabalhou em programação de computadores, deixando finanças de lado por um tempo, até que em um belo dia em 1960, William Sharpe apareceu no seu escritório. Sharpe era funcionário da RAND doutorando em Economia pela UCLA – Universidade da Califórnia em Los Angeles.

Sharpe estava trabalhando em sua tese doutorado, mas não estava progredindo. Decidiu pesquisar um novo tema, e um professor da UCLA que conhecia Markowitz fez a sugestão de se conhecerem. Markowitz se entusiasmou com o jovem afável e logo sugeriu um projeto de pesquisa para ele.

Como vimos no capítulo anterior a teoria da carteira de Markowitz, apesar de inovadora e brilhante, apresentava a dificuldade de exigir numerosos e trabalhosos cálculos, algo pouco factível para a capacidade computacional dos anos 1960. O problema central era a relação entre cada par de ações precisava ser calculada individualmente, o que gerava centenas, se não milhares de cálculos em uma carteira minimamente realista com algumas poucas dezenas de ações.

Sharpe propôs substituir os muitos pares de variações entre as ações, por outra medida, a relação da variação de cada ação com a variação do mercado como um todo. Todas as relações seriam comparadas com a média de mercado e não mais "par a par", o que simplificava enormemente os cálculos. Além disso, Sharpe escreveu que: "há consideráveis evidências de que isso seria capaz de capturar grande parte das interações entre as ações"[29].

Para Markowitz, o projeto de pesquisa estava concluído com sucesso, um método mais simples e aprimorado de fazer carteiras de investimento derivado do seu trabalho original. Mas Sharpe precisava concluir sua tese de doutorado. Então levou o raciocínio que estava desenvolvendo um passo

---

[29] SHARPE, William F., "A Simplified Model for Portfolio Analysis," *Management Science* (Jan. 1963): 281.

além: nessas condições, considerando-se que todos os investidores são racionais e seguem os pressupostos de Markowitz de retorno e risco, como ficaria o equilíbrio desse mercado? A partir disso, Sharpe derivou a sua teoria de precificação de ativos, muito semelhante à de Jack Treynor.

A ideia central era que dinheiro, como qualquer outro bem econômico, valia mais quando era mais escasso, ou seja, quando as outras pessoas o possuíam em menor quantidade. Logo, seguindo a mesma lógica, uma ação (que também é um bem econômico) cujo preço cai menos que a média do mercado como um todo (especialmente em momentos ruins como crises econômicas e recessões) deve ser valiosa.

Na verdade, seria tão valiosa, raciocinou Sharpe, que investidores racionais estariam dispostos a pagar mais por ela (e, portanto, aceitar um retorno menor em longo prazo) em comparação com uma ação cujo preço varia mais que a média do mercado. Essa medida que Sharpe idealizou em conjunto com Markowitz, tornou-se a chave para o retorno do investimento. Em sua tese, Sharpe a representou em equações com a letra maiúscula B, que outros pesquisadores posteriormente alteraram para a letra grega "beta". O Apêndice Técnico III, ao final do livro, traz mais detalhes sobre isso.

Posteriormente, em setembro de 1964, Sharpe publicou essas ideias em um artigo[30] no prestigioso *Journal of Finance* que acabaria por lhe render o prêmio Nobel de Economia em 1990.

Em uma nota de rodapé do seu artigo, Sharpe mencionou que depois de terminado ele tinha visto um rascunho do trabalho de Jack Treynor, com resultados semelhantes aos seus, mas não publicado. Em 1965, John Lintner, PhD em Economia por Harvard e professor da Business School dessa mesma universidade, publicou a sua própria versão de modelo de precificação de ativos de capital[31].

Um ano mais tarde, em 1966, Jan Mossin, da Universidade de Bergen na Noruega, publicou mais uma derivação do modelo de precificação

---

[30] SHARPE, William F. Capital asset prices: A theory of market equilibrium under conditions of risk. *The Journal of finance*, v. 19, n. 3, p. 425-442, 1964.
[31] LINTNER, John, "The Valuation of Risk Assets and the Selection of Risky Investments in Stock Portfolios and Capital Budgets," *Review of Economics and Statistics* (Feb. 1965): 13–37.

de ativos[32], considerada entre os especialistas como a mais elegante do ponto de vista formal.

Com o CAPM foi possível resolver a questão deixada por M&M sobre o custo de capital, além de diversas outras. Na sua versão contemporânea nos livros-texto, o CAPM é uma fórmula bastante simples matematicamente. Para ilustrar, desejamos estimar o custo de capital próprio da empresa A. Como vimos, isso deve ser função de seu custo de oportunidade. O CAPM considera que esse custo de oportunidade (representado pela letra K) é a seguinte composição:

K = taxa livre de risco + prêmio pelo risco

Um investidor racional possui diversas oportunidades de investimento na economia. A mais óbvia é emprestar seu dinheiro para o governo, comprando títulos públicos e recebendo juros. No Brasil a forma mais popular de fazer isso é por meio do Tesouro Direto. Assim a empresa deve pagar ao investidor em termos de custo de oportunidade pelo menos a taxa de juros que o governo paga pelos seus títulos, chamada de taxa livre de risco, primeiro elemento da fórmula. Os títulos do governo são considerados, na teoria, sem risco, pois mesmo que o governo fique sem recursos em seu Orçamento Público, poderia "imprimir dinheiro" para pagar suas dívidas e os investidores receberiam sua remuneração.

Contudo, a empresa não é livre de risco como o governo, já que pode falir e não pagar seus investidores, sem poder recorrer a impressão de dinheiro como o governo. Logo o investidor racional exigirá da empresa a taxa livre de risco, mais um prêmio (valor adicional) para compensar o risco que está tomando. A fórmula representa isso.

O prêmio de risco é medido pela diferença entre quanto paga, em média, a bolsa de valores (retorno com risco) menos a taxa livre de risco. Esse prêmio de risco é ponderado pelo "beta", aquele de William Sharpe, ou seja, quantas vezes a empresa é mais arriscada que a média de mercado.

---

[32] MOSSIN, Jan. Equilibrium in a capital asset market. *Econometrica: Journal of the econometric society*, p. 768-783, 1966.

Voltando à empresa A, digamos que a taxa livre de risco (Rf) é de 3% a.a. e que o retorno médio esperado da bolsa de valores (Rm) é de 8% a.a. e o beta (letra grega β) da empresa é de 2,0. Temos pelo CAPM:

$$K = Rf + \beta \times (Rm - Rf)$$
$$K = 3\% + 2 \times (8\% - 3\%)$$
$$K = 13\% \text{ a.a.}$$

A interpretação do modelo é que o custo de capital próprio da empresa, dada pelo seu custo de oportunidade de investimentos na economia, é a soma da taxa livre de risco (3% a.a.) mais o prêmio pelo risco, calculado como 2 vezes 5% resultado de (8% – 3%).

Em média o mercado de ações (investimento com risco) paga 5% a.a. acima dos títulos do governo que deve ser multiplicado por 2, já que a empresa é duas vezes mais arriscada que o mercado. Logo o prêmio de risco é 10% que somado com a taxa livre de risco compõe cum custo de capital próprio de 13% a.a. Para quem desejar ir mais a fundo na teoria, veja o Apêndice Técnico III ao final do livro.

Quatro diferentes professores, de forma independente, e quase simultaneamente, haviam chegado ao mesmo modelo de precificação. Isso deveria dizer algo. Mas ainda faltava a cereja do bolo, a teoria que unificaria todo o paradigma das finanças neoclássicas e seria apresentada por Eugene Fama.

CAPÍTULO 5.
A cereja do bolo e o mergulho no exótico

Apenas quatro anos depois de John von Neumann e Oskar Morgenstern publicarem seu livro sobre teoria dos jogos e como seria um processo de decisão racional em um ambiente de incerteza – a ideia da decisão por meio de utilidade esperada, o economista Milton Friedman e o estatístico Jim Savage propuseram, de forma inesperada, que com apenas alguns ajustes, a teoria de von Neumann e Morgenstern poderia descrever a maneira como pessoas reais tomariam decisões econômicas. Os indivíduos se comportariam como se eles calculassem e comparassem a utilidade esperada e como se eles conhecessem as probabilidades.

Naturalmente, tal proposta foi duramente criticada, já que seus pressupostos seriam muito pouco realistas. É difícil acreditar que pessoas normais, em seu cotidiano, os chamados agentes econômicos, tivessem a capacidade intelectual, conhecimento técnico e mesmo paciência de tomar decisões levando em conta complexas equações de expectativas futuras. O senso comum dizia que o processo decisório das pessoas deveria ser muito mais simples que isso.

Contudo, Friedman contra-argumentou que toda teoria científica era uma grande simplificação da realidade e assim possuía diversas premissas irrealistas. Na sua visão, não deveria ser esse o critério de aceitação ou não de uma teoria, pois se fosse, poderíamos relegar quase a totalidade da ciência à lata de lixo.

O ponto para Friedman era outro. O fator fundamental para a utilização de uma teoria ou não deveria ser se o resultado das ações das pessoas refletia ou não as previsões teóricas. Em outras palavras, era verificar se as pessoas se comportavam como se soubessem resolver as equações de utilidade da teoria, chegando aos resultados previstos por ela.

A fim de ilustrar o ponto, Friedman e Savage argumentaram que os jogadores de bilhar não sabiam escrever e resolver as complexas equações da Física que explicam as suas tacadas, mas, no entanto, jogavam como se realmente soubessem. O mesmo valeria para os agentes econômicos frente à teoria que propuseram[33].

Friedman reprisou a analogia cinco anos depois, em um artigo intitulado "*The Methodology of Positive Economics*" (Metodologia de Economia Positiva, em uma tradução livre). Este ensaio se tornou um marco, um verdadeiro manifesto, que inspirou diversos outros posteriores entre os jovens economistas e financistas com inclinação Matemática naquela época. Foi o padrão de método de pesquisa durante décadas e deu o tom no paradigma das finanças neoclássicas. Nas palavras do próprio Friedman a questão era:

> "A questão relevante a se fazer sobre os "pressupostos" de uma teoria não é se eles são "realistas", pois nunca são, mas se são aproximações suficientemente boas para o propósito em questão. E esta pergunta só pode ser respondida vendo se a teoria funciona, o que significa se ela produz previsões suficientemente precisas."[34]

Alunos de graduação em administração da Universidade de Chicago eram autorizados também a ter aulas de Economia com Milton Friedman, a grande estrela em ascensão (se não já no auge) de Chicago. E isso, literalmente, fez escola conforme a década de 1960 avançava, partiram de outras vozes argumentos pró-mercado ainda mais ousados do que os de Friedman na Escola de Negócios de Chicago.

---

[33] FRIEDMAN, Milton and SAVAGE, L. J., "The Utility Analysis of Choices Involving Risk," *Journal of Political Economy* (Aug. 1948): 279–304.

[34] FRIEDMAN, Milton. The methodology of positive economics. *Essays in positive economics*, v. 3, n. 3, p. 145-178, 1953.

Friedman acreditava que os mercados funcionavam melhor do que o governo. Alguns dos professores de finanças de Chicago e seus alunos, foram mais longe, passaram a acreditar que os mercados eram perfeitos.

A Escola de Negócios de Chicago foi fundada em 1898, uma década antes de Harvard, e nunca havia adotado a forma de ensino do "método do caso" de Harvard para a educação executiva. A universidade se orgulhava de suas origens como uma instituição de pesquisa e não se considerava uma mera formadora de mão-de-obra para as grandes corporações. Os seus professores eram cobrados para fazerem pesquisas inovadoras, publicarem artigos e ensinarem as teorias que estavam desenvolvendo, sendo a pioneira, entre as escolas de negócios, em contratar professores com doutorado acadêmico.

A escola de negócios também recebeu um forte impulso da Universidade, com aumento significativo de verbas em meados da década de 1950, o que permitiu a contratação de professores de renome, como o próprio Merton Miller em 1961, que teria papel decisivo com sua abordagem de "teoria geral" para as finanças empresariais e sua combatividade em propagar suas ideias.

Estava aberto o caminho para o mesmo método ser aplicado em finanças e criar o modelo de mercado financeiro perfeito. E esse foi o caso, engendrado, com maestria, por Eugene Fama.

A oportunidade de estudar com essa nova onda de professores famosos, e claro, o mais proeminente deles, Milton Friedman, elevou substancialmente a imagem de Chicago, atraindo novos e melhores estudantes. Entre eles estava Eugene Fama, formado pela Universidade Tufts, que chegou em 1960 em Chicago para cursar um MBA. Em Tufts, Fama havia compilado e analisado dados do mercado de ações para um boletim publicado por um de seus professores, conseguindo identificar uma séria de padrões interessantes nos preços, mas que misteriosamente tendiam a desaparecer tão logo eram identificados. Essa experiência seria a sua porta de entrada para a teoria do *random walk* (passeio aleatório), que já discutimos.

Fama continuou em Chicago para obter seu doutorado, e sob influência de Miller, agregou teoria econômica e financeira aos seus dados estatísticos.

Não era novidade que os preços das ações eram impactados por notícias, boas ou ruins, em um comportamento aleatório. Fama argumentou que a ocorrência dessas notícias poderia ser bem representada por uma distribuição normal (a famosa curva do sino), algo que Bachelier também já havia proposto.

Às vezes, os investidores poderiam apresentar um comportamento de manada, quando todos tendem a fazer algo (estúpido) ao mesmo tempo. Em geral, em momentos de euforia, esse comportamento se reflete em todos comprando os mesmos ativos por preços longe de seu valor intrínseco, e em momento de pânico se desfazendo dos mesmos ativos por qualquer peço. Isso claramente não era um comportamento racional e Fama reconhecia que acontecia eventualmente.

Contudo existiam, na visão de Fama, os "investidores sofisticados", que utilizando-se de técnicas estatísticas de análise de gráficos e rigorosas análises dos fundamentos econômico-financeiros das empresas, os quais usariam suas habilidades superiores de análise para ganhar dinheiro, arbitrando as oportunidades geradas pelos investidores não sofisticados e levando os preços de volta a seu valor correto, chamado no jargão técnico, seu valor intrínseco.

Ampliando o raciocínio para o mercado como um todo, Fama argumentou que se houvesse um número suficiente desses "analistas superiores", a sua existência garantiria que, em qualquer momento, os preços de mercado refletiriam corretamente o valor intrínseco dos ativos, dadas as informações disponíveis naquele momento. Em outras palavras os preços de mercado estavam sempre certos.

Fama batizou esse fenômeno de "mercado eficiente" – um termo que, embora já usado antes em economia, tinha o sentido de denotar um mercado ordeiro, em boas condições de funcionamento.

A sua definição criou um novo conceito central em finanças, o de mercado eficiente, significando que os seus preços estavam sempre corretos, além de uma hipótese a ser testada, a "Hipótese do Mercado Eficiente" (HME). Essa hipótese precisaria se provar frente aos dados de mercado e seria intensamente testada ao longo dos anos e décadas seguintes. Nas palavras do próprio Fama: "as ações de muitos participantes em um mercado competitivo devem fazer os preços correntes flutuarem aleatoriamente em torno do seu valor intrínseco"[35].

---

[35] FAMA, Eugene F. "Random Walks in Stock Prices," *Financial Analysts Journal* (Sept.–Oct. 1965, repr. Jan.–Feb. 1995): página 76.

Era uma hipótese muito atraente do ponto de vista teórico, mas como dizia o velho adágio da ciência: "afirmações extraordinárias exigem provas ainda mais extraordinárias". Fama se dispôs a coordenar a busca por essas "provas" sobre a eficiência de mercado.

Para tornar os testes mais específicos e conclusivos, adaptou e refinou a taxonomia originalmente proposta por Harry Roberts, também professor de Chicago, construindo três formas possíveis de eficiência de mercado: a fraca, a semiforte e a forte.

De forma bastante sintética, a forma fraca basicamente dizia que todas as informações passadas já estavam incorporadas aos preços das ações. Assim, por exemplo, não seria possível superar o mercado analisando dados passados de preços e volumes de negociações de ações, como propõe a análise grafista. A forma fraca era a personificação do velho *random walk* já proposto no início do século XX por Bachelier e repaginado por outros pesquisadores. Contudo, agora, dentro de uma teoria mais abrangente sobre o comportamento humano (racional) do mercado.

A forma semiforte dizia que toda informação pública disponível, presente e passada, incluindo e ampliando a abrangência da forma fraca, já estavam incorporadas aos preços. Só seria possível vencer o mercado por meio de informações privilegiadas, ou seja, que ainda não haviam se tornado públicas.

A forma forte dizia que toda informação pública (forma semiforte), mas também toda informação privada, já estariam incorporadas aos preços. O mercado seria tão eficiente que poderia até mesmo antecipar eventos que sequer eram públicos ainda. Não seria possível bater o mercado nem por meio de informações privilegiadas. O mercado acabara de ganhar o dom divino da onisciência.

Em um mercado com eficiência na forma forte, o pressuposto é que a informação flua imediatamente, sem obstáculos em todas as direções e imediatamente por meio do mecanismo de preços. Ainda em meados dos anos 1970, contudo, Joseph Stiglitz, professor da Universidade de Stanford, com seu colega Sanford Grossman, observaram de forma muito sagaz que isso não poderia fazer sentido. Se a informação flui de forma perfeita e imediata nos mercados por meio dos preços, qual o incentivo os agentes econômicos teriam para coletar e compilar informações? Em outras palavras, os preços não poderiam refletir perfeitamente as informações disponíveis, caso contrário os agentes econômicos que gastam recursos para obter essas informações não teriam recompensas monetárias para fazê-lo inviabilizando o próprio mercado em si.[36]

Stiglitz havia argumentado que o mercado precisa ser pelo menos um pouquinho ineficiente para funcionar, permitindo que o mecanismo de preços fizesse seu trabalho de fluir as informações para os agentes econômicos.

Contudo, isso não impressionou a turma de Chicago, que se colocou a analisar milhares de dados em busca de evidências da eficiência de mercado. Mas como testar essas informações? O problema consistia em saber qual seria o preço "correto" em cada momento de mercado para poder compará-lo com o preço efetivo e ver se estavam próximos ou não. Isso era algo meio óbvio para as Ciências Naturais, mas nada trivial nas Ciências Sociais.

Por exemplo, digamos que uma teoria química faça a predição de que, dadas algumas circunstâncias de temperatura e pressão, duas substâncias misturadas se transformarão em uma terceira. O teste empírico clássico seria simular essas condições de temperatura e pressão em um laboratório, misturar as duas substâncias e verificar o que acontece, validando ou não a teoria.

Fazendo um paralelo com os preços em um mercado eficiente, qual seria essa terceira substância a ser criada? Como saber o preço certo (eficiente) para se comparar com o preço observado na vida real?

A solução foi adotar o CAPM como referência de um preço eficiente. Assim o CAPM dizia qual deveria ser o preço "correto" ou eficiente e se verificava nos dados históricos se esse preço havia ocorrido, ou, melhor ainda, qual a média dos desvios em relação à previsão teórica do CAPM. Caso a diferença fosse pequena, o mercado seria considerado eficiente.

Isso era uma solução imperfeita: ao se testar a eficiência do mercado, na verdade estava se utilizando uma "régua", o CAPM que poderia não ser a mais apropriada. Era diferente da observação direta em laboratório das Ciências Naturais, mas era o possível para as Ciências Sociais. Reconhecendo essa limitação, esses testes ficaram conhecidos como a hipótese conjunta do CAPM e dos mercados eficientes. Os dois precisariam, necessariamente, ser testados conjuntamente, e caso a HME não fosse comprovada,

---

[36] FOX, Justin. The myth of the rational market: A history of risk, reward, and delusion on Wall Street. New York: Harper Business, 2009, página 182.

não se saberia exatamente se os mercados eram ineficientes ou simplesmente o CAPM não funcionava. Essa questão de método renderia ainda muita discussão ao longo das décadas seguintes. Na década de 1960 esse teste conjunto foi considerado satisfatório e colocado em prática por diversos pesquisadores.

Fama foi pioneiro em compilar e analisar dados em um computador IBM 709 da Universidade. No início da década de 1960 pouca gente sabia programar um computador, era algo trabalhoso, por meio de cartões perfurados e ele logo precisou de ajuda. Em 1964, já como professor-assistente, contratou diversos alunos com mentes quantitativas e familiaridade com computadores para ajudá-lo, entre os quais duas futuras estrelas das finanças: Michael Jensen e Myron Scholes, ambos inscritos no programa de MBA de Chicago em 1962.

Jensen era filho de um operário da gráfica do jornal *Minneapolis Star Tribune*. Depois de tentar e não conseguir entrar na Harvard Business School, ele conseguiu uma bolsa de estudos em Chicago, sem grandes pretensões acadêmicas, mais preocupado na verdade em conciliar os estudos com o trabalho no turno da noite na gráfica do jornal *Chicago Tribune*, de forma a conseguir se sustentar enquanto estudava.

Scholes era formado em Economia pela Universidade de Ontário. O seu tio queria que ele assumisse os negócios da família, algo que Scholes ainda não estava disposto a fazer, e como forma de ganhar tempo decidiu cursar um MBA. Ele escolheu Chicago pela chance de ter aulas com seus dois professores mais famosos, os quais admirava muito, Friedman e Stigler.

Após anos, com diversos testes, o pessoal de Chicago estava bastante satisfeito com os resultados, confiantes de que havia muitas evidências da eficiência de mercado, pelo menos na sua forma fraca. Jensen, em particular, tinha um talento especial para criar testes de eficiência de mercado que produziam resultados espetacularmente positivos.

Por volta de 1965, Jensen estabeleceu um método de análise que seria a marca registrada de Chicago e entraria para toda "caixa de ferramentas" de um financista. Jensen propôs ao colega de Chicago, Richard Roll, com o apoio de Eugene Fama e Larry Fisher, claro, usar a rica base de dados da universidade para testar quão rápido o mercado reagia a novas informações.

Para tanto examinaram os movimentos de preços antes e depois dos anúncios de desdobramento de ações. Não era incomum que empresas anunciassem, por exemplo, que para cada ação que um investidor possuísse em determinada data, receberia uma ou mais ações. Isso é que era conhecido como desdobramento de ações (*stocks split*). O objetivo era deixar as ações mais baratas, pois teoricamente os preços se ajustariam para baixo, não alterando o valor em mãos do acionista. Em um desdobramento de 1 para 1, ou seja, para cada ação que possuísse o investidor receberia mais uma, era esperado que o preço da ação caísse pela metade, portanto a riqueza do acionista se manteria a mesma.

Apesar de teoricamente não aumentarem a riqueza dos acionistas, os desdobramentos, em geral, sinalizavam otimismo dos gestores, e muitas vezes, precediam aumentos de dividendos. A equipe de Chicago descobriu que os mercados geralmente detectavam esse otimismo bem antes do desdobramento ser publicamente anunciado.[37] Outro artigo de Chicago concluiu que entre 85 e 90 por cento das notícias nos relatórios anuais de lucros corporativos já estariam incorporados nos preços – por meio de trabalho árduo por analistas, palpites dos investidores, e talvez algumas negociações de *insiders* corporativos – antes que os relatórios se tornassem públicos.[38]

Esta abordagem de Jensen, Roll, Fama e Fisher ficou conhecida como "estudo de evento" e causou comoção no mundo das finanças acadêmicas desde então, continuando atual e muito utilizada ainda hoje em dia.

Os pesquisadores de Chicago, por meio dos estudos de eventos, promoveram literalmente milhares de testes durante a década de 1960, concluindo que os mercados faziam um trabalho espetacular de difusão das informações por meio dos preços, mesmo para informações complexas ou até bem escondidas. Em sua visão, nada escapava à onisciência do mercado e sua eficiência estava devidamente comprovada nos dados.

Para sua tese de doutorado, Jensen examinou a performance de mais de cem fundos mútuos nos Estados Unidos, e descobriu que seus retornos, quando ajustados para de risco de cada fundo, perdiam (e de muito) para o mercado. Mesmo ignorando as taxas e despesas cobradas pelos fundos

---

[37] FAMA, Eugene F. FISHER, Lawrence, JENSEN, Michael C., ROLL, Richard, "The Adjustment of Stock Prices to New Information," *International Economic Review* (Feb. 1969): 1–21.
[38] BALL, Ray and BROWN, Philip, "An Empirical Evaluation of Accounting Income Numbers," *Journal of Accounting Research* (Autumn 1968): 159–78.

de seus cotistas, os chamados custos de transação, o desempenho ainda não foi melhor que a média do mercado, quando ajustado pelo risco. Eram péssimas notícias para os gestores dos fundos, que segundo a pesquisa pouco ou nenhum valor tinham para os cotistas, mesmo com seus amplos conhecimentos e esforços para coletar e analisar informações. A pesquisa sugeria que tudo isso era simplesmente dinheiro jogado no lixo.

Além das conclusões sobre os fundos mútuos e consequente evidência de que os mercados eram eficientes, objetivos primários da sua tese, Jensen produziu outro resultado ainda mais duradouro, por meio do seu método de pesquisa.

A forma como avaliou o desempenho dos fundos, ou seja, comparando o seu retorno, ajustado pelo risco, com o retorno esperado pelo CAPM tornou-se padrão na análise de desempenho de fundos e mesmo de outros ativos, sendo utilizado ao longo de décadas e ainda é uma forma bastante utilizada na atualidade. Ganhou o nome, no jargão técnico, de alfa de Jensen.

Assim é muito comum perguntarmos se um fundo de investimento ou ativo "gerou alfa" em determinando período de tempo, nos referindo justamente ao alfa de Jensen. Em outras palavras, queremos saber se o fundo ou ativo conseguiu um retorno melhor que a média do mercado nesse período, considerando o seu risco. A letra grega alfa tem relação com a equação do CAPM. Nessa fórmula a letra beta representa a proporção do risco da ação em relação ao risco de mercado, enquanto a letra alfa indica o ganho (ou perda) quando comparado ao retorno ajustado pelo beta. Para maiores detalhes sobre esse tópico, veja o Apêndice Técnico III.

O ponto alto desse entusiasmo com a eficiência de mercado talvez tenha sido a palestra de Fama na AFA – *American Finance Association* (Associação Americana de Finanças) em 1969. Em um rápido discurso afirmou que as evidências que suportam o modelo de eficiência de mercado eram amplas e extensas, um caso quase único na teoria econômica, com poucas evidências contraditórias.

A publicação de seu artigo clássico *"Efficient Capital Markets: A Review of Theory and Empirical Work"*[39] no mais prestigioso periódico de finanças, o *Journal of Finance*, em 1970 complementou a palestra com chave de ouro.

---

[39] FAMA, Eugene F. Efficient Capital Markets: A Review of Theory and Empirical Work. *Journal of Finance*, v. 25, p. 383-417, 1970.

Voltando a Thomas Kuhn, o paradigma neoclássico de finanças estava consolidado ao romper da década de 1970, tendo como trabalhos de referência M&M, CAPM e a eficiência de mercado. Finanças, nesse paradigma, havia se tornado "ciência normal" na terminologia de Kuhn, ou seja, as principais premissas e campo de pesquisa haviam sido delimitados e os cientistas agora se dedicavam a resolver os detalhes, os pequenos "quebra-cabeças" que ficaram para serem desenvolvidos.

Evidência maior da consolidação desse paradigma foi que Eugene Fama e Merton Miller, duas das maiores estrela da área, se uniram para escrever um livro-texto de finanças, publicado em 1972 com o título: "The *Theory of Finance*"[40]. O livro na verdade era pouco didático, denso em fórmulas matemáticas e não foi propriamente um *best seller*, mas marcou a consolidação clara das ideias do paradigma neoclássico, sua dominância na época e sua expansão para um público mais amplo que apenas o dos pesquisadores.

O *Zeitgeist*[41], ou seja, o espírito do tempo, estava favorável a aventuras mais exóticas na teoria financeira, as quais se materializaram por meio do desafio da precificação das opções de ações desenvolvido por Fischer Black, Myron Scholes e Robert C. Merton.

Fischer Black chegou em Harvard em 1955, aos dezessete anos de idade. Apesar de ser uma mente brilhante, nada parecia atrair sua atenção por muito tempo. Flertou com disciplinas de Ciências Sociais, química, botânica até que finalmente se decidiu, formando-se em 1959 como físico.

---

[40] FAMA, Eugene F.; MILLER, Merton H. *The theory of finance*. Holt Rinehart & Winston, 1972.

[41] *Zeitgeist* é um termo alemão cuja tradução mais correta seria algo como o "espírito do tempo", ou seja, o conjunto do clima intelectual, sociológico e cultural que pode ir de uma pequena região até a abrangência do mundo todo em uma certa época da história, ou as características genéricas de um determinado período de tempo. O conceito de espírito do tempo remonta a Johann Gottfried Herder e outros românticos alemães, mas ficou mais conhecido pela obra de Hegel, *Filosofia da História*, na qual, muito resumidamente o famoso filósofo argumenta que a arte reflete, por sua própria natureza, a cultura da época em que esta foi feita. Cultura e arte são conceitos inseparáveis porque um determinado artista é um produto de sua época e, assim sendo, carrega essa cultura em qualquer trabalho que faça. Fazendo um paralelo com finanças em fins dos anos 1960 e início dos anos 1970, os financistas e suas "obras de arte", as teorias acadêmicas, eram fruto do espírito do tempo, do paradigma neoclássico de finanças.

Continuou em Harvard em busca de seu doutorado, e após diversas idas e vindas, acabou expulso do programa de doutorado pela sua aparente incapacidade de produzir uma tese. Após esse revés passou um semestre na RAND Corporation estudando inteligência artificial e tornou-se aluno do professor Marvin Minsky do MIT, que acabou sendo seu grande mentor e o ajudou na pesquisa e tese que por fim lhe renderam seu PhD em Matemática Aplicada em 1964 em Harvard.

Black arranjou um emprego de consultor na Arthur D. Little, conheceu então Jack Treynor e por meio desse, o CAPM. Quando Black aprendeu sobre esse modelo, ele simplesmente se apaixonou, acreditando que essa relação simples entre retorno e risco era altamente convincente. A teoria fornecia um quadro geral muito atraente ao descrever como fazer escolhas racionais de uma forma abstrata em situações de risco.

Como membro da comunidade de finanças de Harvard, Black ouviu falar de uma busca por um modelo matemático para precificar um exótico instrumento financeiro – as opções.

Opções são um contrato financeiro no qual paga-se um pequeno valor inicial para se obter um direito de compra ou venda de uma ação, a um determinado preço, por um período de tempo.

Por exemplo, digamos que a ação da empresa R está cotada, no momento a $ 20,00. Um investidor acredita que a ação se valorizará em curto prazo. Uma alternativa seria simplesmente comprar a ação e esperar que seu preço suba para lucrar com ela. Outra forma é adquirir uma opção de compra (*call option* em inglês). O investidor paga um prêmio inicial de valor, em geral, bem menor que a ação, no caso digamos $ 1,00 pelo direito de comprar a ação da empresa R por $ 22,00 (chamado de preço de exercício da opção) em até um mês.

Ao final de um mês podem ocorrer basicamente duas situações: a primeira é o preço da ação cair ou não subir acima de $ 22,00, nesse caso o investidor perderá seu prêmio de $ 1. A segunda situação consiste no preço da ação subir acima de R$ 22,00, por exemplo para $ 26,00. Nesse caso a opção será exercida e o investidor lucrará o preço final menos o preço de exercício, ou seja, $ 26,00 menos $ 22,00, um ganho de $ 4, que descontando o valor de $ 1 pago como prêmio, apresenta um resultado final de $ 3.

Uma operação idêntica, mas em direção oposta ocorreria caso o investidor desejasse apostar que o preço da ação cairia, utilizando as opções de venda (*put options* em inglês) ao invés das opções de compra. A pergunta interessante (pelo menos do ponto de vista dos financistas) era como calcular o valor justo do prêmio de uma opção.

A questão não era nova. Bachelier já havia pensado sobre o assunto e indicado alguns possíveis caminhos na sua revolucionária tese de 1900. Paul Samuelson já estava pensando em opções quando descobriu a tese de Bachelier em meados da década de 1950 e ficou motivado a resolver a questão. Em 1965 publicou um artigo com vinte páginas de equações que tentaram, sem sucesso, provar um teorema de precificação de opções. Samuelson não fora capaz de reduzir o número de variáveis envolvidas de forma suficiente para resolver o problema.

Isso caberia a Black, em parceria com um dos antigos assistentes de Fama, Myron Scholes, à época recém-contratado para lecionar no MIT.

A ideia essencial foi que, a qualquer momento, é sempre possível criar uma carteira composta por uma ação e uma opção sobre aquela ação que fariam uma combinação perfeita, cada qual neutralizando o risco da outra, de tal forma que formariam um ativo livre de risco.

A abordagem de Black foi encontrar um portfólio consistindo em ações e opções que eram livres de risco e, em seguida, argumentar, utilizando o CAPM, que esta carteira deveria obter a taxa livre de risco de retorno. Adotando a teoria do *random walk,* que os preços das ações flutuavam ao redor de uma curva normal e após algumas passagens algébricas, Black foi capaz o derivar uma equação para o valor da opção, relacionando o prêmio de risco sobre as ações ao prêmio de risco da opção.

Mas agora ele estava preso. A fórmula que ele havia derivado era uma complicada equação diferencial e Black, apesar de sua sólida formação em Matemática e Física, não conhecia cálculo diferencial o suficiente para resolvê-la.

Após meses sem conseguir resolver a equação diferencial, Black havia quase desistido, quando, em uma conversa com Scholes, decidiram tentar novamente resolvê-la juntos, o que finalmente conseguiram em meados de 1970, chegando a apenas cinco variáveis, algo que Paul Samuelson nunca conseguiu.

A equação de Black e Scholes para precificação de opções foi publicada em 1973 em um artigo[42] que se tornou um clássico ao lado de M&M, Markowitz e a turma da eficiência de mercado.

---

[42] BLACK, Fischer; SCHOLES, Myron. The pricing of options and corporate liabilities. *Journal of political economy*, v. 81, n. 3, p. 637-654, 1973.

Nesse ínterim, um colega de Scholes no MIT, Robert Merton, professor e PhD em Economia, havia chegado à mesma equação diferencial e obtido a mesma solução de Black e Scholes, partindo de uma premissa diferente. Da mesma forma que o CAPM foi criado independentemente por quatro professores, o modelo de precificação de opções foi criado paralelamente pela dupla Black e Scholes e pelo professor Merton. Com duas abordagens diferentes dando a mesma resposta, Black, Scholes e Merton estavam convencidos de que estavam no caminho certo.

Na verdade, os três não haviam sido propriamente os pioneiros na ideia original de como precificar opções. Como inspiração original foi mesmo o trabalho de Bachelier, mas como operacionalização o mérito cabe a Edward Thorp, um matemático com PhD pela Universidade da Califórnia em Los Angeles.

Thorp possuía interesses em alguma medida, digamos, excêntricos, para um professor universitário de Matemática. Ele estava interessado em vencer os cassinos utilizando a teoria das probabilidades. Em seu livro autobiográfico, "Um Homem para Qualquer Mercado"[43], narra detalhadamente como usou computadores "portáteis" nos anos 1960 para tentar vencer a roleta e como desenvolveu técnicas de contagem de cartas para vencer no jogo de *blackjack* (em português normalmente chamado de jogo de 21). Aventuras que lhe renderam toda sorte de confusão com os cassinos.

Após muitas aventuras e desventuras em Las Vegas, Thorp decidiu usar suas habilidades para vencer no mercado financeiro. A fórmula de precificação de opções que Black, Scholes e Merton descobriram era equivalente ao método que Thorp havia elaborado em 1965, embora a de Thorp usasse um programa de computador para calcular os preços das opções, em vez de derivar a equação explicitamente como fizeram os três professores.

Nassim Taleb (muito mais ele sobre nos próximos capítulos) inclusive, no prefácio do livro de Thorp, critica o crédito dado a Black, Scholes e Merton, argumentando que a equação deveria se chamar Bachelier-Thorp.

Thorp, contudo, nunca tornou pública e formalizou a equação, preferindo mantê-la em segredo para ganhar mais dinheiro com a sua descoberta.

---

[43] THORP, Edward. Um homem para qualquer mercado: *De Las Vegas a Wall Street, como derrotei a banca e o mercado*. Portfolio-Penguin, 2018 elaborado em 1965, embora a Thorp usasse um programa de computador.

De qualquer forma, com méritos, em 1997, Myron Scholes e Robert Merton foram laureados com o Prêmio Nobel de Economia pelo modelo Black-Scholes-Merton. Lamentavelmente Black havia falecido em 1995 e por isso não era elegível para o prêmio, o qual, nunca é concedido postumamente. Ainda assim, em um raro deferimento do Comitê do Nobel, a contribuição de Black foi reconhecida explicitamente no anúncio do prêmio.

Apesar de todo o seu brilhantismo e premiação com o Nobel de Economia, como todo modelo científico, a fórmula de precificação de opções de Black-Scholes-Merton possuía limitações. Era particularmente dependente das principais premissas das finanças neoclássicas.

No seu cerne havia a presunção de que os preços das ações se guiavam pelo *random walk*, especificamente representado em uma bem-comportada curva normal. Além disso, dependia da eficiência, na qual os investidores sofisticados de Fama arbitrariam as eventuais incoerências de preços entre as ações e opções que compunham carteira teórica livre de risco equivalente que dava o valor às opções. Tudo no melhor figurino das finanças neoclássicas.

Assim, em meados da década de 1970, o paradigma das finanças neoclássicas estava maduro e completo em suas grandes linhas, funcionando perfeitamente como ciência normal, na terminologia de Kuhn. Tão pronto e acabado, que como previra a visão histórica de Thomas Kuhn, iria ser questionado e combatido por novos pesquisadores que identificavam cada vez mais anomalias nele, ao mesmo tempo em que seria defendido implacavelmente por seus fundadores. Esse é o tema da Parte III do livro, a seguir.

PARTE III
As Novas Finanças

PARTE III

As Novas Finanças

CAPÍTULO 6.
A ascensão das Finanças Comportamentais

Daniel Kahneman e Amos Tversky eram uma dupla de pesquisadores incrivelmente alinhada. Apesar de ambos haverem frequentado a universidade de Michigan em 1965, Amos em busca do seu doutorado e Danny, já um PhD pela Universidade da Califórnia em Berkley, como pesquisador assistente, seus caminhos não se cruzaram nesse período.

Isso só ocorreria em 1969 na Universidade Hebraica em Jerusalém. Danny nascera em Tel Aviv, em 1934, em uma viagem que sua mãe fizera para visitar alguns parentes. Passou sua infância em Paris, sua família enfrentou a ocupação nazista nessa cidade durante a Segunda Guerra Mundial e em 1948 emigraram para o recém-fundado Estado de Israel.

Amos nasceu em 1937 em Haifa, na época, palestina britânica, que posteriormente tornou-se parte do Estado de Israel. Já com seus PhDs e carreiras acadêmicas encaminhadas, ambos serviram com distinção e lutaram nas guerras do Seis Dias (1967) e do Yom Kippur (1973), vencidas por Israel contra seus inimigos no oriente médio.

A sua história de vida, bastante diferente do perfil acadêmico típico, os unia, mas só realmente se encontraram em 1969. Danny lecionava sua disciplina na Universidade Hebraica e Amos, que também lecionava na mesma universidade, simplesmente apareceu para assisti-la, mesmo não tendo sido formalmente convidado. A conexão entre eles foi imediata.

Eram as duas grandes estrelas da universidade, mas não houve ciúmes ou disputa intelectual, ao contrário, uma sintonia enorme, uma incrível parceria acadêmica e intelectual que duraria décadas, até o final da vida de Amos, em 1996.

Durante décadas de colaboração eles nunca haviam se separado ou brigado seriamente. Isso parecia que iria acontecer no início da década de 1990: as suas pesquisas estavam sendo criticadas por Gerd Gigerenzer, psicólogo alemão, o que seria absolutamente normal e corriqueiro no mundo acadêmico, ainda mais com a projeção que a dupla Danny e Amos havia alcançado ao longo dos anos. Deveria ser apenas mais um crítico.

Amos, que sempre aceitara as críticas como naturais e inerentes ao seu trabalho, por algum motivo, ficou realmente muito incomodado e irritado com essas críticas particulares de Gigerenzer. Com sua imensa energia decidiu que ele e Danny deveriam, não somente responder e rebater as críticas, mas destruir intelectualmente por completo os artigos e textos de seu opositor. Deveria ser, para Amos, quase uma *vendetta* (vingança, em italiano), no estilo dos filmes sobre a máfia, transportada para o mundo acadêmico.

Danny, naturalmente, não conseguiu compreender por que deveriam dar tanta ênfase e energia a essa crítica, muito menos o projeto de *vendetta* intelectual do seu grande amigo e parceiro. Assim perderam a sintonia de décadas. Não conseguiam concordar nos termos e argumentos de suas respostas a Gigerenzer e Danny tentou se afastar, enquanto Amos insistia cada vez mais nisso.

O casamento intelectual tão bem-sucedido por décadas estava se deteriorando, até que certa noite, em meados da década de 1990, estavam dividindo um apartamento em Nova York e Danny sonhou que o médico lhe dizia que ele estava gravemente doente e tinha apenas mais seis meses de vida. Contou o sonho a Amos, que não se impressionou.

Apenas três dias após esse sonho, Amos ligou para Danny e contou que acabara de voltar de exames com os médicos e esses haviam encontrado um tumor no seu olho, um melanoma que já havia se espalhado por todo o seu corpo. Não havia o que fazer e os médicos lhe deram mais seis meses de vida, no máximo.

A amizade retornou com força total. Amos, de forma estoica, não quis que nada mudasse em sua rotina. Não quis fazer nada diferente, amava o que fazia e queria focar apenas nisso. Em um desabafo com Danny, próximo de sua morte, Amos pensou alto: "o que eu deveria fazer, conhecer Bora-Bora?" Gostava demais de sua rotina e não tinha interesse por novas experiências nessa altura final da vida.

Em de 2 junho de 1996, Amos Tversky faleceu com apenas 59 anos de idade. Mas deixou um incrível legado em parceria com seu grande amigo Daniel Kahneman, que continuou trabalhando em suas ideias conjuntas, como Amos gostaria.

Michael Lewis, termina o seu brilhante livro "O Projeto Desfazer"[44] sobre a vida e trabalho de Danny e Amos, descrevendo uma cena um momento crucial da vida Danny de forma muito poética.

Lewis relata esse momento em 2002, quando Danny foi convidado pelo Comitê do Nobel para proferir uma palestra em Estocolmo. Ele era o único palestrante que não era economista e obviamente estava sendo considerado para o prêmio.

Proferiu a palestra, voltou para Princeton, onde morava e aguardou. Todos os potenciais vencedores sabiam que viria o telefonema de Estocolmo, pela manhã, se de fato viesse, em 9 de outubro de 2002. Danny e Anne (sua esposa) estavam em sua casa em Princeton, ambos esperando sem esperar. Danny, na verdade, escrevia uma carta de referência para um dos seus alunos mais brilhantes de pós-graduação, Terry Odean. Ele francamente não pensara muito o que faria se ganhasse o prêmio Nobel, ou, antes, não se permitia pensar o que faria se não ganhasse o Prêmio Nobel, o que estava muito bem, já que o telefone não tocava.

A certa altura, Anne se levantou e disse, um pouco triste: "Bem....todo ano havia pessoas decepcionadas, todo ano havia pessoas esperando junto ao telefone." Anne saiu para se exercitar e deixou Danny sozinho.

Ele sempre fora bom em se preparar para não conseguir o que queria e no plano geral das coisas isso não era um golpe tão duro. Estava satisfeito com quem era e com o que realizara. Conseguia imaginar com segurança o que teria feito se tivesse ganhado o Prêmio Nobel. Teria levado sua esposa e os filhos de Amos consigo. Teria acrescentado ao seu discurso do Nobel o elogio fúnebre de Amos. Teria transportado Amos para Estocolmo. Teria feito por Amos o que Amos nunca poderia ter feito por ele. Havia muitas

---

[44] LEWIS, Michael. *O projeto desfazer*: a amizade que mudou nossa forma de pensar. Intrínseca, 2017.

coisas que Danny teria feito, mas naquele momento ele tinha muito o que fazer. Voltou a redigir a recomendação entusiasmada de Terry Odean.

"Então o telefone tocou".

Assim Lewis descreveu o momento em que Kahneman recebeu a notícia de que havia sido laureado com o Nobel de Economia. Tversky ficou de fora, uma vez que essa premiação não é concedida de forma póstuma.

Um prêmio Nobel de Economia para um psicólogo que nunca escreveu diretamente sobre economia no sentido estrito do termo? Apesar de parecer pouco ortodoxo, era mais que justificado, inclusive pela legião de economistas e financistas fãs da dupla Danny e Amos.

Em 2011 Kahneman escreveu um livro para leigos, que rapidamente virou um best-seller, o seu "Rápido e Devagar: duas formas de pensar"[45]. No livro resume as suas pesquisas com Amos e os surpreendentes resultados a que chegaram. Mais que um livro sobre economia e finanças, engloba muitos outros campos como tomada de decisão, percepção, investimentos em uma discussão de fundo sobre como funciona a mente humana e quais cuidados devemos ter com isso, bem como seus impactos para o que ficou conhecido como "finanças comportamentais".

Na verdade, provavelmente essa não é uma boa denominação. Afinal, os resultados obtidos com o auxílio da psicologia estão muito mais relacionados à psicologia cognitiva do que propriamente à psicologia comportamental (mais conhecida pelo neologismo *behaviorismo*).

De qualquer forma, foi o nome que pegou. O ponto importante é que, após décadas dos economistas e financistas partindo do pressuposto que o ser humano seria plenamente racional, no paradigma das finanças neoclássicas, marginalizando o papel da *psiquê* humana nas decisões econômico-financeiras, a psicologia voltava a ter um papel central na teoria de finanças.

Para se compreender esse papel, Danny e Amos argumentaram que o processo de raciocínio da mente humana pode ser dividido basicamente em dois sistemas, o qual propositalmente chamam de sistema 1 e sistema 2. Caso fossem outros nomes seriam difíceis de lembrar, então optaram pela simplicidade.

O sistema 1, o "rápido" do título do livro, é aquele que nos permite reagir instantaneamente ao ambiente e foi primordial na sobrevivência

---

[45] KAHNEMAN, Daniel. *Rápido e devagar*: duas formas de pensar. Objetiva, 2012.

da espécie humana, sendo responsável por constantemente monitorar o ambiente que nos cerca. Ele funciona quase no "automático", ou seja, temos pouco controle consciente sobre ele, o qual gasta relativamente pouca energia. As suas respostas são instintivas e condicionadas por milhares de anos de evolução biológica.

Um exemplo simples ocorre quando tocamos a mãos em uma superfície quente como um fogão, imediatamente o sistema 1 retira as mãos, quase que por reflexo e a dor e percepção do que aconteceu só é processada posteriormente. Esse procedimento mental minimiza os danos físicos às mãos na superfície quente, e foi talhado em milhares de anos de evolução do ser humano.

O sistema 2 é o "devagar" do título do livro. Representa o sistema de raciocínio racional, lógico e matemático do cérebro. Ao contrário do sistema 1 que funciona quase autonomamente, o sistema 2 precisa ser acionado, fica, digamos em *stand by* até ser acionado pelo sistema 1, já que é grande consumidor de energia. Quando utilizado ininterruptamente por muito tempo, pode levar à exaustão. Quando fazemos uma longa prova de matemática, por exemplo, muitas vezes nos sentimos exaustos ao final dela. Mas, o que aconteceu? Afinal, sequer nos mexemos, ficamos sentados o tempo o todo. O cansaço é fruto de uso prolongado do sistema 2, com alto gasto de energia mental, que nos leva à sensação similar a de um esforço físico prolongado.

Os dois sistemas são ótimos, cada qual funciona muito bem em suas atividades. Falhamos, contudo, às vezes na interação entre os dois sistemas. Notadamente muitas vezes utilizamos o sistema 1 quando seria muito mais adequado acionar o sistema 2. Ao assistir uma aula complexa ou um filme com enredo mais elaborado, às vezes nos desligamos brevemente do conteúdo e perdemos a linha de raciocínio. O sistema 1 assumiu nesse ínterim o controle e não conseguiu processar informações mais complexas.

O cérebro humano reluta em acionar o sistema 2, pois ele é "devagar", gasta muita energia e pode causar exaustão se utilizado por muito tempo. Contudo, somente ele é capaz de tomar uma decisão financeira de forma racional, no sentido das finanças neoclássicas. Quando utilizamos o sistema 1 para essa decisão financeira complexa que deveria ser racional, problemas acontecem, as decisões acabam não sendo puramente racionais por causa dos chamados "vieses cognitivos", oriundos da aplicação de heurísticas pelo cérebro humano, especificamente pelo sistema 1.

As heurísticas são um processo mental que, baseado na experiência pessoal e em elementos subjetivos, cria regras práticas que visam apresentar soluções, ainda que imperfeitas, para problemas reais. Na maioria das vezes são soluções simplistas e parciais, em grande medida ignoram pelo menos parte da informação disponível e chegam a resultados não racionais no sentido das finanças neoclássicas. Em outras palavras, não conseguem maximizar a utilidade esperada ponderada pelas probabilidades como imaginavam os teóricos do mercado eficiente. Longe disso, as heurísticas fornecerão uma resposta fácil e rápida.

Foram identificados diversos tipos, para ilustrar, uma das mais interessantes é a heurística da disponibilidade. Ao invés da utilização de dados estatísticos sobre a probabilidade da ocorrência de algum evento, o que seria complexo e trabalhoso, essa pergunta difícil é substituída por outra mais fácil: com que frequência nos lembramos de eventos similares. O cérebro toma sua própria memória como estatisticamente representativa da realidade, ainda que não seja.

Isso é o que explica porque quando há um acidente aéreo grave, com vítimas, com toda a extensiva cobertura da imprensa na televisão, jornais, internet, ficamos com mais medo de voar. As probabilidades não mudaram, os aviões continuam tão seguros após o acidente quanto eram antes dele. Mas essa informação é irrelevante para o cérebro, o qual aplica a heurística da disponibilidade. Uma vez que a cobertura da imprensa deixou o acidente com uma forte lembrança em nossa mente, a heurística passa a superestimar a sua probabilidade, baseado apenas na nossa memória recente, nos fazendo ficar com medo de voar de forma irracional.

As heurísticas tiveram um papel evolutivo importante e ainda hoje são úteis. O seu lado positivo é que funcionam razoavelmente bem em situações menos complexas, que não exigem tanto raciocínio lógico-formal, economizando tempo e energia mental para as pessoas. Humanos atravessam a rua, dirigem automóveis, fazem compras no supermercado, praticam esportes, entre muitas outras atividades similares fazendo uso de heurísticas.

Seria mentalmente muito custoso e exaustivo realizar todas essas atividades sem usar as heurísticas, por meio apenas do sistema 2. Nessas situações mais simples, as respostas baseadas na experiência prévia, parcialmente inconsciente, resposta rápida e aproximada, em geral, funciona bem.

O seu lado negativo é que em situações complexas, que demandam o uso da mente racional (sistema 2), as heurísticas, em geral, levam a erros grosseiros de análise sistematicamente e aos vieses cognitivos.

A identificação e catalogação dos vieses cognitivos dos investidores e dos agentes econômicos por Danny e Amos ao longo das décadas de 1970 e 1980, foram provavelmente o primeiro grande e consistente conjunto de evidências empíricas que contradiziam diretamente a eficiência de mercado, como defendida pela turma de Chicago.

Para que o *random walk* funcione, e consequentemente o mercado seja eficiente na forma fraca (pelo menos), é fundamental que os agentes econômicos errem (ou acertem) suas previsões e investimentos de forma aleatória. Alguns farão estimativas de valores superiores aos efetivamente observados, outros subestimariam esses mesmos valores, fazendo com que os erros tendessem a se cancelar com um grande número de participantes. A ideia básica do teorema do limite central aplicada.

Mas o que aconteceria se todos os agentes errassem para mais? Se houvesse uma falha generalizada e sistemática na avaliação, sempre da mesma forma específica, não haveria aleatoriedade, portanto, as previsões maiores não seriam neutralizadas com as menores, o teorema do limite central não se aplicaria e não haveria racionalidade no sentido estrito nas decisões dos agentes econômicos, as quais estariam enviesadas.

Para o horror e espanto dos fundamentalistas da racionalidade econômica total, foi justamente esses vieses, não somente um, mas vários, que Danny e Amos passaram décadas identificando e validando.

Um dos primeiros vieses identificados por eles, e talvez o mais emblemático, foi chamado de viés do enquadramento (*framing*, em inglês). Desde quando Aristóteles criou a *lógica* como disciplina de estudo, um dos pressupostos básicos é que se A=B, então necessariamente B=A. Em outras palavras, não importa a forma como eu pergunto ou a ordem dos argumentos, deve haver coerência sempre. Digamos que eu gosto muito de uva e não gosto de banana. Se alguém me pergunta do que eu gosto, de forma afirmativa, direi que gosto de uva e não gosto de banana. Já se a pergunta for do que não gosto, de forma negativa, portanto, direi que não gosto de banana e gosto de uva. Respondi as mesmas coisas, fui coerente, independentemente da forma da pergunta, se positiva (do que gosto) ou negativa (do que não gosto). Mas isso não é apenas bom senso?

Não exatamente. Mesmo em situações corriqueiras, identificaram incoerências na aplicação estritamente lógica desse preceito. Você foi convidado para tomar uma vacina, a qual possui eficácia de 70% e precisa pagar um valor monetário relativamente alto para o seu orçamento familiar se quiser ficar imunizado. A análise racional estrita seria a comparação do custo da vacina versus a possibilidade dela ser eficaz (70%) ou simplesmente não funcionar (30%), situação em que perderia o dinheiro.

O que espera, racionalmente, é que a pessoa decida por essa relação custo e benefício da vacina e seja coerente com essa decisão, independentemente de como seja feita a proposta comercial. Gosto de uva e não de banana, não importa se me perguntarem do que gosto ou do que não gosto.

As pesquisas de Kahneman e Tversky mostraram que as coisas não são tão simples assim. Quando a eficácia da vacina é apresentada na forma positiva, 70% de eficiência, a maioria das pessoas tende a aceitar a proposta. Mas quando a proposta comunica pelo lado negativo, que a vacina não funciona em 30% dos casos, a maioria das pessoas tende a rejeitar a proposta. As preferências foram alteradas por um simples jogo de palavras, ou da forma como as informações foram apresentadas. Bem-vindo ao mundo dos vieses cognitivos, nesse caso do enquadramento.

Para espanto dos próprios Danny e Amos, esses diversos vieses não eram casos isolados e aconteciam em finanças também. Eles se valiam de questionários simples, perguntas diretas, como nos dois jogos abaixo:

Jogo A: Escolha uma das duas opções:
  A1: Ganho de R$ 500,00 com 100% de probabilidade
  A2: Ganho de R$ 1000,00 com 50% de probabilidade (sendo os outros 50%, R$ 0,00)

Jogo B: Escolha uma das duas opções:
  B1: Perda de R$ 500,00 com 100% de probabilidade
  B2: Perda de R$ 1000,00 com 50% de probabilidade (sendo os outros 50%, R$ 0,00)

Se você é como a maioria das pessoas, deve ter escolhido alternativa A1, no Jogo A, e a opção B2 no Jogo B. Décadas de experiências comportamentais mostram que essas são as escolhas da maioria das pessoas. O único problema é que essas escolhas em conjunto, não são coerentes com o ser humano totalmente racional das finanças neoclássicas.

Os dois jogos são idênticos, a única diferença é que um trata de ganhos e o outro de perdas. Ao escolher A1, o investidor está sendo conservador, prefere um ganho certo menor, a um ganho potencialmente maior, mas com o risco.

Ao ser confrontado com uma possível perda, o investidor totalmente racional deveria manter seu perfil conservador e escolher B1, uma perda certa, mas menor. Contudo ocorre justamente o contrário, com a maioria dos pesquisados preferindo B2.

Após a aplicação de questionários semelhantes com milhares de estudantes e validação dessas preferências, pelo menos para Kahneman e Tversky ficou evidente que a racionalidade estrita não era suficiente para explicar o que estava acontecendo. Propuseram uma explicação alternativa que ficou conhecida como teoria da perspectiva (*prospect theory*, em inglês). Em seu artigo[46] sobre essa teoria, que propuseram em 1979, sugerem que as preferências dos investidores reais de carne e osso, não os idealizados pelas finanças neoclássicas se comportariam segundo a figura 6.1 a seguir:

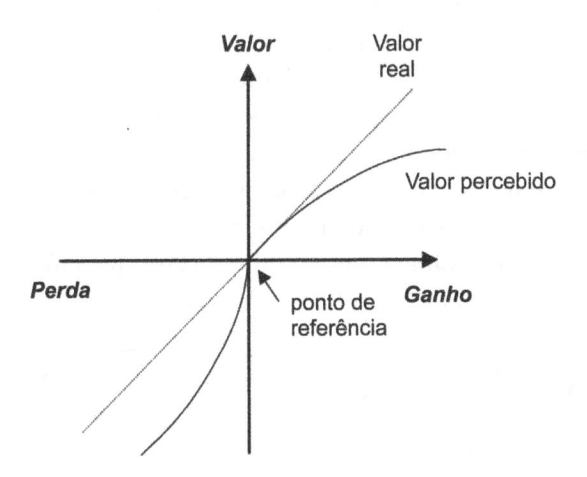

Figura 6.1 – Teoria da Perspectiva

---

[46] KAHNEMAN, Daniel; TVERSKY, Amos. Prospect Theory: An Analysis of Decision under Risk. *Econometrica*, V. 47, No. 2 (March 1979) pp. 263 -292.

O gráfico generaliza as preferências exemplificadas nos Jogos A e B anteriormente. Caso os seres humanos fossem completamente racionais, o seu comportamento deveria ser o da reta "valor real", ou seja, deveriam ser coerentes com suas preferências de risco, não importando se estão perdendo ou ganhando. Contudo, os experimentos comportamentais sugerem algo bem diferente, a curva em "S" do valor percebido no gráfico.

As pessoas consideram que "a dor" de uma perda é mais que proporcional ao "prazer" de um ganho, a perda "pesa" mais. A felicidade de ganhar $ 100,00 é inferior à dor de perder $ 100,00. Não há um processo seguro para se quantificar exatamente quanto seria isso, mas Danny e Amos sugerem que seria pelo menos o dobro, para compensar o sofrimento de se perder $ 100,00 seria necessário o prazer de um ganho de pelo menos $ 200,00. Essa diferença de percepção é que dá um formato de "S" para a curva.

Dizemos tecnicamente que os investidores possuem aversão ao risco no lado dos ganhos, mas propensão ao risco no lado da perda.

Esse gráfico contradizia frontalmente o modelo da utilidade de Von Neumann- Morgenstern, base dos pressupostos sobre o comportamento racional sob incerteza nas finanças neoclássicas.

As finanças neoclássicas propunham uma teoria que era ao mesmo tempo normativa e descritiva, ou seja, nesse paradigma, era possível teorizar como os agentes econômicos deveriam se comportar, prever suas ações (normativa), ao mesmo descrever perfeitamente a realidade (descritiva).

Kahneman e Tversky estavam propondo uma teoria alternativa, descritiva apenas. Não entravam no mérito dos processos psicológicos profundos que levavam ao comportamento da curva em "S", focavam na descrição do fenômeno.

Além disso, substituíam o conceito anterior de "estado de riqueza" de Von Neumann-Morgenstern para "mudança de riqueza". Na sua visão, o que impactava no comportamento humano não era propriamente o volume total da riqueza ("estado de riqueza"), mas a percepção sobre as mudanças para mais ou para menos nesse volume. A experiência humana se dá pela mudança.

Pense em um prédio que mantém a temperatura de todas as salas constante. Não importa muito se está calor ou frio, ao mudar de uma sala para outra você nem pensa nisso, pois nada mudou, não houve uma experiência a ser sentida e significada pelo cérebro. Contudo se o prédio está em uma temperatura alta e você adentra uma sala com ar-condicionado ligado bem frio, a percepção será imediata e ocorrerá uma experiência a ser interpretada pelo seu cérebro. Algo semelhante a ser interpretado pelo cérebro acontecia com as mudanças na riqueza, havia uma experiência aí. No estado de riqueza nada acontecia, como na temperatura constante, por absoluta falta de percepção cognitiva.

O artigo, mas especificamente o gráfico de Danny e Amos, mudava tudo nas finanças, ou pelo menos assim pensou o jovem economista Richard Thaler, em 1977. Essa afirmação talvez seja um pouco exagerada, mas com certeza não é exagero dizer que mudou tudo na carreira e na vida de Thaler, com seu recém-obtido PhD em Economia no ano de 1974 pela Universidade de Rochester, na qual havia começado a lecionar há pouco nessa época.

Estava insatisfeito com as finanças neoclássicas, mas de uma forma difusa, quase intuitiva. Quando leu o artigo de Danny e Amos, foi como se tudo se iluminasse e de repente todo seu descontentamento ganhasse uma estrutura lógica. Fora fisgado pelas finanças e economia comportamental, do qual se tornaria um dos líderes, inclusive sendo laureado com o Prêmio Nobel de Economia em 2017 por essas contribuições.

Em fins da década de 1970, iniciou sua colaboração com Danny e Amos, dos quais seria inicialmente discípulo e depois cocriador de um novo campo nas teorias econômica e de finanças.

Kahneman e Thaler, durante essa colaboração em fins dos anos 1970, adquiriram o hábito de fazer longas caminhadas para conversar. Ambos eram mentes acuradas, mas Danny pouco sabia sobre economia e Richard desconhecia quase completamente o campo da psicologia, eram oportunidades riquíssimas de aprendizado para ambos, cada qual se aprofundando no campo do outro.

Uma das questões que discutiam era o que convencia psicólogos e economistas sobre uma teoria estar certa ou não. Quais os tipos de evidências empíricas eram levadas em conta e quais eram ignoradas? Quais métodos eram reconhecidos como robustos e quais eram desprezados? Para surpresa de Danny, Thaler logo o fez ver que o método da sua pesquisa seria considerado pouco convincente por economistas e financistas.

A pesquisa de Danny e Amos se baseava quase que exclusivamente em questões simples e hipotéticas, como a dos jogos A e B discutidos anteriormente, geralmente aplicadas a estudantes.

Esse método levantava sérias objeções por parte dos economistas e finanças da linha mais tradicional. A crítica central dos tradicionalistas é que o que as pessoas *dizem que fazem*, objeto da pesquisa de Danny e Amos muitas vezes era completamente diferente do que elas *efetivamente fazem* na vida econômica e financeira. O que deveria ser pesquisado para convencê-los era esse segundo aspecto, o comportamento real dos agentes econômicos e não o que declaram que fariam em uma pesquisa hipotética.

Danny e Amos não podiam simplesmente mudar o método da sua pesquisa de anos, ainda mais porque trazia resultados muito interessantes, pelo menos na opinião dos psicólogos. Estavam cientes, claro, dessa crítica e até chegaram a escrever uma defesa em seu artigo seminal sobre a teoria da perspectiva:

> "A confiabilidade do método das escolhas hipotéticas levanta óbvias questões quanto a sua própria validade e da capacidade de generalização dos seus resultados. Estamos totalmente cientes desses problemas (....) por padrão, o método das escolhas hipotéticas emergiu como o método mais simples por meio do qual um grande número de questões teóricas podem ser investigadas. O uso do método se baseia na premissa de que as pessoas normalmente sabem como se comportariam em situações reais de escolhas, bem como na premissa adicional que as pessoas não teriam motivos para disfarçar as suas verdadeiras preferências."[47]

A explicação aparentemente satisfez o jornal científico para o qual enviaram o artigo, já que foi publicado, mas para ser aceita pelos economistas e financista em geral era outra história. As desconfianças demoraram anos para serem dissipadas, o que ocorreu lentamente, conforme a teoria da perspectiva se mostrava útil um crescente número de comportamentos dos mercados, avaliados como anomalias pela ótica das finanças neoclássicas.

---

[47] KAHNEMAN, Daniel; TVERSKY, Amos. Prospect Theory: An Analysis of Decision under Risk. Econometrica, V. 47, No. 2 (March 1979) pp. 265.

Thaler, que já havia iniciado a catalogação de alguns desses vieses e heurísticas mesmo antes de conhecer o trabalho de Danny e Amos, concentrou seus esforços em sistematizar essa "coleção de anomalias" procurando enquadrar possíveis explicações na teoria comportamental. O seu livro autobiográfico, que acabou se tornando uma biografia das finanças comportamentais também, possui o sugestivo título de *"Misbehaving"*[48] algo como "comportamento desviante" ou "comportamento inadequado", reflete justamente essa sua busca sobre enquadrar diversos comportamentos de mercado na teoria comportamental.

Para tanto, Thaler, um economista com raro senso de humor e tiradas engraçadas, propôs que existiriam dois tipos diferentes de seres na economia: os *econs* e os humanos.

Os *econs* são o apelido dado por Thaler ao *homo economicus*, seres ficcionais que habitariam os livros-textos de economia e finanças, totalmente racionais, oniscientes, e maximizadores de utilidade, na verdade nada mais que a idealização do comportamento do ser humano, conforme as finanças neoclássicas. Ele sugere que pensemos no Sr. Spock, personagem icônico da série *Jornada nas Estrelas*. Ambos, *econs* e Spock, seriam, em sua visão, somente seres de ficção científica.

Claro, na vida real existiria apenas o segundo tipo de ser: os humanos, com seus erros de previsão, racionalidade limitada, sujeitos às suas emoções e baixa coerência. Em sua irreverência e bom-humor, Thaler explicou o conceito assim: "a teoria financeira acredita que os agentes econômicos são todos *Eisnteins*. Eu acho que estão mais para Homer Simpson"[49].

Ao se referir aos *"Einsteins"*, naturalmente quis dizer agentes econômicos geniais, capazes de profundo raciocínio analítico, matemática avançada e totalmente racionais. Já Homer Simpson é um dos personagens centrais do desenho animado *Os Simpsons*, divertida sátira, campeã de audiência na televisão por 30 anos, criada por Matt Groening. Digamos que Homer

---

[48] THALER, Richard H. *Misbehaving*: a construção da economia comportamental. Rio de Janeiro: Intrínseca, 2019.
[49] Tive o privilégio de assistir pessoalmente a uma palestra de Richard Thaler, em São Paulo, na comemoração do aniversário de 9 anos da Empiricus Research, em 2018. Thaler explicou os conceitos de *econs* e humanos literalmente da forma super bem-humorada como transcrevi no texto.

Simpson não é propriamente conhecido pela sua perspicácia, muito pelo contrário.

Na verdade, *econs* teriam comportamentos que os humanos considerariam muito estranhos. Nunca se deixariam levar e comprariam por impulso em uma promoção. Não seriam influenciados pela opinião dos amigos, família ou tema da moda. Não veriam sentido em comemorar seu aniversário, afinal o que há de especial nessa data? Muito menos de ganhar presentes. Aliás considerariam que, caso realmente fosse necessário dar um presente, o melhor possível seria dinheiro vivo, já que evitaria custo de transação caso o aniversariante quisesse trocá-lo. Apenas para citar alguns exemplos. *Econs* teriam muitas dificuldades de viver na sociedade humana contemporânea.

Para ser justo, as finanças comportamentais não desprezam totalmente a idealização dos *econs*. Ela pode ser útil em algumas situações, mas estaria longe de ser uma regra geral. Na verdade, o ponto é justamente esse: as finanças comportamentais se propõem a estudar em que situações o comportamento humano se aproxima dos *econs*, com racionalidade absoluta, e em quais situações se afasta disso. Naturalmente procura também estabelecer padrões e causas para isso.

Thaler então procurou estudar situações consideradas anomalias pelas finanças neoclássicas em busca de pistas para definir essas situações de comportamento próximo versus longe dos *econs*.

Em um artigo[50] de 1985 com seu colaborador, Werner De Bondt, estudaram a possível sobre-reação dos preços das ações, em outras palavras se o mercado exagerava ou não nos preços, algo que não poderia acontecer se a hipótese do mercado eficiente fosse correta.

Para tanto, a fim de testar sua hipótese de reação exagerada no mercado de ações, Thaler e De Bondt analisaram o retorno mensal de todas as ações listadas na Bolsa de Valores de Nova York (NYSE) compilados pelo CRSP (Center for Research in Security Prices) da Universidade de Chicago, durante o período de janeiro de 1926 a dezembro de 1982, com uma taxa de retorno média ponderada de todos os títulos listados no CRSP servindo como o índice de mercado.

---

[50] DE BONDT, W. F. M.; THALER, R. H. Does the stock market overreact? *Journal of Finance*, v.40, n.3, p.793-807, 1985.

A fim de demonstrar a não racionalidade dos mercados acionários e de seus investidores, contrariando a hipótese do mercado eficiente, Thaler e De Bondt levantaram a hipótese de uma reação exagerada no mercado de ações:

> "[...] fomos levados a uma hipótese plausível. Suponha que o "efeito P/L" seja causado por uma sobre-reação: ações com P/L alto (conhecidas como ações de crescimento porque terão de crescer feitos loucas para justificar seus preços elevados) subiram "alto demais" porque os investidores fizeram previsões excessivamente otimistas das taxas de crescimento futuro, e ações com P/L baixo (ou ações de valor) afundaram "baixo demais" porque os investidores foram excessivamente pessimistas. Se isso é verdade, os altos rendimentos subsequentes para ações de valore baixos rendimentos para ações de crescimento representam uma regressão à média."[51]

A regressão à média no comportamento das ações infringe a teoria do mercado eficiente, pois os preços das ações não podem ser diferentes que o seu valor intrínseco, e, assim, não podem ser consideradas "baratas", além de que, não é possível vencer o mercado pois toda a informação já estaria refletida no preço das ações.

Portanto, como o histórico de rendimentos e a razão P/L das empresas listadas são conhecidos, este fator não poderia antever uma mudança de preço de uma determinada ação, consequentemente, a regressão à média é claramente uma evidência de que o mercado não seria eficiente.

Para tanto, Thaler e De Bondt classificaram a performance das ações durante um tempo longo que consideraram o suficiente para permitir que os investidores ficassem exageradamente otimistas ou pessimistas em relação à alguma companhia. As ações com a melhor performance de "Vencedoras" e as com o pior desempenho de "Perdedoras".

Caso os mercados fossem eficientes, as duas carteiras deveriam ter um desempenho semelhante. Afinal, de acordo com a Hipótese do Mercado Eficiente, o passado não pode prever o futuro. Por outro lado, se a hipótese

---

[51] THALER, Richard H. *Misbehaving*: a construção da economia comportamental. Rio de Janeiro: Intrínseca, 2019, página 233.

de sobre-reação estivesse correta, as Perdedoras teriam performance melhor que as melhor que a das Vencedoras[52].

E foi justamente isso que aconteceu, conforme eles demonstram graficamente comparando as carteiras Perdedora e Vencedora:

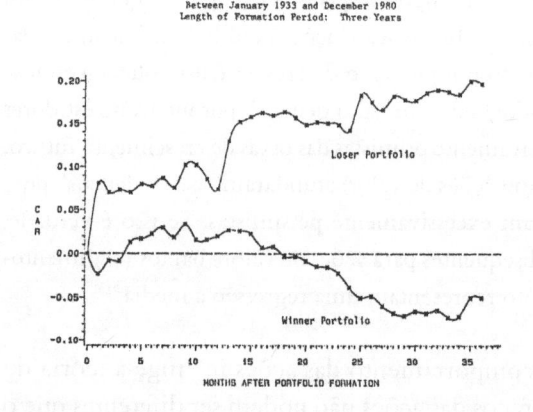

Fonte: The Journal of Finance, Volume: 40, Issue: 3, Pages: 793-805, First published: July 1985

Figura 6.2 – Carteiras Vencedoras e Perdedoras de Thaler e De Bondt (1985)

Uma última objeção poderia ser levantada aos resultados, de que a carteira Perdedora teria tido desempenho melhor por apresentar mais risco, o que justificaria uma remuneração mais alta pelo CAPM. Na verdade, era justamente o contrário, o beta médio da carteira perdedora era menor do que da carteira Vencedora.

---

[52] THALER, Richard H. *Misbehaving*: a construção da economia comportamental. Rio de Janeiro: Intrínseca, 2019, página 234.

Esse era o tipo de anomalia era difícil de ser explicado pelas finanças neoclássicas, além de se tratar de uma análise sofisticada e dentro dos melhores padrões estatísticos e teóricos de pesquisa. Ao longo dos anos seguintes, diversos outros trabalhos seguiam a mesma linha, por vários pesquisadores, em diferentes regiões do mundo apontavam para uma grande variedade de anomalias.

Muitas vezes eram coisas bem mais simples, não precisavam nem mesmo de análises estatísticas. Em um caso mais contemporâneo, os investidores simplesmente confundiram o nome de duas empresas com siglas parecidas na bolsa e compraram uma pensando que estavam comprando outra.

Difícil de acreditar que esse seria um mercado eficiente no sentido de que toda informação estaria incorporada nos preços, como defendia Eugene Fama. Nesse caso, os investidores não sabiam nem o mais básico, meramente o nome da empresa que estavam comprando as ações.

Com a pandemia de 2020, as empresas de videoconferência observaram um aumento exponencial na demanda por seus serviços, o que naturalmente fez os preços de suas ações dispararem na bolsa de valores. Um dos casos mais emblemáticos foi a empresa Zoom, tanto a certa quanto a errada[53].

Há duas empresas com o nome Zoom na bolsa de valores. A mais conhecida, e com maior valor de mercado, é a *Zoom Video Communications*, que abriu o capital na Nasdaq, em 2019, e é a proprietária de um aplicativo de videoconferência.

A segunda empresa, homônima, é a *Zoom Technologies*, com sede em Pequim, que produz componentes para celulares e é negociada no chamado *OTC Market*, ou seja, mercado de balcão fora das bolsas de valores.

Os códigos de negociação na bolsa (*tickers*, em inglês) não ajudam. Para comprar a Zoom de videoconferências o código é ZM e para comprar a homônima de componentes de celular o código é ZOOM. Isso, naturalmente, não deveria ser um empecilho e nem levar à confusão aos *econs*, que racionalmente pesquisariam e confirmariam os códigos. Coisa simples de pesquisa e confirmação na própria internet, certo? Sim para os *econs*, mas humanos se confundem, não pesquisam quanto deveriam, se deixam levar e cometem erros. Nesse caso um erro muito grosseiro.

---

[53] Baseado na notícia do blog Neofeed, disponível em https://neofeed.com.br/blog/home/zoom-ou-zm-investidores-se-confundem-e-apostam-na-empresa-errada/

As ações da empresa americana Zoom, a de videoconferências, subiram 43% em março de 2020, quando a crise do coronavírus tomou conta do mundo, o que faz todo sentido financeiro pelo aumento explosivo na demanda por seus serviços.

A Zoom errada, por sua vez, teve um desempenho muito melhor. No mesmo período, as suas ações aumentaram impressionantes 273%. A única justificativa plausível é a de investidores desinformados que estão comprando a ação errada. Isso é que é pegar uma carona no sucesso alheio!

Voltando ameados da década de 1980, as finanças comportamentais contavam com novos defensores entusiasmados, além de outros professores, talvez um pouco céticos ainda com essa teoria, mas descrentes com a ideia de um mercado perfeitamente eficiente.

Lawrence Summers pertencia ao segundo grupo. Professor de Economia em Harvard, é difícil encontrar um economista com melhor *pedigree* acadêmico, já que é, ao mesmo tempo, sobrinho de dois economistas consagrados e laureados com o Nobel de Economia, ninguém menos que os grandes Paul Samuelson (irmão do seu pai) e Kenneth Arrow (irmão da sua mãe). Ademais, possui uma carreira pública extensa, tendo sido economista chefe do Banco Mundial, além de Secretário do Tesouro no final da presidência de Bill Clinton.

Summers sugeriu um argumento simples e impactante para explicar os motivos de tantas anomalias no comportamento de mercado em relação à racionalidade estrita: simplesmente o mercado era dominado por IDIOTAS. Em sua visão haveria uma abundância tão grande de idiotas no mercado que esses impediam que os investidores sofisticados arbitrassem corretamente os preços e tornassem os mercados eficientes.

Os idiotas de Summers moviam os preços e podiam fazer isso por anos a fio em alguns casos. Era uma releitura de uma afirmação clássica atribuída a lorde John Keynes, que dizia que os mercados poderiam ficar irracionais por muito mais tempo que você conseguiria ficaria solvente. A explicação para isso, de acordo com Summers era a quantidade de idiotas negociando no mercado.

Em uma colaboração com Fischer Black, que na década de 1980 havia se tornado um crítico da teoria neoclássica, esse concordou com os argumentos de Summers, mas sugeriu uma linguagem mais apropriada: ao invés de idiotas, chamaria esses agentes de *noise traders*.

Esse termo não possui uma tradução fácil e merece uma explicação. Black está se referindo à teoria da informação para cunhar o termo. Nessa teoria, uma mensagem transmitida por qualquer meio possui informação, mas também ruído. O ruído é a parte do sinal indesejado, inútil que é enviado com a parte útil, a informação.

Em uma transmissão de rádio, por exemplo, muitas vezes ouvimos a voz de quem está transmitindo (a informação), mas acompanhada de uma estática, sons desconexos e inúteis de fundo (que são o ruído) e atrapalham a comunicação.

Assim Fischer Black propunha que os investidores sofisticados trabalhariam com informações e fariam o mercado caminhar para a racionalidade, ao mesmo tempo em que os *noise traders* (algo como *investidores de ruído*) trabalhariam com sinais inúteis e equivocados, ruídos, e assim fariam o mercado tender a um comportamento irracional.

O caso das duas empresas homônimas Zoom, "a certa e a errada", discutido anteriormente, seria um bom exemplo da atuação dos *noise traders*, trabalhando com ruído, o código de negociação errado das empresas, levando o mercado a um comportamento irracional.

Os defensores das finanças comportamentais ganhavam novos adeptos ao longo do tempo, alguns muito sofisticados. Esse era o caso de Robert Shiller, um PhD pelo MIT, exímio estatístico e programador de computadores. Em 2013 seria laureado com o Prêmio Nobel de Economia dividido com ninguém menos que o maior apóstolo da eficiência de mercado, o grande Eugene Fama. De forma pouco usual, nesse ano, o Comitê do Nobel resolveu premiar dois opostos ao mesmo tempo.

Lecionando na Universidade da Pennsylvania, Shiller logo se interessou pelo mercado financeiro e fez um questionamento bastante intrigante em seu famoso artigo[54] de 1981.

O argumento era baseado na ideia proposta originalmente por John Burr Williams e Irving Fisher que o valor intrínseco (ou verdadeiro) de uma ação deveria ser o valor presente descontado do seu fluxo futuro de dividendos. Na sua pesquisa Shiller propôs um teste direto para isso.

---

[54] SHILLER, Robert J. "Do Stock Prices Move Too Much to Be Justified by Subsequent Changes in Dividends?" *American Economic Review* (June 1981): 421–35.

Por meio de um estudo de evento, ele comparou os movimentos do S&P 500 às mudanças subsequentes em dividendos pagos por empresas S&P 500. Tendo como base a teoria do valor presente dos dividendos para o valor intrínseco das ações, caso o mercado fosse eficiente, a volatilidade dos preços das ações e dos dividendos deveria ser similar.

Contudo, a pesquisa indicou os preços das ações eram muito mais voláteis do que os dividendos. Para Shiller essa era uma evidência clara da não eficiência do mercado. Ironicamente ele havia utilizado um estudo de evento para descobrir que, bem, não havia evento! Os preços das ações simplesmente variavam sem motivo algum quando comparadas a baixa oscilação no pagamento de dividendos.

A controvérsia estava cada vez mais quente e quem respondeu a Shiller, defendendo a hipótese do mercado eficiente, supostamente a pedido de Franco Modigliani, foi Robert Merton, cocriador da fórmula da precificação de opções.

Merton havia sido colega de classe de Shiller e respondeu que era natural que os preços das ações fossem muito mais voláteis que os dividendos, já que os CEOs e diretores das empresas tinham uma clara política de manter dividendos constantes, o máximo possível. Esse é um fato bastante documentado e de certo consenso na gestão empresarial.

Apesar de não haver uma explicação clara e única para isso, em geral se atribui ao fato que uma mudança no pagamento de dividendo desagrada os acionistas, em especial os que contam com esses recursos como fonte de renda. A fim de não desagradar seus acionistas, os gestores das empresas relutam ao máximo em alterar a política de dividendos, reduzindo, portanto, artificialmente a volatilidade dos dividendos.

A explicação de Merton não era plenamente satisfatória, e ele não possuía nenhum argumento novo para defender a eficiência de mercado, além dos já apresentados ao longo da década de 1960, como *random walk* e os investidores sofisticados arbitradores de mercado.

Shiller, por sua vez, levantou uma dúvida interessante e elaborada, mas que não demolia completamente a eficiência de mercado, havia ao menos uma outra explicação plausível, como argumentara Merton.

De qualquer forma, as evidências de anomalias se acumulavam cada vez mais e ficavam mais difíceis de serem ignoradas pelos defensores das finanças neoclássicas.

As Finanças e a Economia sonharam em usar o método das Ciências Naturais, particularmente da Física. Apesar de todas as críticas e limitações, é justo considerar que atingiram um sucesso parcial nessa empreitada, por meio de seus construtores das finanças neoclássicas, em meados da década de 1970 e início da década de 1980.

O curioso é que, por volta do mesmo período, a Física e as Ciências Naturais também estavam alterando parcialmente seu método, algo que as tornava um pouco menos distantes das Ciências Sociais. Esse conjunto de iniciativas amplas e interdisciplinares ficou conhecido pelo nome de Teoria do Caos e Complexidade, ou simplesmente Teoria da Complexidade. Atingiu primeiramente grandes áreas das Ciências Naturais e depois, naturalmente, impactou a Economia e as Finanças.

CAPÍTULO 7.
O mundo é mais complexo do que imaginávamos

A história da teoria da complexidade começa ainda no fim do século XIX com uma grande euforia dos cientistas que haviam desvendado inúmeros fenômenos naturais por meio da aplicação do método tradicional da ciência: a observação do fenômeno, posteriormente a formulação de hipóteses e os testes lógicos e empíricos dessas hipóteses que levariam a generalizações e, no limite, às leis universais da natureza. Esse método se tornou a marca registrada da ciência do século XIX e levou inclusive a uma filosofia que a defendia com um certo radicalismo, conhecida como positivismo científico.

A empolgação era grande nessa época e pode ser ilustrada pela afirmação categórica e extremamente otimista, para dizer o mínimo, do grande matemático Pierre Simon de Laplace:

> "Um intelecto que, num momento dado qualquer, conhecesse todas as forças que animam a Natureza e as posições mútuas dos seres que a compõem, se este intelecto fosse vasto o suficiente para submeter seus dados à análise, seria capaz numa única fórmula o movimento dos maiores corpos do universo e o do menor dos átomos: para tal intelecto nada poderia ser incerto; e tanto o futuro quanto o passado estariam diante de seus olhos."[55]

---

[55] RUELLE, David. *Acaso e caos*. São Paulo: Unesp, 1993, pp. 42.

Substitua o "intelecto" na frase de Laplace por um "computador" e podemos observar como a afirmação poderia ter sido dita na atualidade.

A técnica científica de Newton e outros cientistas naturais aparentava resolver todos os problemas em todos os campos. A ciência parecia não ter limites e caminhar rapidamente para uma solução final da questão do conhecimento humano. Stewart, em seu brilhante livro[56] sobre essa teoria, que devemos imaginar, ao considerarmos afirmações como a de Laplace, é o clima de alvoroço que predominava nas ciências daquele tempo, na medida em que um fenômeno após o outro – mecânica, calor, ondas, som, luz, magnetismo, eletricidade – era submetido a controle mediante a mesmíssima técnica.

Devia-se ter a impressão de uma grande investida rumo à verdade final. Aquilo funcionava!

Nascia o paradigma do determinismo clássico científico: se as equações estabelecem a evolução dos sistemas de uma maneira única, sem nenhuma influência externa aleatória, então seu comportamento está especificado de maneira única.

O papel da ciência era estabelecer essas leis universais, e após estabelecidas e comprovadas, bem eram universais e únicas, certo? Então problema resolvido, vamos ao próximo.

O interessante é que essa visão simplista de ciência é ainda a tônica ensinada em muitas escolas para as crianças e adolescentes e mesmo em muitas universidades. No século XXI, muitos ainda nos ensinam as ciências como eram imaginadas no século XIX! Bem estamos um pouquinho atrasados nisso, para dizer o mínimo.

Dessa forma, a visão clássica da ciência apregoava o determinismo como forma e método, criando-se uma maneira de pensar dominante nos meios acadêmicos. Essa visão, contudo, passou a ser criticada e contestada no século XX, culminando em outras formas de pensar, entre as quais destaca-se a teoria da complexidade.

Um dos primeiros a perceber essas limitações foi o grande matemático e físico Henri Poincaré, o mesmo orientador de Bachelier, ao ocupar-se de um problema de mecânica newtoniana clássica, o de calcular o estado de equilíbrio de três corpos celestes em mútua atração gravitacional.

---

[56] STEWART, Ian. *Does God play dice?* – the new mathematics of chaos. Malden: Blackwell Publishing, 2002, pp. 18.

O mesmo problema com apenas dois corpos, por exemplo, o Sol e a Terra, já fora resolvido de forma absolutamente satisfatória do ponto de vista da teoria clássica, ou seja, chegou-se a um estado estacionário, no qual, o modelo previa que se existissem apenas a Terra e o Sol, haveria um equilíbrio na forma gravitacional de tal ordem que se repetiriam ciclos anuais de translação, tal como efetivamente é observado.

Ao aplicar-se o mesmo problema e método, porém, a três corpos celestes com mútua atração gravitacional, Poincaré demonstrou que haveria diversas soluções possíveis, nenhuma das quais estacionária, tal como no caso dos dois corpos. Poincaré descobrira uma solução inesperada, que contradizia o paradigma existente.

Contudo, da mesma forma que a tese de Bachelier, essa questão de mecânica celeste levantada por Poincaré estava ainda muito à frente de seu tempo. Outros desdobramentos precisariam ocorrer para que um quadro geral mais amplo ainda se formasse.

A primeira metade do século XX apresentou contribuições científicas que colocaram em dúvida o método determinista clássico. Essa é uma longa história, além dos objetivos desse livro, mas três aspectos valem a pena ser discutidos para chegarmos à teoria da complexidade: revoluções na lógica--matemática, na física e na filosofia das ciências.

No Congresso Internacional de Matemática de 1900 em Paris, pelo matemático alemão David Hilbert, um dos mais brilhantes de seu tempo, propôs, o que seriam a seu ver, as grandes perguntas a serem desvendadas no século XX pela lógica-matemática. Para tanto idealizou 23 questões, que podem ser resumidas em três grandes temas de discussão[57]:

a) A matemática é completa? Pelo conceito de completa, entende-se que todo e qualquer teorema matemático pode ser provado verdadeiro ou falso com um número finito de axiomas;
b) A matemática é consistente? Pelo conceito de consistente, entende-se que somente teoremas verdadeiros podem ser provados verdadeiros, os teoremas falsos necessariamente não podem ser provados.

---

[57] MITCHELL, Melanie. *Complexity* – a guided tour. New York: Oxford Press, 2009, pp; 58.

c) Todo teorema matemático pode ser decidido? Entende-se por ser decidido, estabelecer um procedimento que, a um tempo finito, provará se o teorema é verdadeiro ou falso.

As questões ficaram em aberto por três décadas, com Hilbert expressando sua confiança de que as respostas para as três questões seriam positivas. Contudo, suas previsões foram frustradas por Kurt Gödel e Alan Turing.

Kurt Gödel, considerado um dos maiores lógico-matemáticos de todos os tempos, nasceu em Viena em 1906, terminou seu doutorado em 1930, na Universidade de Viena com apenas 24 anos de idade, e assombrou o mundo aos 25 anos de idade, em 1931, ao responder às duas primeiras questões de Hilbert, ou seja, se a matemática seria completa e consistente.

Utilizando-se meramente da aritmética, talvez um dos campos mais antigos e simples da matemática, Gödel provou que se a aritmética for consistente, haverá necessariamente teoremas verdadeiros que não poderão ser provados, consequentemente esta será incompleta. Essa é a ideia central do chamado Teorema da Incompletude de Gödel.

A fim de tornar mais simples a prova dessa questão, sem utilizar-se do ferramental matemático e lógico formal de Gödel, Melanie Mitchell, em seu interessantíssimo livro[58] sobre o tema, utilizou-se de uma metáfora, para dar uma ideia qualitativa sobre o assunto. Metaforicamente o teorema aritmético poderia ser entendido como um teorema em linguagem coloquial, denominado a seguir de teorema A:

Teorema A: "Este teorema não pode ser provado".

Se o teorema A efetivamente puder ser provado, ele será falso, visto que justamente alega o contrário. A aritmética seria inconsistente, visto que foi provado um teorema falso. Por outro lado, se o teorema A não puder ser provado, a aritmética será consistente, porém incompleta, posto que não foi possível provar um teorema verdadeiro. Assim, a aritmética seria necessariamente inconsistente ou incompleta.

---

[58] MITCHELL, Melanie. *Complexity* – a guided tour. New York: Oxford Press, 2009, pp. 60.

Essas conclusões mudaram a forma de enxergar a matemática, estabelecendo limites a seu poder explicativo e sua lógica intrínseca.

Em 1935, com argumentos similares aos de Gödel, porém aplicados à computação, Alan Turing, um dos pais do computador moderno e que teve papel decisivo na Segunda Guerra Mundial ao decifrar o código de comunicação secreta dos nazistas, provou formalmente a terceira questão de Hilbert.

Analogamente ao Teorema de Gödel, a resposta também é negativa. Assim as demonstrações complementares de Gödel e Turing impuseram limites à matemática, algo que se acreditava anteriormente não existir.

Gödel e Turing, duas das mentes mais brilhantes do último século tiveram, lamentavelmente um final de vida trágico.

Gödel emigrou para os Estados Unidos em 1940 fugindo da anexação nazista da Áustria e foi lecionar no Instituto de Estudos Avançados de Princeton, tornando-se colega e amigo de Albert Einstein. Pesquisador brilhante, foi condecorado diversas vezes durante a sua carreira.

Com o passar dos anos, tornou-se cada vez mais recluso, fruto de um quadro paranoico que desenvolveu. Acreditava que havia uma conspiração para assassiná-lo por meio de envenenamento, o que o levou a se alimentar cada vez menos e por fim acabou morrendo, pesando apenas 29 kg, por complicações de saúde causadas pela inanição em 1978.

Alan Turing, após ter sido decisivo em decifrar o código de mensagens secretas Enigma durante a Segunda Guerra Mundial. Após a guerra, trabalhou no Laboratório Nacional de Física do Reino Unido, instituição na qual ajudou a desenvolver os primeiros computadores com programas armazenados.

Em 1952, a sua homossexualidade resultou em um processo criminal. É difícil de acreditar, tão absurda era essa lei, mas a homossexualidade ainda era considerada crime na Inglaterra em meados dos anos 1950. Aceitou uma condenação e se submeteu a um tratamento hormonal e castração química para escapar da prisão.

Em 1954 foi encontrado morto em casa e, após um exame, concluiu-se que foi envenenamento por cianeto. A sua morte é cercada por controvérsias. Foi encontrada uma maçã parcialmente comida ao lado da sua cama, a qual especula-se que tenha sido usada para ingerir o cianeto. Contudo, não foi realizado teste em laboratório com a maçã para confirmar se estaria mesmo envenenada. Uma história nunca confirmada afirma que Steve Jobs teria criado o logotipo da Apple, a maçã mordida, em homenagem a Turing, do qual seria grande fã.

Em outra versão, defendida por sua mãe, entre outras pessoas, ocorreu um acidente, um envenenamento involuntário, por descuido do filho na manipulação do cianeto.

De qualquer forma, Gödel e Turing foram dois gênios, depois dos quais a matemática, a lógica e computação não seriam mais as mesmas. Duas perdas trágicas.

A revolução não estava acontecendo apenas na matemática e na lógica durante a primeira metade do século XX. Ela era, na verdade, ainda mais profunda na física.

De forma análoga à Matemática, no século XIX, a Física vivia um momento de grandes descobertas e a crença de que não haveria limites para suas realizações. Nas primeiras décadas do século XX, contudo, com o desenvolvimento da teoria do átomo por Bohr, ficou claro que a mecânica clássica de Newton não se aplicava a esse universo microscópico.

Os átomos não obedeciam às três leis de Newton, nem se encaixavam nas aplicações tradicionais da mecânica clássica[59]. Dessa forma, fazia-se necessária uma nova mecânica a ser aplicada a fenômenos que ocorrem em nível atômico, batizada de mecânica quântica.

O desenvolvimento da mecânica quântica gerou uma teoria bastante diferente da mecânica clássica de Newton, em diversos aspectos. Pode-se apontar pelo menos duas rupturas da mecânica quântica em relação à mecânica clássica.

A primeira ruptura é o Princípio da Incerteza de Heisenberg, o qual postula que não é possível, nem em princípio, estabelecer a velocidade e a posição de uma partícula com absoluta precisão.

Nesse contexto, uma maior precisão na mensuração da velocidade implicará necessariamente em uma menor precisão na mensuração da posição e vice-versa. Assim, torna-se impossível determinar com precisão absoluta, tal qual na mecânica clássica, o estado de uma partícula, entendido como combinação de velocidade e posição. Há uma incerteza quanto a esse estado.

---

[59] STRATHERN, Paul. *Bohr e a teoria quântica*. Rio de Janeiro: Jorge Zahar Editor, 1999.

A segunda ruptura, que é de certa forma complementar à primeira, é a função de onda de Erwin Schrödinger. Na mecânica clássica, conhecendo-se a posição inicial, a velocidade e a direção das forças que atuam sobre um objeto, é possível, de forma única e inequívoca, determinar sua trajetória.

O mesmo não ocorre com a mecânica quântica, devido ao Princípio da Incerteza de Heisenberg. Assim, Schrödinger, em vez de propor uma trajetória única, propôs um conjunto de estados possíveis, uma função de onda, ou seja, diversas combinações de velocidade e posição as quais seriam possíveis a partir dos dados iniciais, estabelecendo, portanto, uma função de probabilidades de ocorrência de estados, a qual denominou de função de onda. Estava instalada a incerteza no âmbito da Física.

Schrödinger criou uma experiência mental para explicar os problemas lógicos decorrentes da introdução de probabilidade e incerteza na teoria Física. A experiência mental propunha colocar um gato dentro de uma caixa fechada com uma arma apontada para ele.

O gatilho dessa arma estaria ligado a um componente radioativo, que poderia ou não decair (mudar de estado radioativo) com 50% de probabilidade. A caixa está fechada e você não consegue enxergar dentro dela sem abri-la. A pergunta que se fez, foi: o gato está vivo ou morto? Qual o seu estado? Bem, ele possui 50% de chance de estar vivo e 50% de estar morto, portanto, tecnicamente, como na função de onda, atribuem-se as probabilidades ao gato que estaria semivivo (50% vivo + 50% morto)? Isso não faz o menor sentido, sabemos por bom senso que o gato só pode estar vivo ou morto.

Não se preocupe: é apenas uma experiência mental, nunca foi efetivamente testada em laboratório, nenhum gato ou outro animal foi morto ou maltratado para realizar a experiência, é simplesmente uma metáfora, uma forma mais fácil de visualizar um conceito complexo. Essa experiência mental ficou conhecida como o "gato de Schrödinger".

A mecânica quântica é extremamente útil. Não fosse por ela, não existiria o mundo moderno com computadores, lasers, microprocessadores, e tantos outros desdobramentos tecnológicos. A sua matemática funciona com grande precisão, foi testada e novamente testada durante décadas com sucesso, até a décima casa decimal de precisão no seu chamado modelo padrão[60], mas não sabemos interpretá-la, ou mais corretamente, há controvérsias quanto a isso.

---

[60] KAKU, Michio. *Physics of the impossible*. New York: Anchor Books, 2009.

A interpretação mais aceita nos meios científicos da mecânica quântica é conhecida como a interpretação de Copenhague, em homenagem à cidade onde concentravam-se os pesquisadores pioneiros dessa teoria, em especial, Niels Bohr.

Segundo a interpretação de Copenhague desenvolvida por Niels Bohr e seus colegas, até que se faça a observação, a realidade da posição ou do estado da partícula consiste apenas de probabilidades. Ao medir ou observar o sistema, o observador faz com que a função de onda colapse e uma posição ou estado definido fique determinado.

A realidade física depende do observador, ou dito de outra forma, o próprio ato de observar a realidade acaba por defini-la. Na experiência do gato de Schrödinger acontece justamente isso, os estados possíveis do animal (morto ou vivo) estão misturados dentro da caixa, só podemos saber o que acontece após abri-la, ou seja, observar a realidade.

Albert Einstein se incomodava muito com essa interpretação. Algumas vezes, quando recebia convidados, intelectuais ou físicos para jantar em sua casa, os convidava para dar um passeio, apontava para a Lua e perguntava: "você acha mesmo que a Lua só existe porque estamos aqui olhando para ela?"[61]. A pergunta, em certo sentido ainda não foi respondida, pois mesmo um século após o início do seu desenvolvimento, os cientistas não conseguiram uma interpretação que seja reconhecida como plenamente válida e completa.

Dessa forma, a mecânica quântica estabeleceu uma limitação à capacidade de predição da teoria. As implicações da mecânica quântica ainda nos dias atuais são motivo de acaloradas discussões acadêmicas.

Albert Einstein, em outra frase de efeito, descreveu sua insatisfação com essas implicações com a frase "Deus não joga dados", demonstrando seu aborrecimento com a função de onda e as probabilidades em lugar do determinismo clássico.

A mecânica quântica, assim, trouxe limitações às predições do determinismo clássico ao âmbito da Física, da mesma forma que as ideias de Gödel e Turing trouxeram essas mesmas limitações à matemática.

---

[61] ISAACSON, Walter. *Einstein – sua vida, seu universo*. São Paulo: Companhia das Letras, 2008.

A própria filosofia das ciências seria afetada por essa revolução. A filosofia das ciências estabeleceu-se, então, como ramo da filosofia dedicado ao estudo crítico da ciência e seu método.

No século XIX, surgiu a escola de pensamento filosófico sobre a ciência conhecida como positivismo, tendo como seu maior representante Auguste Comte.

O positivismo tem como pressuposto básico o cientificismo, ou seja, o conhecimento científico como a forma última e perfeita de conhecimento humano. Dessa forma, o determinismo clássico possui um papel central, visto que a ciência como forma máxima de conhecimento humano, na ótica positivista, teria como missão descobrir e compilar as leis da natureza, as quais seriam precisas e invariáveis, levando ao determinismo clássico.

Karl Popper, um dos maiores filósofos do século passado e professor de método científico na *London School of Economics*, foi um crítico do dessas afirmações de Comte. Critica o positivismo demonstrando que as supostas "leis universais que não admitem dúvidas e indeterminações" estão calcadas em um fundamento metodológico falho em sua visão, a indução.

A indução, ainda de acordo com o autor, é o método de inferir, de conduzir enunciados singulares, tais como descrições dos resultados de observações ou experimentos, para enunciados universais, tais como hipóteses ou teorias.

Ao criticar a indução como método científico, Popper alude ao fato de que as leis que "não admitem dúvidas" na visão positivista, na verdade não podem ser provadas. Mesmo que existam muitos casos verdadeiros, sempre há a possibilidade de se encontrar um caso falso, refutando a "lei universal".

O filósofo cita o exemplo clássico dos cisnes negros[62]. Até o povoamento da Austrália, acreditava-se que todos os cisnes eram brancos, por indução, visto que nunca se havia encontrado um cisne que assim não o fosse. Apesar dos milhares de casos de cisnes brancos na Europa, encontraram-se cisnes negros na Austrália, o que refutou a teoria do cisne branco universal.

A metáfora do cisne negro foi replicada por outros pensadores, e será mais discutida nos próximos capítulos.

Com esse exemplo, Popper ilustra seu argumento de que as teorias científicas jamais podem ser provadas com base em experimentos ou observações, conforme prega o positivismo, independentemente de quão

---

[62] POPPER, Karl R. *A lógica da pesquisa científica*. São Paulo: Cultrix, 2004.

numerosos sejam os casos verdadeiros. O máximo que se pode conseguir nessa visão é refutar a teoria, sendo essa sua proposta, em vez de tentar provar-se uma hipótese ou teoria, tentar falseá-la.

Desse modo, Popper traz ao âmbito da filosofia das ciências a dúvida quanto à validade universal do conhecimento pelo método da indução, demonstrando uma limitação lógico-filosófica da visão da ciência positivista clássica.

O curioso é que Karl Popper foi uma grande inspiração para alguns financistas, gestores de recursos e economistas importantes, como George Soros, que chegou a estudar com Popper na *London School of Economics* e Nassim Taleb que ficou conhecido pelo termo que utiliza de "eventos de cisne negro", inspirado no exemplo do livro de Popper. Teremos mais sobre Soros e Taleb nos próximos capítulos.

A Teoria da Complexidade é herdeira das críticas ao determinismo clássico positivista e das mudanças discutidas anteriormente na Matemática, Lógica, Física e filosofia das ciências.

O principal centro de pesquisas mundial da Teoria da Complexidade é o Instituto Santa Fé nos Estados Unidos, focado nas aplicações e desenvolvimento dessa teoria nas Ciências Naturais. Contudo, diversos outros pesquisadores e filósofos das Ciências Humanas também adotam a sua abordagem, provavelmente tendo no pensador francês Edgard Morin sua maior estrela. Apesar dessa teoria ainda estar em construção alguns de seus aspectos já são bem conhecidos e altamente impactantes para Finanças e Economia.

Para a Teoria da Complexidade, os fenômenos, sejam da natureza ou humanos são divididos em duas categorias: os lineares e os complexos.

Os sistemas lineares são aqueles em que as variáveis apresentam baixa ou mesmo nenhuma interação entre si. A sua característica marcante é a proporcionalidade. O seu próprio nome "linear", vem da *line* em inglês, que traduzimos na matemática em português por "reta". Os gráficos de retas, as equações de primeiro grau, são justamente aquelas que são proporcionais em qualquer ponto.

Na matemática da escola, somos treinados durante anos em proporções e na chamada "regra de três", o método prático de aplicação dos sistemas lineares.

A engenharia e cálculo envolvido na construção de um prédio servem bem para ilustrar um sistema linear. No jargão técnico, a quantidade de concreto utilizada nas fundações pode ser considerada como uma variável independente e a estabilidade do prédio como variável dependente, portanto a quantidade de concreto determina se o prédio se sustentará ou não.

Um pequeno erro de cálculo na quantidade de concreto a ser utilizada ou alguma pequena falha na qualidade ou quantidade do concreto utilizado causará uma pequena falha na estabilidade do prédio. Isso é tratado com a aplicação de coeficientes de segurança bem conhecidos na engenharia. A causa é proporcional ao efeito, assim tudo é bem previsível e é muito raro um prédio desmoronar.

Historicamente se considerou que os sistemas lineares seriam a regra na natureza e os sistemas complexos, a exceção. Cada vez mais, contudo, se percebe que é o contrário. Isso é particularmente verdade em finanças e economia.

Os sistemas complexos não conseguem diferenciar variáveis dependentes das variáveis independentes. Na verdade, não existem variáveis independentes, uma vez que há uma forte interação entre elas.

O resultado é que os efeitos não são proporcionais as causas, uma vez que pequenos efeitos quando submetidos a muitas interações entre as variáveis provocam variações cada vez maiores, em crescimento exponencial, tornando muito difícil a sua previsão.

Mais do que isso, sistemas complexos apresentam propriedades e comportamentos completamente diferentes de sistemas lineares. Como a nossa intuição foi treinada por anos de escola e matemática linear, os sistemas complexos, em geral, nos confundem.

A dependência hipersensível das condições iniciais em um sistema complexo, também conhecida como "efeito borboleta" provavelmente é o conceito da teoria da complexidade mais difundido e conhecido.

O pioneiro a identificar essa dependência hipersensível foi o meteorologista com forte base matemática, Edward Lorenz, na década de 1960[63].

A previsão do tempo, teoricamente, deveria ser bastante precisa, uma vez que são bem conhecidas dos físicos e meteorologistas as variáveis que determinam o clima: pressão, temperatura, umidade, ventos. Contudo, as previsões meteorológicas historicamente não são confiáveis, incorrem em grandes erros, em especial para prazos mais longos.

---

[63] GLEICK, James. *Chaos: making a new science*. New York: Penguin Books, 2008.

Até meados do século XX não havia técnicas adequadas para medir as variáveis meteorológicas e esta era considerada a causa dos fracassos das previsões. Contudo, a partir de década de 1960, com os satélites meteorológicos e os primeiros computadores, passaram a existir as ferramentas necessárias para a previsão do tempo: capacidade de medir as variáveis em nível global com os satélites e capacidade de processar essas informações com os computadores.

Ainda assim, as previsões continuaram com grandes erros, em especial no longo prazo, e os cientistas ficavam perplexos com tal situação, visto que apesar de dados razoavelmente precisos e capacidade para processá-los, os modelos continuavam não fornecendo previsões confiáveis. Em relação a longos períodos, as previsões não passavam de meras probabilidades e com variações aleatórias.

Lorenz foi um dos pioneiros a utilizar computadores e modelos matemáticos, para simular a atmosfera terrestre e tentar prever o tempo. Esse modelo inicial era muito simples, com apenas 12 equações e não conseguia simular furacões, tempestades, nevascas, o clima terrestre no modelo se comportava de forma bastante suave. Lorenz criou um tipo de gráfico primitivo, para imprimir os resultados obtidos pelo modelo.

Em uma de suas simulações, algo muito estranho aconteceu: dada a velocidade de processamento muito lenta, e Lorenz precisando refazer uma simulação, tomou um atalho e digitou manualmente a sequência numérica para dar as condições iniciais da experiência.

Os resultados gráficos foram perturbadores para o cientista, pois após alguns períodos, a linha do novo experimento começava a se distanciar da antiga e no longo prazo suas sequências eram completamente diferentes.

A princípio, Lorenz supôs que o computador estivesse com problemas ou que houvesse digitado os dados de forma incorreta. Na verdade, Lorenz havia digitado os números desprezando a quarta casa decimal, ou seja, um erro em dez mil. Essa foi a semente do que posteriormente se denominou como forte dependência das condições iniciais, ou simplesmente efeito borboleta.

Lorenz havia descoberto que pequenos erros de medição de temperatura, pressão ou umidade em sua interação dinâmica na atmosfera provocam grandes variações no clima no longo prazo que não são captadas pelos modelos de previsão.

Esse é o motivo que explica o resultado obtido por Lorenz em sua experiência, ou seja, mesmo uma pequena modificação nas condições iniciais do sistema complexo, no caso de sua experiência uma diferença de apenas um em dez mil, é potencializada e amplificada na interação das variáveis. Provoca diferenças modestas em curto prazo, mas mudanças significativas em longo prazo.

Esse efeito ficou conhecido como dependência hipersensível das condições iniciais ou efeito borboleta. O termo "efeito borboleta" foi originado pelo próprio Lorenz na palestra que concedeu à Associação Americana para o Avanço da Ciência em 1972, na qual o título era a pergunta: "Será que o bater de asas de uma borboleta no Brasil pode gerar um tornado no Texas?"[64]

Essa imagem do efeito borboleta capta a essência do conceito, ou seja, em sistemas complexos, pequenas variações iniciais potencializam-se ao longo do tempo e causam grandes mudanças em longo prazo.

Pensava-se que os modelos de previsão poderiam, pelo menos teoricamente, prever o comportamento de um sistema. O que ficou demonstrado após Lorenz e seus seguidores é que quando se trata de sistemas complexos, o efeito borboleta impede, mesmo apenas teoricamente, a previsão do comportamento do sistema em longo prazo. Previsões em sistemas complexos têm alguma acuidade apenas em curto prazo.

A teoria da complexidade recebeu uma contribuição significativa do biólogo e matemático Robert May, o qual se questionou, na década de 1970, sobre dinâmica complexa.

Como biólogo, May imaginou uma lagoa hipotética na qual viveria determinada espécie de peixes. O seu objetivo era criar um modelo simplificado que determinaria a o número final de peixes na lagoa, ou seja, o tamanho da sua população.

No seu modelo simplificado, a lagoa possui um fornecimento fixo e previsível de alimentos e oxigênio e há apenas dois fatores que influenciam o tamanho da população de peixes: os predadores diminuem o número de peixes e a reprodução da espécie aumenta o número de peixes na lagoa.

---

[64] "Edward N. Lorenz (1917-2008) – meteorologist and father of chaos theory". *Nature*, v. 453, p. 300, maio 2008.

Dadas essas condições, deveria haver uma tendência de equilíbrio de número de peixes em longo prazo, ou seja, a convergência para uma população de tamanho constante.

Isso deveria ocorrer pelo equilíbrio entre os predadores e a reprodução dos peixes: caso os predadores diminuíssem demais o número de peixes, após algum tempo, muitos desses próprios predadores morreriam de fome, por falta de alimentos. A diminuição da população de predadores levaria a um aumento da população de peixes, restaurando uma população de equilíbrio.

Na situação contrária, um excesso de peixes incentivaria que os predadores se reproduzissem mais, o que levaria, após algum tempo a uma diminuição dos peixes, e novamente à população de equilíbrio.

May então escreveu uma singela equação para representar a evolução da população de peixes ao longo do tempo. A variável x representa o número de peixes. O fator r a taxa de reprodução dos peixes. A equação ficou assim:

$$x_{próximo} = rx\,(1-x)$$

A fórmula diz apenas que a população de peixes a cada período (x próximo), será a composição de dois efeitos: da reprodução dos peixes e dos predadores.

O efeito da reprodução é dado pela velocidade de reprodução dos peixes, o fator r multiplicado pelo número de peixes x. Já o efeito dos predadores é dado por $(1-x)$.

O biólogo simulou então o que acontece com a população alterando a sua taxa de reprodução r. A teoria dizia que a população em longo prazo deveria sempre se estabilizar, convergindo para a população de equilíbrio. A única diferença esperada em relação ao fator r era que, quanto maior fosse esse fator, mais demoraria para a população convergir, mas aconteceria a estabilização, inevitavelmente.

Para examinar isso, May criou gráficos variando a taxa r. Em um primeiro gráfico com $r = 2,9$, um valor relativamente baixo, aconteceu exatamente o que era esperado pela teoria:

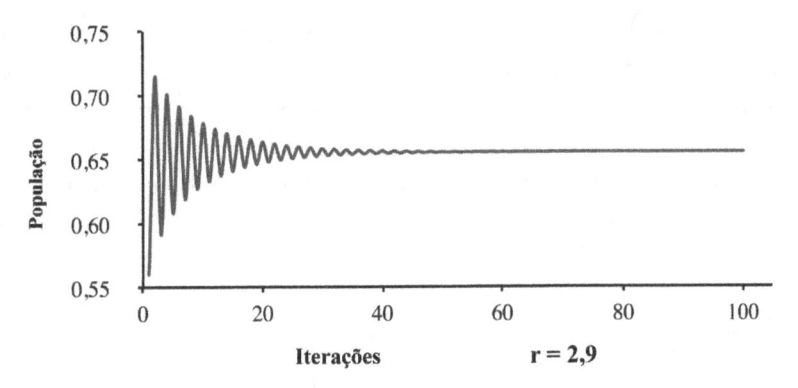

Figura 7.1 – População converge para um único valor

Após um período inicial de oscilações significativas, o modelo caminha cada vez mais se estabilizar, o que efetivamente acontece.

Então May aumentou o fator r para 3,1, a taxa de reprodução dos peixes, esperando observar o mesmo formato do gráfico anterior, apenas levando um pouco mais de tempo para convergir para a estabilidade. Para sua surpresa, algo inesperado e significativo aconteceu:

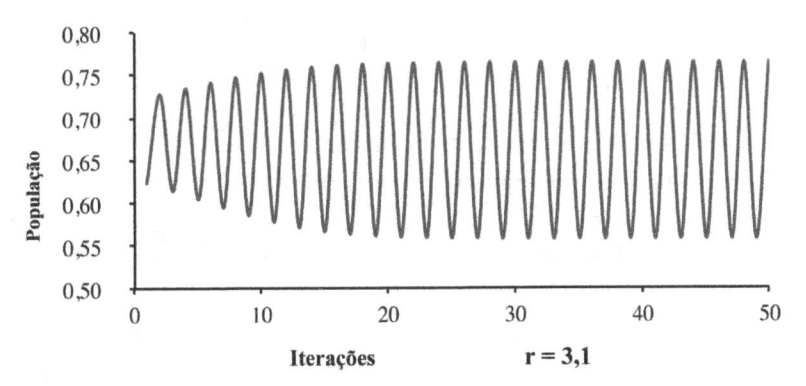

Figura 7.2 – População oscila entre dois valores

Ao invés de convergir para um valor, como no gráfico anterior, a população de peixes passou a oscilar entre dois valores. Houve uma convergência, mas não para um valor fixo, mas para uma sequência repetida de números. Na teoria da complexidade isso é conhecido como uma bifurcação. A população passou a ser previsivelmente oscilante entre dois valores.

Isso não fazia muito sentido, ou pelo menos, não fazia sentido considerando os pressupostos de um sistema linear. Mas esse era o ponto chave. Um sistema complexo poderia emergir mesmo de uma equação simples, desde que essa tivesse um volume suficientemente alto de interações. Ao aumentar o fator r, aumentavam as interações e o sistema migrava de linear e "bem-comportado" para um sistema complexo, muito mais imprevisível.

A fim de confirmar o impacto do aumento da interação, May aumentou ainda mais o fator r, para 4,0. O resultado foi o gráfico a seguir:

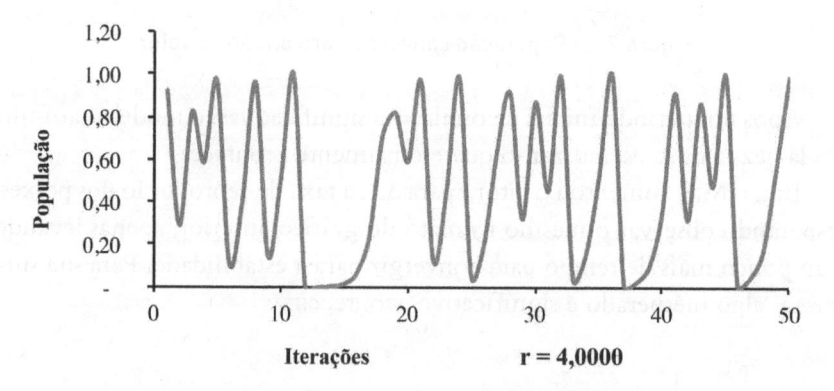

Figura 7.3 - População não converge

O que havia se tornado uma oscilação entre dois pontos no gráfico anterior, agora não convergia para valor algum. Na década de 1980 esses movimentos foram apelidados por alguns pesquisadores de "comportamento caótico". Por isso a teoria também é conhecida como "teoria do caos e complexidade".

Isso realmente era inesperado e intrigante. O que havia saído errado? Como era possível que, partindo-se da mesma equação, apenas variando o fator *r*, o comportamento inicial de estabilização e equilíbrio se transformaria em um comportamento caótico? Para piorar, Robert May identificou à hipersensibilidade às condições iniciais, o famoso efeito borboleta. Observe os dois gráficos. O primeiro tem *r* = 4,0000 e o segundo *r* = 4,0001.

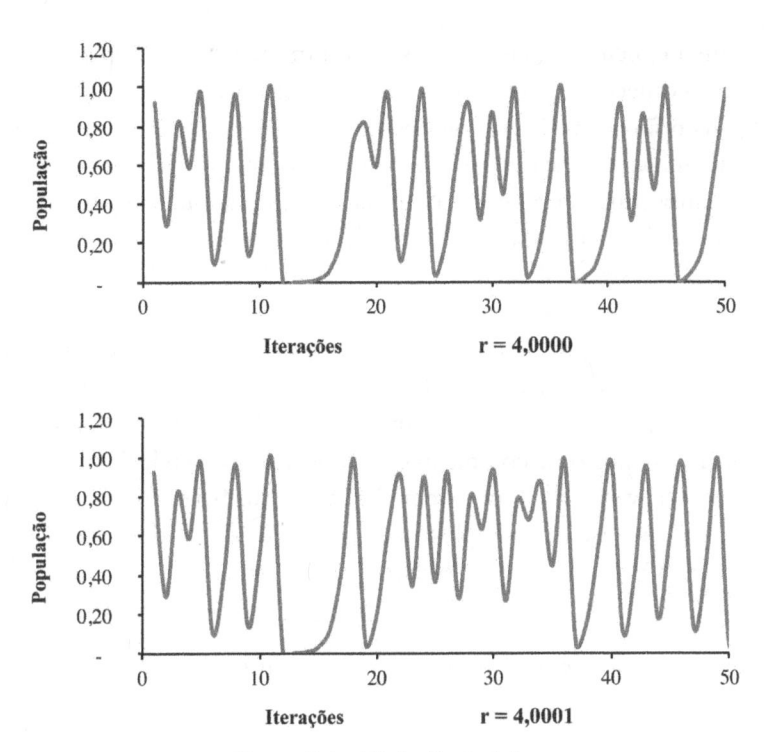

Figura 7.4 – Efeito Borboleta

Variando o fator *r* em apenas 0,0001, ou seja, um em dez mil, da mesma forma que Lorenz verificou na meteorologia, os gráficos começam muito semelhantes, mas após 20 períodos já começam a se distanciar e por fim ficam completamente diferentes.

A descoberta de Robert May foi tão inesperada e impactante, que ele publicou um artigo[65] em uma das mais prestigiosas revistas científicas do mundo, a *Nature*, com o sugestivo título de "*Simple mathematical models with very complicated dynamics*" (modelos matemáticos simples com dinâmicas muito complicadas, em uma tradução livre).

Na década de 1980, diversos outros estudos, em diferentes áreas como dinâmica de fluidos, cosmologia, química, biologia evolutiva, meteorologia,

---

[65] MAY, Robert M. "Simple mathematical models with very complicated dynamics". *Nature*, v. 261, pp. 459-467, jun. 1976.

chegaram a conclusões semelhantes às de Lorenz e May. A teoria da complexidade começou a se consolidar nas Ciências Naturais.

A percepção de que havia dois tipos de sistemas, com dinâmicas completamente diferentes, os lineares e os complexos, ganhou uma aceitação mais geral.

Isso causa uma certa confusão, uma vez que, popularmente, a palavra "complicado" é utilizada como sinônimo de "complexo", ambos como antônimos de "simples". Para a teoria da complexidade, há uma diferença significativa entre essas palavras.

Simples é o oposto de complicado e os conceitos estão relacionado ao número de variáveis envolvidas. Um sistema simples é aquele que envolve poucas variáveis, enquanto um sistema complicado envolve muitas variáveis.

Linear é o oposto de complexo e os conceitos estão relacionados à interação entre as variáveis. Um sistema linear possui baixa interação entre as variáveis, já um sistema complexo possui um alto grau de interação entre as variáveis. O quadro ajuda a esclarecer esses termos:

Simples é o oposto de *complicado*.   *Simples* = poucas variáveis.   *Complicado* = muitas variáveis.

Linear é o oposto de *complexo*.   *Linear* = baixa interação entre as variáveis.   *Complexo* = alta interação entre as variáveis.

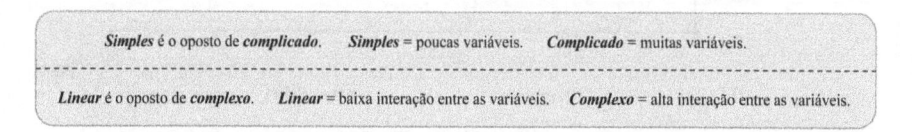

Figura 7.5 – Simples, Complicado, Linear e Complexo

Os dois tipos de sistemas podem se combinar e formar quatro possibilidades de realidades, as quais são bastante diversas e exigem abordagens diferentes. Observe o quadro com essas possibilidades:

	Interação entre as variáveis	
Número de variáveis	Linear	Complexo
Simples	Quadrante SL (simples e linear)	Quadrante SC (simples e complexo)
Complicado	Quadrante CL (complicado e linear)	Quadrante CC (complicado e complexo)

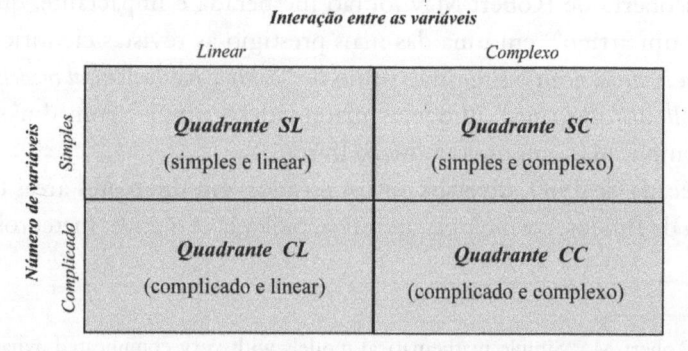

Figura 7.6 – Possibilidades de Complexidade

O primeiro quadrante, simples e linear (SL), representa os sistemas para os quais fomos treinados a lidar desde cedo na escola. Tabuada, regra de três, proporções são as ferramentas básicas nesse modelo. Há apenas uma ou algumas poucas variáveis que possuem baixa interação entre si. Em geral, os modelos científicos se enquadram nesse tipo de sistema. Esse é o quadrante no qual foi desenvolvida toda a teoria das finanças neoclássicas.

O segundo quadrante, complicado e linear (CL), não difere muito do primeiro, apenas no fato que possui mais variáveis. Contudo, a proporcionalidade e a previsibilidade continuam sendo possíveis. Um exemplo desse sistema é pilotar um avião. A pilotagem é complicada, demanda o conhecimento e atenção de dezenas de variáveis, tanto que se demora alguns anos para formar um piloto qualificado. Contudo, a interação entre as variáveis é baixa, o avião foi projetado para ser um sistema linear, previsível para facilitar o trabalho do piloto e naturalmente evitar acidentes.

O terceiro quadrante, simples e complexo (SC), pode parecer uma certa contradição em um primeiro olhar, mas tem se mostrado cada vez mais repleto de situações nas últimas décadas. Um exemplo interessante é justamente da lagoa de peixes idealizada por Robert May na década de 1970, discuta anteriormente.

Nesse sistema há poucas variáveis (simples), mas com grande interação entre elas, o que leva a um comportamento complexo. A previsibilidade é baixa e não há proporcionalidade, pelo menos não no sentido dos modelos lineares que aprendemos na escola.

Por fim o quarto quadrante, complicado e complexo, é o mais desafiador. Há muitas variáveis com grande interação entre si. Não é possível fazer previsões e não há proporcionalidade. Em outras palavras, todo o ferramental matemático e lógico para o qual as pessoas são formadas na universidade é, bem, pouco útil, para dizer o mínimo. Os teóricos da complexidade argumentam que o mundo real é habitado majoritariamente por esse tipo de sistema.

Se diversas Ciências Naturais haviam aceitado que estavam lidando com sistemas complexos e que precisariam de novas abordagens e novas técnicas para lidar com sistemas extremamente desafiadores, como as Ciências Sociais deveriam lidar como isso? Essa pergunta nos leva ao genial matemático francês Benoit Mandelbrot e seus fractais.

CAPÍTULO 8.
A curva normal não é o acontecimento mais normal em finanças

Benoit Mandelbrot nasceu em 1924, filho de pais lituanos que viviam em Varsóvia, na Polônia. Embora seu pai fosse um empresário, possuía dois tios que trabalhavam no meio acadêmico. A família emigrou para a França e viveu diversas aventuras para escapar dos nazistas durante a Segunda Guerra Mundial.

Em 1944, ele foi aceito em uma das escolas preparatórias de maior prestígio em Paris. Depois de ir bem nos exames, ele ganhou acesso a várias grandes *écoles* (universidades de maior prestígio da França) incluindo a mais seletiva de todas, a *École Normale Supérieure*.

Ele frequentou a *École Normale Supérieure* por dois dias antes de decidir que não suportaria a vida da teoria pura. Gostava muito dos problemas do mundo real para tanto. Mandelbrot se transferiu para a *École Polytechnique*, uma universidade mais aberta às aplicações práticas.

Mandelbrot era um revolucionário e sua carreira acadêmicas sempre seguiu caminhos pouco convencionais. Como Bachelier fizera no início do século XX, Mandelbrot fez perguntas que nunca antes haviam ocorrido a ninguém com as suas habilidades matemáticas e encontrou respostas que mudaram a forma como os cientistas enxergavam o mundo.

Uma dessas excentricidades com a qual se deparou foi a pergunta de qual seria a extensão do litoral da Grã-Bretanha. Parece uma questão simples, ou pelo menos uma que poderia ser facilmente resolvida por uma equipe competente de agrimensores. A questão, contudo, é mais complicada do que parece. Há uma sutileza que faz toda a diferença, conhecida como o paradoxo do litoral. Para descobrir o comprimento de um litoral, você precisa tirar algumas medidas, provavelmente com algum tipo de régua. O tamanho da régua, que deveria ser algo irrelevante, é determinante para o resultado obtido.

O ponto fundamental, novamente é se estamos lidando com estruturas lineares ou complexas. Para estruturas lineares o tamanho da régua, também conhecido como "abertura do compasso" não importa, a partir de um grau mínimo de confiabilidade. Contudo, para estruturas complexas, faz toda a diferença, pela sua propriedade geométrica de autossimilaridade, a qual Mandelbroit batizaria, na década de 1970, com o nome de fractais.

A palavra fractal possui como base a palavra em latim *fractus* e o verbo *frangere* que significam quebrar em frações. Os fractais são uma forma geométrica diferente da geometria clássica, também conhecida como geometria euclidiana, a fim de permitir o estudo de objetos complexos, os quais não poderiam ser modelados pela geometria clássica.

A geometria fractal se forma por autossimilaridade. O termo autossimilaridade, significa a forma geométrica que mantém sua estrutura intrínseca em todas as escalas[66]. Alguns exemplos na natureza são flocos de neves, árvores, galáxias, clusters de galáxias e costas marítimas de países.

Para compreender o conceito, imagine uma forma linear, bem conhecida da geometria clássica, o círculo com diâmetro de 1.000 km. Qual o seu perímetro, ou seja, a "extensão do seu litoral"? Aprendemos na escola que esse é um cálculo relativamente simples, basta multiplicar o diâmetro pela constante π (aproximadamente 3,14). Isso é verdadeiro, e por se tratar de uma figura linear, basta que se tenha uma precisão mínima para que funcione[67]:

---

[66] MITCHELL, Melanie. *Complexity* – a guided tour. New York: Oxford Press, 2009.
[67] VON WANGENHEIM, Aldo et al. "Técnicas de análise de imagem utilizando fractais". UFSC. Disponível em: < http://www.inf.ufsc.br/~aldo.vw/visao/2000/fractais/index.html>. Acesso em: 16 abr. 2021.

Abertura do compasso (precisão)	Perímetro do Círculo
500,00 km	3.000 km
258,82 km	3.106 km
130,53 km	3.133 km
65,40 km	3.139 km
32,72 km	3.141 km
16,36 km	3.141 km

Figura 8.1 - Perímetro do Círculo

A convergência do valor do perímetro do círculo para 3.141 km (π vezes diâmetro), quando a "abertura do compasso", ou seja, a precisão da medida é suficiente para tal.

Em figuras simples como o círculo, existe um valor de perímetro "correto" que independe da escala de mediação, necessitando-se apenas de determinado grau de precisão mínima para atingi-lo. Ao aproximar-se de tal precisão, observa-se que o perímetro do círculo converge rapidamente para seu valor efetivo de 3.141 km.

Nos objetos complexos, por outro lado, o perímetro ou comprimento dos lados depende da precisão utilizada, já que as estruturas tendem a fractais, ou seja, não convergem para um determinado valor pela propriedade de autossimilaridade.

Em 1905 o matemático sueco Hedge von Koch descreveu uma construção geométrica que lembrava um floco de neve. A chamada curva de Koch, é considerado um fractal regular, pois a equação que deu origem à sua criação é conhecida. Observe o surgimento geométrico da curva de Koch:

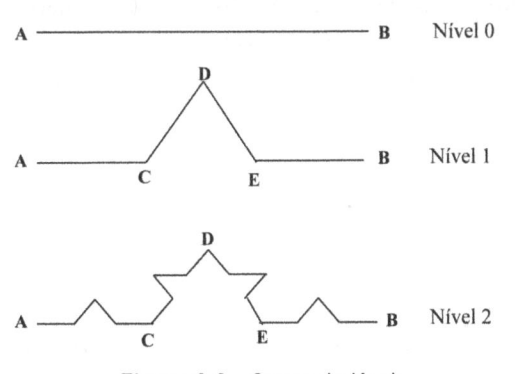

Figura 8.2 - Curva de Koch

A curva de Koch é construída partindo-se de um segmento de reta de comprimento unitário, divide-se este em três partes, substituindo a parte central por uma espécie de "V" invertido.

O comprimento da curva resultante, por construção, será quatro terços do comprimento inicial. Cada "lado" da curva pode ser visto como uma versão rotacionada e escalada do segmento inicial, podendo-se aplicar novamente o processo descrito.

A cada estágio do processo, o comprimento aumenta de um fator 4/3, assim, no estágio "k", o comprimento total da curva será $L(k) = (4/3)^k$. Repetindo-se indefinidamente o processo, que matematicamente equivale a k tendendo ao infinito, o comprimento tende ao infinito, mas isso sem extrapolar os limites da figura 8.3:

Nível	Fator Fractal	Cálculo (L)	Valor de (L)
0	4/3	$(4/3)^0$	1,00
1	4/3	$(4/3)^1$	1,33
2	4/3	$(4/3)^2$	1,78
3	4/3	$(4/3)^3$	2,37
4	4/3	$(4/3)^4$	3,16
k (infinito)	4/3	$(4/3)^k$	Infinito

Figura 8.3 - Construção da Curva de Koch

A Curva de Koch demonstra a propriedade de autossimilaridade geométrica, a qual é parte de objetos complexos, como fractais.

Naturalmente, os fractais são uma construção matemática teórica, porém sua propriedade de autossimilaridade pode ser aplicada a formas geométricas complexas reais, pelo menos de modo aproximado, como a costa marítima da Grã-Bretanha[68]:

---

[68] MITCHELL, Melanie. *Complexity* – a guided tour. New York: Oxford Press, 2009, página 106.

Abertura do compasso (precisão)	Comprimento do litoral da Grã-Bretanha
500 km	2.600 km
100 km	3.800 km
54 km	5.770 km
17 km	8.640 km

Figura 8.4 – Comprimento do litoral da Grã-Bretanha

No caso do litoral da Grã-Bretanha, diferentemente do círculo, seu comprimento não converge quando se amplia a precisão da mensuração, ao contrário, o valor do comprimento também aumenta. Tal resultado deve-se à propriedade fractal de autossimilaridade, as rusgas do litoral são "linearizadas" em precisão, mas demonstram melhor sua verdadeira extensão com maior precisão.

Apesar dos fractais em sua concepção matemática pura nunca convergirem, nas aplicações empíricas reais não existem fractais perfeitos, mas formas que se aproximam de estruturas fractais – *fractal like* (similares a fractais). Uma vez que não há uma equação conhecida a partir da qual foi criado, o litoral da Grã-Bretanha é considerado um fractal aleatório, ou seja, foi forjado aleatoriamente pelas forças da natureza.

O litoral da Grã-Bretanha demora muito mais que uma figura simples como um círculo, a convergir para um valor, mas acaba por fazê-lo por não ser um fractal perfeito. Oficialmente o litoral oficial da Grã-Bretanha possui a distância[69] de 12.500 km.

Mandelbrot abordou o paradoxo do litoral em um artigo[70] em 1967 de forma muito inovadora. Foi uma de suas primeiras tentativas de descrever uma forma fractal – como, de fato, litoral acaba sendo, embora ele só fosse cunhar o termo fractal em 1975.

Muitas vezes na ciência e na vida, as habilidades certas, no lugar certo fazem toda a diferença. Esse era definitivamente o caso para Mandelbrot: após uma certa desilusão com o trabalho de professor universitário, aceitou

---

[69] UKCOASTGUIDE. *Site de informações sobre a costa litorânea da Grã-Bretanha*. Disponível em: <http://www.ukcoastguide.co.uk>. Acesso em: 14 abr. 2021.

[70] MANDELBROT, Benoit. How long is the coast of Britain? Statistical self-similarity and fractional dimension. *science*, v. 156, n. 3775, p. 636-638, 1967.

prontamente uma oferta de trabalho da IBM em 1958, como cientista da divisão de pesquisas da empresa.

Um dos objetivos principais da divisão de pesquisa da IBM era encontrar aplicações para os computadores mais novos e potentes da empresa. Na atualidade parece óbvio a imensa quantidade de aplicações potenciais para um computador rápido. Na década de 1950 isso passava longe da trivialidade, era necessário mostrar aos clientes da IBM como poderiam utilizar de forma produtiva para seus negócios os computadores, e assim justificar os imensos gastos que os clientes teriam para sua aquisição.

Mandelbrot foi designado para trabalhar com dados econômicos. Os seus superiores esperavam que, se ele pudesse mostrar que computadores poderiam ser úteis para análises econômicas, bancos e fundos de investimento se convencessem a adquirir equipamentos IBM. Especificamente Benoit estava analisando dados que descreviam as distribuições de renda em toda a sociedade.

Estudar a distribuição de renda não era propriamente uma novidade na teoria econômica, já havia sido realizada pelo famoso engenheiro e economista italiano Vilfredo Pareto, em 1897.

Analisando uma série de dados, de diversas fontes, o que era bastante difícil em fins do século XIX, Pareto descobriu que a renda não se distribuía de forma uniforme pela sociedade. Na verdade, era justamente o contrário, algo como 20% da população controlava 80% da renda.

Os dados pareciam muito consistentes, mantendo-se essa distribuição ao longo de muitos anos. Percebeu ainda que essa distribuição concentrada se aplicava a diversos outros fenômenos, além da renda.

Essa distribuição ficou famosa, entrando na cultura geral: muitas vezes nos referimos ao "princípio de Pareto" ou "lei de Pareto" para nos referirmos a esse fenômeno. Por vezes é ainda mais direta a conexão, simplesmente falamos do "princípio 80-20", em alusão justamente aos números descritos por Pareto.

Para representar essa distribuição, uma forma usual é construir um gráfico com o número de pessoas acumuladas em um eixo, em relação à renda acumulada em outro eixo:

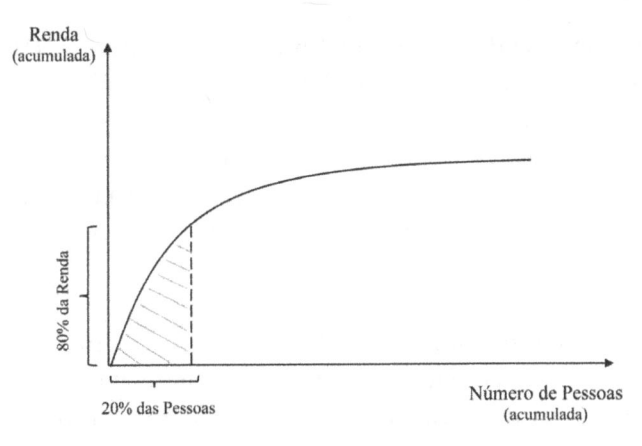

Figura 8.5 – Curva de Pareto para a renda

Um pequeno número de pessoas, apenas 20% delas, concentram 80% de toda a renda acumulada desse país. A área sombreada representa essas pessoas "ricas" e o montante de sua renda.

Tudo isso já seria uma grande contribuição, mas a maior surpresa que Pareto descobriu foi que essa divisão 80-20 se aplicava também à sua própria curva!

Explicando melhor, digamos que em uma país imaginário possua 1000 habitantes com uma renda total de $ 1 milhão. Pela descoberta de Pareto, 200 habitantes ficariam com $ 800 mil de renda (vamos chamá-los de ricos), enquanto os outros 800 habitantes dividiriam os $ 200 mil da renda restante (vamos chamá-los de pobres).

Considere agora apenas os 200 habitantes ricos. Para esse grupo também se aplica o princípio de Pareto, os 80-20. Essa foi a maior surpresa para o economista. Desses 200 habitantes, 20%, ou seja, 40 habitantes (20% de 200 habitantes) concentram 80% da renda, ou seja $ 640 mil (80% de $800 mil de renda). Temos agora o grupo dos "super-ricos" com 40 habitantes.

Analisando apenas os "super-ricos" novamente o princípio se repete! Desses 40 habitantes, 20%, ou seja, 8 pessoas (20% de 40 habitantes) ficam com 80% da renda do grupo, portanto $ 512 mil (80% de $ 640 mil de renda), formando o grupo dos "ultra-ricos".

E o processo continua. Pareto ficou muito surpreso com essa recorrência do fenômeno dentro da sua própria distribuição, mas acabou não dando um nome específico ao intrigante fenômeno. Mandelbrot observou o mesmo fenômeno e atribui o nome de fractal.

A distribuição de Pareto possui propriedades fractais, para usar o termo contemporâneo cunhado por Mandelbrot, que estava explorando essas propriedades matemáticas.

Por conta de suas pesquisas em Economia, em 1961 Mandelbrot foi convidado para dar uma palestra em Harvard[71]. Ao chegar na universidade, teve uma grande surpresa. No escritório do seu anfitrião, o professor Hendrik Houthakker, observou um gráfico na lousa.

Esse gráfico era bastante peculiar e chamou a sua atenção. Era bastante convexo, no formato de um "V" virado para a direita. Era basicamente igual ao gráfico que Mandelbrot iria apresentar na palestra, que questionou Houthakker se ele havia tido contato com o seu material anteriormente.

O anfitrião de Harvard ficou confuso e apenas respondeu que não sabia do que Mandelbrot estava falando, o gráfico na sua lousa era sobre os preços de algodão.

Isso intrigou profundamente Mandelbrot, como seria possível que o mesmo gráfico representasse distribuição de renda e preços do algodão? Deveria haver algo de especial nisso.

Ao mesmo tempo Houthakker confidenciou que estava farto de lidar com isso: havia grande variação nos preços, a volatilidade ficava variando ao longo do tempo. Em alguns anos das análises os preços ficavam quase estáveis, em outros ficavam descontrolados. Nenhuma ferramenta estatística que ele conhecesse conseguia sequer chegar próxima de resolver esse mistério.

Mandelbrot assumiu essa análise. Alguns avanços matemáticos foram necessários, mas o ponto-chave para a interpretação foi que os preços do algodão não seguiam uma distribuição normal, bem-comportada, com as "caudas finas", ou seja, baixa probabilidade de eventos distantes da média. Na verdade, eles estavam muito mais próximos de uma distribuição concentrada, no estilo de Pareto, conhecida no jargão técnico como distribuição de leis de potência. Historicamente a distribuição de Pareto foi a primeira lei de potência descoberta.

---

[71] MANDELBROT, Benoit B.; HUDSON, Richard L. The (mis) behaviour of markets: a fractal view of risk, ruin and reward. Basic books, 2004.

Outra forma de compreender a grande diferença entre a curva normal e as distribuições de lei de potência é por meio dos seus gráficos:

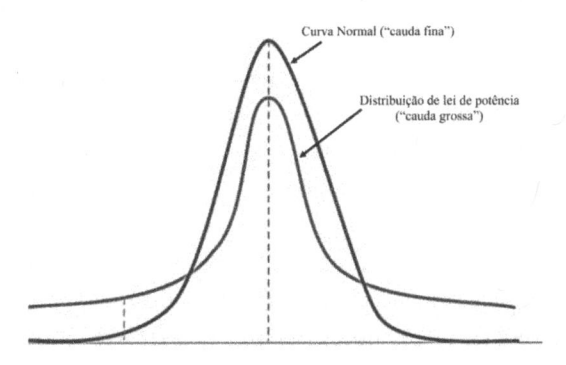

Figura 8.6 – Curva Normal e Distribuição de "cauda grossa"

Eventos longe da média, aqueles na "cauda" da distribuição são altamente improváveis na curva normal, que se concentra fortemente nos arredores na média, possuem a cauda fina. Já na distribuição de lei de potência, a cauda é bem mais grossa, indicando que eventos longe da média, apesar de não serem propriamente corriqueiros, são bem mais prováveis que na curva normal.

Para ilustrar quão diferente podem ser essas distribuições, em seu livro "A lógica do Cisne Negro"[72], Nassim Taleb (mais sobre ele ainda nesse livro), cujas ideias concordam muito com as de Mandelbrot, sugere um exercício de construir uma distribuição de renda de um país de forma gaussiana (curva normal) e fractal. Os resultados foram:

Riqueza Pessoal (milhões de euros)	Distribuição Gaussiana	Distribuição Fractal
Maior que 1	1 em 63	1 em 63
Maior que 2	1 em 127.000	1 em 125
Maior que 4	1 em 14×10^9	1 em 250
Maior que 8	1 em $8,8 \times 10^{17}$	1 em 500
Maior que 16	1 em 16×10^{33}	1 em 1.000

Figura 8.7 – Distribuição Fractal

---

[72] TALEB, Nassim N. *A lógica do cisne negro* – o impacto do altamente improvável. Rio de Janeiro: Bestseller, 2009.

Nesse hipotético país europeu, a probabilidade de encontrar-se uma pessoa com riqueza pessoal superior a um milhão de euros é de 1 para 63.

Extrapolando-se essa probabilidade para riquezas maiores, segundo a distribuição gaussiana, os resultados ficam distantes da realidade, uma vez que existem multimilionários em todos os países europeus, algo que essa distribuição, indicaria ser praticamente impossível.

Para valores maiores que quatro milhões de euros, a probabilidade seria uma em 14 bilhões de pessoas, algo praticamente impossível já que a população de todo o planeta gira em torno de 8 bilhões de pessoas.

Por outro lado, a distribuição fractal apresenta valores mais próximos da realidade, nesse caso, do que a distribuição de Gauss, com probabilidade de 1 em 250 pessoas para valores maiores que quatro milhões de euros.

Na verdade, o problema não está na curva de Gauss em si, a qual é matematicamente coerente e correta, mas em aplicações equivocadas dessa curva. Na distribuição proposta, a curva de Gauss teria uma média de 10 mil euros e um desvio-padrão de 500 mil euros.

Nesse contexto, a curva normal não é realmente uma boa forma de modelar a distribuição, a qual poderia ser melhor modelada por uma distribuição fractal.

A afinidade entre as ideias de Taleb e Mandelbrot é grande o suficiente para terem publicado um artigo[73] juntos no prestigioso *Financial Times* criticando esse uso indiscriminado e com pouca fundamentação na realidade, da curva normal em finanças.

De qualquer forma, os economistas e financistas, ao lidar com preços de mercado, em geral partiam do pressuposto que esses preços se comportavam como uma curva normal, se concentrando ao redor da média. Mandelbrot postulou que não era bem assim e eventos de cauda eram bem mais prováveis do que a curva normal indicaria.

Uma forma simples de ilustrar o argumento de Mandelbrot é analisar as cotações diárias dos índices das bolsas de valores. Observe os dados de um dos principais índice de ações dos Estados Unidos, o Standard&Poors 500 (S&P 500), em um período de 10 anos, entre abril de 2008 e de 2018:

---

[73] MANDELBROT, Benoit; TALEB, Nassim. A focus on the exceptions that prove the rule. *Financial Times*, v. 23, n. 3, 2006.

> No **mercado dos EUA (S&P500)** entre abril de 2008 e de 2018, com 2.518 pregões:
> - Alta acumulada de **+93%**
> - Sem os 10 piores dias (0,4% dos dias) a alta seria de **+305%**
> - Sem os 10 melhores dias o retorno seria de **-3%**

Figura 8.8 – Distribuição de "cauda grossa" nos EUA

No período ocorreram 2.518 pregões, ou seja, dias de bolsa funcionando. Alguém que tivesse investido no primeiro dia e mantivesse o investimento inalterado até o último dia, teria recebido um retorno positivo de +93%.

Se as cotações obedecessem a uma curva normal, seria esperado que as variações diárias quase sempre fossem próximas à média e que aquelas poucas que fossem mais distantes, individualmente, não trouxessem grande impacto para o resultado final. Em poucas palavras: seria uma distribuição de cauda fina.

Claramente não foi isso que aconteceu. Retirando-se pouquíssimos dia, especificamente os 10 piores do período, portanto apenas 0,4% dos pregões (10 dividido por 2.518) o resultado se modifica completamente, mais que triplicando o retorno positivo para +305% frente aos 93% do período total!

De forma mais interessante ainda, a mesma lógica vale para os 10 melhores dias, sem os quais o retorno positivo original de todo o período de +93% se tornam um retorno negativo, uma perda de -3%.

A interpretação é que os eventos de cauda são extremamente relevantes nessa distribuição, fazendo toda a diferença no resultado final. O mercado de ações se comportou como uma distribuição de lei de potência, com caudas grossas de ambos os lados, não como uma curva normal.

Os resultados dessa análise para o mesmo período no Brasil, por meio do Índice Bovespa, apresentam uma conclusão muito semelhante:

> No **mercado brasileiro (Ibovespa)** entre abril de 2008 e de 2018, com 2.474 pregões:
> - Alta acumulada de **+31%**
> - Sem os 10 piores dias (0,4% dos dias) a alta seria de **+216%**
> - Sem os 10 melhores dias o retorno seria de **-46%**

Figura 8.9 – Distribuição de "cauda grossa" no Brasil

No período, no Brasil, ocorreram 2.474 pregões, ou seja, menos que nos Estados Unidos, pois o Brasil possui mais feriados. Alguém que tivesse investido no primeiro dia e mantivesse o investimento inalterado até o último dia, teria recebido um retorno positivo de +31%.

Excluindo-se os 10 piores dias de pregão, novamente apenas 0,4% dos dias, o resultado se amplia em incríveis sete vezes para +216%. Da mesma forma, a exclusão dos 10 melhores dias, transforma um resultado positivo de +31% em uma perda de − 46%. Os eventos de cauda são ainda mais significativos e impactantes no Brasil que nos Estados Unidos no período analisado. A distribuição de lei de potência também se aplica claramente melhor que a curva normal para o Ibovespa.

Esse tipo de análise, confirmada durante as últimas duas décadas, em diversos mercados financeiros ao redor do mundo quase não deixam margem para dúvida que a curva normal não é uma boa representação dos mercados. As distribuições de leis de potência se ajustam muito melhor aos números.

Na verdade, era até um pouco mais complexo que isso. Ainda em 1967, Mandelbrot publicou um artigo[74] com Howard Taylor, no qual argumentavam que mudanças de preços envolvendo um número fixo de transações até podem ter uma distribuição gaussiana, serem regidas por uma curva normal.

Contudo, mudanças de preços em um período de tempo fixo podem seguir uma distribuição de Pareto estável, cuja *variância é infinita*. Visto que o número de transações em qualquer período de tempo é aleatório, as duas formas podem conviver e se alternar ao longo do tempo.

Em outras palavras, as distribuições dos preços de ativos financeiros ou ativos econômicos pode ter uma dinâmica complexa, alternando momentos de certa estabilidade (curva normal) com momentos de muita instabilidade. Algo como um paralelo com a lagoa de peixes de Robert May, que nunca estabilizaria a sua população.

Tudo isso era um problema sério para as finanças neoclássicas. Todos os seus modelos centrais, Markowitz, CAPM, Black-Scholes-Merton eram baseados na curva normal. Mandelbrot, de forma singela, estava dizendo

---

[74] MANDELBROT, Benoit; TAYLOR, Howard M. On the distribution of stock price differences. *Operations research*, v. 15, n. 6, p. 1057-1062, 1967.

que toda a matemática utilizada nas finanças neoclássica era basicamente inútil e precisaria ser revista.

Era mais do que apenas rever, na verdade. A "variância infinita" da distribuição de lei de potência, a qual ser refere Mandelbrot, simplesmente impede qualquer aplicação da teoria da carteira de Markowitz, já que, nesse caso, o risco, medido justamente pela variância, seria infinito.

O mesmo raciocínio valeria para o CAPM, com risco infinito os preços deveriam ser, bem, infinitos para compensar o risco. Seria inviável comprar ou vender qualquer ativo. Por fim, no modelo Black-Scholes-Merton os preços das opções deveriam ser infinitos para compensar a infinita volatilidade. O modelo se torna inútil.

Era realmente um problema sério para as finanças neoclássicas, mas que foi simplesmente ignorado por um bom tempo. Por um lado, Mandelbrot estava quase sozinho em seu pioneirismo, o que permitia aos financistas e economistas mais ortodoxos argumentar que não jogariam fora todo um instrumental estatístico desenvolvido durante anos pelas críticas de apenas um matemático, e ainda mais considerado excêntrico por muitos deles.

Além disso, as finanças neoclássicas enfrentavam problemas ainda maiores, nem tanto por críticas de pesquisadores considerados *outsiders*, de fora do âmbito das finanças, mas principalmente pela revisão proposta por alguns *insiders*, grandes estrelas históricas das finanças neoclássicas.

CAPÍTULO 9.
Sinais dos tempos

Em 1979, pouco após ter seu famoso artigo sobre a Teoria da Perspectiva publicado, Daniel Kahneman e Amos Tversky foram visitar Richard Thaler na Universidade de Rochester, o qual convidou-os para um jantar com outros professores[75].

Não se sabe se foi por mero acaso, ou se Thaler o fez propositalmente, talvez até para provocar um intrigante debate entre eles, mas o fato é: colocou Amos sentado ao lado de Michael Jensen, um dos maiores defensores da eficiência de mercado.

Se foi de propósito, funcionou exatamente conforme o esperado: Tversky mordeu a isca de Thaler e não resistiu a questionar Jensen, de forma sutil e ardilosa, indagando como a esposa de Jensen tomava decisões, o qual não teve o menor pudor em relatar diversas histórias de seu comportamento irracional.

Tversky, continuando suas investidas, perguntou a Jensen o que ele achava do presidente dos Estados Unidos à época, Jimmy Carter, o qual respondeu que o considerava um idiota. E quanto à atuação do Banco Central dos Estados Unidos? Jensen achava que estavam equivocadas.

---

[75] FOX, Justin. The Myth of the Rational Market: a history of risk, reward and delusion on Wall Street. New York: HarperCollins, 2009, página 191.

Amos continuou perguntando sobre diversos outros atores econômicos e financeiros importantes, para os quais Michael quase sempre tinha repostas negativas e criticava a sua irracionalidade.

Então Tversky aplicou o que pensou ser o seu golpe final e perguntou: "Deixe-me ver se entendi direito, quando falamos sobre indivíduos, especialmente formuladores de políticas públicas, todos eles cometem erros graves em suas decisões. Mas, em conjunto, todos eles estão certos?"

A resposta de Jensen foi até certo ponto desconcertante, ainda que ele com toda certeza acreditasse totalmente nela. Foi algo como: "Bem Amos, você simplesmente não entende."

Para os teóricos das finanças neoclássicas, toda sorte de irracionalidade, erros e desacertos lógicos individuais eram simplesmente irrelevantes. Por mais graves e absurdos que fossem os erros individuais, o mercado como um todo certamente os corrigiria pela inexorável atuação dos investidores espertos, o antigo argumento dos arbitradores de mercado, que ganhariam dinheiro justamente corrigindo essas irracionalidades.

Na verdade, não importava nem que mesmo que os arbitradores fossem minoria numérica, frente a uma grande maioria de investidores irracionais. Os arbitradores venceriam sempre, pois não havia limite para a quantidade de dinheiro que poderiam ganhar. Poderiam arbitrar o quanto fosse necessário, afinal estavam aumentando sua riqueza. Já os irracionais, como estariam perdendo dinheiro, estariam limitados a dilapidar seu patrimônio total, ou seja, em algum momento precisariam declarar falência e parar de atuar.

Nessa visão, resumindo, as forças de mercado, comandadas pelos arbitradores racionais, corrigiriam os erros individuais dos investidores irracionais, pela simples e direta lógica do lucro e ponto final. Logo tudo que Tversky e os defensores das finanças comportamentais traziam como evidência da não eficiência de mercado era, na verdade, irrelevante, simplesmente não provava nada.

Jensen não estava sozinho em sua ferrenha defesa da eficiência de mercado, na verdade, esse era o padrão. Em um caso famoso e muito ilustrativo dessa conduta, em 1985, Andrei Shleifer, do MIT, reuniu o que considerou serem dados convincentes para refutar a hipótese do mercado eficiente.

Ele descobriu, analisando dados a partir de 1976, que quando novas ações eram adicionadas ao S&P 500, seus preços quase sempre subiram em relação ao resto do mercado. Contudo, nada mais havia mudado nos fundamentos dessas empresas, seu lucro, ativos, dívidas, receitas eram absolutamente os mesmos. Em outras palavras, o seu valor intrínseco não havia mudado nem um centavo. Em um mercado eficiente, isso deveria ser impossível[76].

Shleifer apresentou suas conclusões na reunião anual da *American Finance Association*. Na liturgia dessa associação, outro professor era convidado para criticar o artigo. Dessa vez, foi ninguém menos que Myron Scholes, que seria um futuro vencedor do Nobel de Economia pela sua fórmula de precificação de opções com Black e Merton.

Quando Shleifer terminou, Scholes começou o seu massacre e disse: "Este artigo me lembra meu rabino em Palo Alto. Meu rabino, quando ele dá seu sermão no sábado, sempre começa com uma pequena história sobre algo que aconteceu com sua família e então generaliza, a partir daquele pequeno episódio, para uma grande lição de moral que valeria para o mundo todo. É isso que me lembra esse artigo, é a economia do rabino."[77]

O tom de deboche de Scholes não poderia ser mais eloquente. Não considera o artigo de Shleifer apenas ruim ou falho, na verdade o julgava completamente irrelevante para a teoria de finanças.

Esse padrão de uma vigorosa defesa do paradigma vigente, como nos casos de Michael Jensen e Myron Scholes, era na verdade o esperado, de acordo com Thomas Kuhn.

Esse magistral filósofo da ciência, em seu livro clássico[78], afirma que a "ciência normal", a atividade em que a maioria dos cientistas inevitavelmente gasta quase todo o seu tempo, é baseada na suposição de que a comunidade científica sabe como o mundo funciona".

Para os defensores das finanças neoclássicas, no caso, paradigma da "ciência normal" nos termos de Kuhn, estava muito claro como o mundo funcionava: o mercado era eficiente. Isso era a sua crença consolidada.

---

[76] SHLEIFER, Andrei. Do Demand Curves for Stocks Slope Down? *Journal of Finance* (July 1986): 579–90.
[77] FOX, Justin. The Myth of the Rational Market: a history of risk, reward and delusion on Wall Street. New York: HarperCollins, 2009, página 247.
[78] KUHN, Thomas. *A Estrutura das Revoluções Científicas*. São Paulo: Perspectiva, 5º edição, 1998.

Kuhn continua seu raciocínio, postulando que "muito do sucesso desse empreendimento científico deriva da vontade da comunidade científica em vontade de defender as suas premissas básicas, mesmo a um custo considerável, se necessário".

Ataques externos ao paradigma, vindos de pessoas consideradas *outsiders*, muito provavelmente estão condenados ao fracasso. Somente quando anomalias, difíceis de explicar, começam a surgir dentro do paradigma da ciência normal é que a mudança se torna possível.

Até o início da década de 1990, os teóricos da complexidade, como Benoit Mandlebroit, ainda que respeitados nas Ciências Naturais, eram considerados *outsiders* pelos defensores das finanças neoclássicas.

Além da teoria ser considerada, digamos, exótica, com seus fractais, efeito borboleta e dinâmica complexa, havia ainda, no mínimo, uma dúvida razoável se a racionalidade dos agentes econômicos e financeiros não poderia produzir mesmo algo próximo de uma curva normal, como apregoavam os modelos clássicos de Markowitz, o CAPM e o Black-Scholes-Merton. Afinal – raciocinavam os acadêmicos das finanças neoclássicos – agentes racionais deveriam ter um comportamento mais previsível que a atmosfera terrestre ou uma lagoa de peixes, simplesmente porque não agiam sob um impulso evolutivo ou das leis físicas, eles possuíam um método de ação previsível, o pensamento *racional*. Para eles a curva normal fazia todo o sentido no ambiente das finanças.

Os propagadores das finanças comportamentais também eram vistos como *outsiders*, bons contadores de histórias, narrativas cativantes até, mas sobre as quais não era possível construir uma teoria sólida. Tentavam fazer das exceções, a regra.

Em 1986 esse ponto foi explicitamente defendido pelo grande Merton Miller, um dos baluartes da escola de Chicago, em um famoso artigo[79], reimpresso e citado incontáveis vezes. Provavelmente foi a defesa mais veemente e citada do para paradigma das finanças neoclássicas de todos.

No artigo, Miller admitia que a psicologia cognitiva pudesse até explicar os motivos pelos quais alguns investidores individuais e corporações fizeram o que fizeram. Mas tais explicações não eram do que as finanças eram feitas.

---

[79] MILLER, Merton H. "Behavioral Rationality in Finance: The Case of Dividends," *Journal of Business* (Oct. 1986): S467.

Não eram o seu objeto de estudo. Não era possível construir os modelos de finanças sobre essas histórias, não porque fossem desinteressantes, ao contrário, porque elas podem ser muito interessantes e assim nos distrair das verdadeiras forças de mercado que deveriam ser nosso verdadeiro foco de preocupação. Resumindo: as finanças comportamentais eram historinhas divertidas, mas irrelevantes.

Nesse contexto os defensores das finanças neoclássicas resistiam. Conservaram suas crenças de forma quase intacta, rebatendo seus detratores, os quais consideravam *outsiders* que não entendiam o que eram *realmente* as finanças. Como bem observara Kuhn, apenas *insiders* investigando anomalias que desafiavam o paradigma teriam uma chance verdadeira de abalá-lo. E foi o que aconteceu em 1991.

Se as finanças neoclássicas fossem uma igreja, provavelmente Eugene Fama seria o seu papa, ou, no mínimo, um dos cardeais mais importantes. A sua influência e prestígio nessa escola eram indiscutíveis.

Desde fins da década de 1970, passando por toda a década de 1980, Fama estava basicamente sem se manifestar academicamente sobre a batalha entre as finanças comportamentais e as neoclássicas.

Então, em 1991 os editores do *Journal of Finance*, o mais prestigioso periódico de finanças, solicitaram que Fama fizesse uma revisão sobre a teoria da eficiência de mercado, aquela mesma que havia feito a sua carreira.

Fama publicou um artigo[80] que começava com uma afirmação interessante e até bem-humorada: "Sequências raramente são tão boas quantos os originais...", apesar de defender que o mercado, no geral, era eficiente, fazia algumas concessões, como admitir que a crítica de Sanford Grossman e Joseph Stiglitz estava correta e a forma forte da hipótese de mercado eficiente não poderia ser verdade. Devia ser possível vencer o mercado usando informações privadas, ou então ninguém se daria ao trabalho de gastar dinheiro coletando informações no mercado, o que claramente o inviabilizaria.

---

[80] FAMA, Eugene F. Efficient capital markets: II. *The journal of finance*, v. 46, n. 5, p. 1575-1617, 1991.

Apesar da forma forte ser, bem, forte demais (?) para ser verdadeira, Fama ainda considerava a forma fraca (incorporação de informações passadas) e a forma semiforte (velocidade com que as ações reagiam a novas informações) perfeitamente factíveis com os mercados na vida real.

Fama recrutou um colega mais jovem de Chicago, Kenneth French para testar novamente a sua hipótese de eficiência original da década de 1970. Os resultados, publicados em um artigo que virou um clássico[81], não eram bons. Fama e French examinaram dados de mercado de 1941 a 1990, e concluíram que o beta simplesmente não explicava adequadamente os resultados do retorno das ações, ou, pelo menos, não sozinho.

Esses resultados provocaram abalos sísmicos, verdadeiros terremotos entre os defensores das finanças neoclássicas. A crítica não vinha mais de um *outsider*, o que permitia uma leniência com ela, afinal *outsiders* não entendiam realmente o que eram as verdadeiras finanças, certo? O mesmo não podia ser dito de Fama e French, dois insuspeitos *insiders* de Chicago.

Para um observador externo menos atento poderia parecer que Fama, o papa da igreja da eficiência de mercado estava afirmando que o deus mercado onipotente e onisciente estava morto. Mas não era esse o caso. A verdade é que o papa Eugene Fama continuava acreditando no deus mercado eficiente, ele estava mesmo questionando as escrituras sagradas do CAPM. Propôs que elas fossem reescritas para que pudessem representar verdadeiramente o deus mercado eficiente.

A grande questão de fundo é que não é possível testar a eficiência de mercado diretamente. Para medi-la é necessário algum modelo de equilíbrio, de precificação de ativos. Desde a décadas de 1970 esse modelo utilizado era o CAPM.

Portanto, é sempre um teste conjunto entre a eficiência em si e o modelo de medição dessa eficiência, o CAPM. Caso as evidências dos dados não corroborem a eficiência de mercado, há de se ficar na dúvida se o mercado não é mesmo eficiente, ou se simplesmente o modelo que mede a eficiência, o CAPM, não funciona adequadamente.

Entre as duas possibilidades, Fama e French preferiram a segunda, desacreditar no CAPM. Escreveram que: "Somos forçados a concluir que

---

[81] FAMA, Eugene; FRENCH, Kenneth. The cross-section of expected stock returns. *The Journal of Finance*, v. 47, n. 2, p. 427-465, 1992.

[CAPM] não descreve os últimos 50 anos de retorno médio das ações". O desempenho explicativo do beta havia sido robusto apenas durante a década de 1940, o fez os testes originais da década de 1970 darem positivos. A adição de mais dados recentes, das décadas de 1970 e 1980 fizeram os resultados ficarem negativos.

Então, com esses resultados em mãos, Fama e French, o papa e o bispo, correram para reescrever as escrituras sagradas, o CAPM, por algo novo, uma nova bíblia, capaz de salvar o deus mercado eficiente nos testes.

Fama e French descobriram que dois outros fatores, além do beta eram relevantes: as empresas com baixa capitalização de mercado, ou seja, as empresas de menor porte na bolsa (no jargão técnico chamadas de *small caps*) e os baixos índices de preço/valor contábil, no jargão técnico o indicador *price-to-book ratio* entregaram retornos acima do normal entre 1941 e 1990. Combinado com o beta, de fato, essas medidas pareciam "explicar" a maior parte do comportamento do mercado.

Assim, reescreveram a bíblia. A forma de acessar a inteligência do deus mercado eficiente não mais apenas pelo beta do CAPM, mas por uma combinação de três fatores: o próprio beta, o porte das empresas e o índice preço / valor contábil. Essa combinação ficou conhecida como o "modelo dos três fatores de Fama e French".

A fraqueza do modelo dos três fatores não estava na estatística, mas na sua explicação teórica.

O beta faz muito sentido teórico como um fator de risco. Já os outros dois fatores, o porte da empresa e o índice preço/valor contábil são bem mais difíceis de justificar enquanto fatores de risco.

Fama e French até tentaram explicar. Argumentaram que se os preços das ações forem racionais, o *book-to-price ratio* deveria ser um indicador direto das perspectivas relativas das empresas. Logo, uma empresa com alta relação *book-to-price* era, portanto, uma empresa arriscada, razão pela qual seus retornos aos investidores eram altos.

Essa é uma explicação, no mínimo, discutível. O problema de se construir uma teoria a partir dos dados é justamente essa. Ela corresponderá aos resultados dos testes (afinal veio deles!), mas a sua explicação teórica pode não ser clara o suficiente. Pode faltar um entendimento mais profundo do que está ocorrendo. Era o que estava acontecendo com o modelo dos três fatores de Fama e French.

Isso não é uma exclusividade da teoria de finanças, ao contrário, é bem comum na ciência. No capítulo 7, discutimos uma situação similar na Física – a Mecânica Quântica.

A teoria da relatividade geral possuía uma forte base teórica. Einstein postulou que nosso universo não seria tridimensional como nossos sentidos indicam, com largura, altura e profundidade apenas. Ele seria formado por quatro dimensões, além das três dimensões espaciais, o tempo funcionaria como uma quarta dimensão, criando um conjunto geométrico que ele chamou de espaço-tempo. Essa geometria complexa permitia explicar a origem da força da gravidade, algo que Newton nunca conseguiu. Na ciência dizemos que essa é uma teoria *elegante*. Ela parte de uma base teórica, a geometria em quatro dimensões, no caso, e baseado nela explica muitos fenômenos observados nos dados.

A mecânica quântica não é *elegante*. Foi construída com base nos dados, por meio de décadas de pesquisas com cientistas esmagando átomos em aceleradores de partículas cada vez mais potentes e descobrindo novas partículas elementares. Apesar da teoria ser muito útil e naturalmente corresponder aos dados, afinal veio deles, falta uma compreensão teórica mais profunda do seu funcionamento. Isso incomodava muito Einstein, que apesar de ter sido um dos pioneiros na mecânica quântica, acabou por se tornar um crítico dela. Em última análise ele não aceitava uma teoria tão pouco *elegante* quanto ela.

No nosso paralelo com a finanças, o CAPM é um modelo *elegante*. Faz muito sentido teórico o beta ser um fator de risco, afinal ele representa o mercado eficiente. Já o modelo dos três fatores de Fama e French está mais para a mecânica quântica, funciona melhor, mas não possui uma base teórica mais sólida, falta-lhe *elegância científica*.

A porta estava aberta para críticas e revisões ao CAPM. Em 1997, Mark Carhart, propôs um modelo com quatro fatores[82] – os três de Fama e French e um quarto fator, o *momentum* da ação. Como na primeira lei de Newton, as ações tenderiam a ter uma inércia em seu comportamento, quem estava subindo tendia a continuar assim e vice-versa.

---

[82] CARHART, Mark M. On persistence in mutual fund performance. *The Journal of finance*, v. 52, n. 1, p. 57-82, 1997.

Na sua análise, em períodos entre três e doze meses, ações que vinham apresentando um desempenho especialmente bom continuou a fazê-lo, e as ações que vinham apresentando desempenho especial mal continuou a fazê-lo.

Em 2015 os próprios Fama e French revisitaram seu modelo de três fatores e propuseram uma extensão, agora com cinco fatores[83], adicionando a rentabilidade das empresas e o seu nível de investimentos.

Diversos outros pesquisadores entraram na corrida para ampliar os modelos com mais fatores, muitos dos quais, em alguma medida, redundantes em relação aos originais. Enfim, modelos cada vez menos *elegantes*. A beleza das escrituras sagradas do CAPM, seu ideal de *elegância científica* ficava cada vez mais distante no passado.

O mistério acerca do CAPM permanecia: por que aparentemente funcionava em um passado mais distante e não funcionava mais nas décadas mais contemporâneas?

Louis Chan e Josef Lakonishok, utilizando uma longa série de dados, apresentaram uma resposta interessante para essa pergunta. Eles descobriram que o beta realmente funcionou bem ao explicar o comportamento do mercado de ações por um longo tempo, de 1926 até 1982. Só depois de 1982 é que perdeu a sua capacidade de explicar dados.

Chan e Lakonishok propuseram que o que mudou os resultados após 1982 foi justamente a popularização do CAPM e o consequente aumento das estratégias de investimentos utilizando-o como base. A ampla utilização do CAPM, o seu sucesso prático, estava minando a sua capacidade de fazer predições sobre o mercado.

Mas e quanto aos investidores sofisticados, também chamados de arbitradores? De qualquer forma, não deveriam fazer os preços convergirem para o CAPM? A racionalidade não deveria triunfar, pela simples razão que faria os investidores sofisticados lucrarem sobre os *noise traders*?

Esse era um dos pressupostos centrais das finanças neoclássicas – os arbitradores sempre fariam os preços convergirem para seu valor correto.

Andrei Shleifer e Robert Vishny, em um artigo inovador intitulado "os limites da arbitragem", publicado em 1997 no *Journal of Finance,*

---

[83] FAMA, Eugene F.; FRENCH, Kenneth R. A five-factor asset pricing model. *Journal of Financial Economics*, v. 116, n. 1, p. 1-22, 2015.

argumentam que os investidores sofisticados, os arbitradores, nem sempre conseguem levar os preços para seus níveis "corretos", a racionalidade sempre vence.

Isso ocorre, pois os arbitradores na vida real são diferentes daqueles idealizados nos livros-texto de Finanças e Economia.

Na teoria, a arbitragem não envolve riscos, pode ser realizada instantaneamente e não necessita de capital. Contudo, os arbitradores de carne e osso, em geral, precisavam de capital, especificamente empréstimos de baixo custo de bancos para se aproveitar das oportunidades – no jargão técnico operam *alavancados*. Além disso, nada garantia que a arbitragem fosse instantânea, em alguns casos poderia demorar bastante para os preços convergirem, às vezes dias, semanas ou mesmo meses. A arbitragem estava longe de ser uma atividade sem risco.

Shleifer e Vishny[84] argumentaram que exatamente nos momentos em que os mercados estariam mais desalinhados, mais insanos, oferecendo as maiores oportunidades para os arbitradores é que esses falhavam.

Nesse momento, aqueles que ousassem enfrentar a suposta insanidade, fazendo apostas contra ela teriam mais dificuldade em manter seus investidores ou pedir emprestado dinheiro dos bancos, os quais poderiam negar-lhes acesso a capital, pelo risco de perda. Quando a arbitragem requer capital, os arbitradores podem se tornar mais limitados quando têm as melhores oportunidades, ou seja, quando o erro de precificação contra o qual eles apostaram fica ainda pior.

Além disso, o temor desse cenário os deixaria mais cautelosos em realmente investir pesadamente em negociações, e, portanto, menos eficazes em gerar eficiência de mercado.

Tudo isso permite que os *noise traders*, algumas vezes, vençam por longos períodos de tempo. Um exemplo emblemático de como os *noise traders* algumas vezes conseguem causar grandes prejuízos aos arbitradores ocorreu em janeiro de 2021, com a GameStop (veja o Box 9.1).

---

[84] SHLEIFER, Andrei; VISHNY, Robert W. The limits of arbitrage. *The Journal of finance*, v. 52, n. 1, p. 35-55, 1997.

> **Box 9.1 ¾ O Caso GameStop**[85]
>
> A GameStop é uma das redes mais antigas de varejo de games dos EUA. Funciona no modelo tradicional de varejo, da loja que vende consoles, acessórios, brinquedos relacionados aos jogos e afins.
>
> As mudanças no mercado de videogames arrebentaram o negócio da GameStop. a nova geração de consoles (Playstation 5 e Xbox Series X) estão disponíveis em versão *"digital only"*, sem o suporte para mídias físicas e num preço mais acessível. Com o mercado de games migrando cada vez mais para o digital, por meio dos games gratuitos e a comercialização online (você pode comprar qualquer jogo digitalmente na sua conta do Playstation, do Xbox, ou da Steam se estiver usando um PC), a GameStop se tornou decadente. Alie isso à pandemia e às receitas da GameStop caíram 30% no terceiro trimestre de 2020, por exemplo.
>
> Diante disso, vislumbrando um futuro sombrio para a GameStop, alguns fundos de investimentos mais agressivos, como o *hedge fund* Melvin Capital Management, com mais de 2,5 bilhões de dólares sob gestão, venderam as ações da GameStop a descoberto, apostando na sua queda.
>
> Vender a descoberto (*short selling* em inglês) é um mecanismo pelo qual se "alugam" as ações de outros investidores por um período, as quais devem ser devolvidas a esses mesmos investidores ao final do período mais uma taxa de aluguel. Isso permite ganhar dinheiro com a queda de preços da ação. Você aluga as ações enquanto estão a $ 10, por exemplo. Vende no mercado por $ 10 e guarda o dinheiro. Ao final do período se o preço da ação caiu para $ 7, você recompra por $ 7 no mercado, devolve as ações para os investidores e fica com a diferença, o lucro de $ 3. Contudo há um grande risco: se o preço subir para $ 14, você será obrigado a recomprá-las nesse valor e bancar um prejuízo de $ 4.

---

[85] CAMARGO, Richard. "O caso GameStop: uma bolha para chamar de sua". *Seu Dinheiro*, 31 jan. 2021. Disponível em: <https://www.seudinheiro.com/2021/colunistas/estrada-do-futuro/o-caso-gamestop-uma-bolha-para-chamar-de-sua/>. Acesso em: 15 abr. 2021.

Foi exatamente isso que a Melvin Capital Management fez. Seria o típico arbitrador da teoria das finanças neoclássicas dando racionalidade ao mercado, afinal a GameStop reunia teoricamente todas as condições racionais para ter seu preço das ações reduzido.

O fundo só não contava com a ação dos *noise traders*. Existe um grupo enorme de usuários do fórum WallStreetBets, do Reddit, nos EUA. São mais de 40 mil pessoas. Em sua maioria, são investidores recém-chegados à Bolsa, ainda sem muita experiência e que possuem um valor baixo para investir – portanto *noise traders* típicos.

Esporadicamente, os usuários do fórum elegem uma empresa "favorita" e começam a tomar lotes de opções de compra, (as *call options*) dessa empresa. Essa enxurrada de demanda, comparada a liquidez geralmente mediana dos papéis, pode atrair os algoritmos seguidores de tendência. Na medida em que os bancos lançam novas séries de opções, são forçados a tomar o ativo a mercado, para zerarem continuamente sua exposição ao risco. Como o ticket das opções é mais baixo, um dólar (potencializado por um alto volume de negociação) influencia em vários dólares o preço do ativo subjacente. Assim, a ação sobe. E geralmente não é pouco. É o *pump-and-dump*.

Foi isso que aconteceu com as ações da GameStop cujos preços aumentaram de 4 dólares para incríveis 127 dólares em poucas semanas, um aumento de trinta vezes.

O Melvin Capital Management foi pego em um *short squeeze*. Os *noise traders*, tendo sido bem-sucedidos em inflar o preço da ação que o Melvin e outros "arbitradores" tinha vendido a descoberto, obrigam os fundos vendidos a comprarem lotes de ações da GameStop a mercado, para reduzir suas perdas.

Ao fazerem isso inflam ainda mais os preços, causando mais prejuízos aos vendidos, que são obrigados a adquirir mais ações, fazendo o preço subir em um ciclo que se autoalimenta – conhecido como *short squeeze*.

O Melvin sofreu imensos prejuízos precisando de um resgate financeiro. Os *noise traders* causaram grandes prejuízos aos arbitradores, supostamente investidores sofisticados. Os preços das ações da GameStop se comportaram de forma extremamente volátil, irracionalmente.

Nem sempre a arbitragem funciona e leva os mercados para a racionalidade. Como Shleifer e Vishny argumentaram, quanto mais insano o mercado, maior o risco para os arbitradores. Foi exatamente o que aconteceu no caso da GameStop.

*Baseado no artigo de Richard Camargo: "O caso GameStop: uma bolha para chamar de sua". Disponível em: https://www.seudinheiro.com/2021/colunistas/estrada-do-futuro/o-caso-gamestop-uma-bolha-para-chamar-de-sua/

Talvez o mais interessante em relação à teoria de Shleifer e Vishny é que ela é puramente econômica, no sentido tradicional do termo. Totalmente alinhada à escola de Chicago. Não há referências a sociologia, psicologia, ou mesmo teoria da complexidade. Dessa forma é difícil de rebatê-la, mesmo pelos adeptos das finanças neoclássicas.

Além do forte argumento econômico da teoria, em uma visão mais ampla (essa provavelmente não tão bem aceita por Chicago), seria possível complementá-la com a ideia da dinâmica complexa.

Nesse sentido, mesmo que os arbitradores não sofressem restrições de alavancagem e nem pressão de seus investidores, os mercados poderiam agir, em algumas circunstâncias, como a população de peixes de Robert May. Assim, em situações em que o mercado tivesse uma dinâmica excessiva (o fator r de May alto), os arbitradores poderiam ficar desorientados e não conseguirem atingir um preço de equilíbrio. Em outras palavras, ficariam, em português coloquial "correndo atrás do próprio rabo".

Tais críticas abrem espaço para se reconhecer sim o papel da arbitragem, mas ao mesmo tempo também reconhecer certos limites. Estava bem argumentado que a arbitragem poderia não funcionar em algumas situações, nas quais os preços não seriam estritamente racionais.

Se a igreja da eficiência de mercado estava reescrevendo a sua bíblia, paralelamente, em outro inequívoco sinal dos tempos, estava também permitindo a infiltração de hereges em seus templos sagrados. Nenhum lugar era mais sagrado que a Universidade de Chicago para as finanças neoclássicas.

Em 1995, Richard Thaler, um dos maiores críticos das finanças neoclássicas, líder dos hereges, foi convidado para um almoço na Universidade de Chicago, que acabou por se transformar em uma entrevista de emprego[86],

---

[86] THALER, Richard H. *Misbehaving*: a construção da economia comportamental. Rio de Janeiro: Intrínseca, 2019, página 265.

que por fim levou à sua contratação como professor e pesquisador em Chicago.

Naturalmente a nomeação de Thaler não foi livre de controvérsias e muito provavelmente, Eugene Fama e Merton Miller, professores de longa data de Chicago não ficaram felizes com essa escolha. Contudo não a impediram, algo que provavelmente teriam meios e prestígio para fazerem se o quisessem.

As conversas internas em Chicago para a contratação de Thaler nunca se tornaram públicas, mas um repórter indagou Fama e Miller sobre os motivos de não terem barrado Thaler.

Fama, de forma mais descontraída, respondeu que era bom ter Thaler por perto, para poder ficar "de olho nele". Acabaram por se tornar amigos e passaram até a jogar golfe juntos. Já Miller foi evasivo na primeira resposta, mas dada a insistência do repórter, respondeu que cada geração tem que cometer seus próprios erros.

A contratação de um professor, por mais que ele seja influente individualmente, dificilmente muda a direção acadêmica de uma universidade. Isso é verdade também para Thaler em Chicago, que continuou e ainda continua sendo um grande templo para as finanças neoclássicas.

Mas também é verdade que a unicidade de pensamento, a visão de Chicago como a meca da racionalidade de mercado, ficava, em algum grau, comprometida. A contratação de Thaler era uma revolução para Chicago, isso era inegável. Sinal dos tempos.

Não era bem que os financistas haviam mudado de opinião radicalmente e agora achavam que os mercados eram completamente irracionais. Mesmo os defensores das finanças comportamentais concordariam que os mercados, na maior parte do tempo, faziam um bom trabalho. Mas não um trabalho perfeito.

Da eficiência de mercado surgem duas grandes consequências, que eram alvo desse debate renovado.

A primeira era que os preços estavam sempre certos, refletindo o valor intrínseco dos ativos. A segunda era que é impossível para um gestor de recursos vencer consistentemente a média do mercado por um período de tempo longo.

Uma vez que estava acontecendo um abrandamento no dogmatismo da crença absoluta na racionalidade infinita do mercado, seria possível uma nova teoria conciliatória entre os comportamentalistas e os neoclássicos?

Para Andrew Lo a resposta era **sim**.

CAPÍTULO 10.
Uma tentativa de conciliação

Andrew W. Lo, um sino-americano nascido em 1960 era um candidato improvável ao estrelato em finanças, especialmente em finanças quantitativas, campo pelo qual mais se destacou.

Criado junto com dois irmãos em um lar sustentando apenas pela sua mãe, com um salário de secretária, no bairro do Queens, em Nova York, não era o estereótipo do aluno descendente de asiáticos, com grande desempenho em matemática e ciências.

Na verdade, longe disso, o jovem Andrew possuía uma recorrente dificuldade em matemática durante todo o ensino fundamental. Em tempos sem o politicamente correto, chegou a receber uma nota de um professor com um recado para sua mãe que ele poderia ser "retardado" e talvez precisasse de ajuda externa.

Segundo o seu próprio relato[87], Lo afirma que se estudasse nos dias atuais provavelmente seria diagnosticado com um grau de leve a moderado de dislexia, mais especificamente discalculia e com déficit de atenção (TDAH).

---

[87] LO, Andrew W. Mercado Adaptáveis: evolução financeira na velocidade do pensamento. Rio de Janeiro: Alta Books, 2018, página 126.

As coisas só começaram a mudar quando em 1968 teve uma professora muito atenciosa e dedicada, a Sra. Ficalora, a qual viu potencial no jovem Andrew e, mais importante, lhe deu espaço para fazer experimentos científicos durante as aulas e apresentar o que aprendeu para toda a classe. Foi nomeado "cientista da classe". Muitas vezes ignoramos o papel avassalador que um professor dedicado e atencioso pode fazer na vida de uma criança.

Apesar da confiança e curiosidade renovadas, o jovem Andrew continuava com dificuldades em matemáticas, até que tudo mudou no ensino médio. Na década de 1970 estava ocorrendo uma experiência pedagógica de substituição do currículo tradicional da matemática do ensino médio – álgebra, geometria e trigonometria – por um novo método conhecido como "Matemática Moderna Unificada" ou simplesmente "Nova Matemática". A ideia central era substituir o padrão de aprendizagem tradicional, por temas abstratos como conjuntos, grupos, anéis e campos.

Apesar de, em retrospectiva, ter sido considerada um fracasso pedagógico e abandonada nos anos seguintes, para o jovem Lo foi transformadora. Permitiu que a sua mente funcionasse em outro padrão e transformou um aluno sofrível (padrão nota C nos Estados Unidos) em um aluno brilhante de matemática, o melhor da turma (padrão nota A nos Estados Unidos). Um suposto fracasso geral da nova pedagogia da matemática, mas um estrondoso sucesso individual para o jovem Andrew Lo.

A sua carreira acadêmica então deslanchou, se graduou em Economia na prestigiosa universidade Yale em 1980 e obteve seu doutorado, também em Economia, na icônica universidade de Harvard em 1984.

Em 1984, com apenas 24 anos, começou a lecionar em uma das melhores escolas de finanças dos Estados Unidos, a Wharton School, da Universidade da Pennsylvania, quando em 1988 se mudou para o MIT.

A profissão acadêmica de economista e financista é bastante competitiva nos Estados Unidos. Para ser contratado e se manter empregado em uma universidade de primeira linha, é necessário, além de ser um bom professor, fazer pesquisas inovadoras e apresentá-las em periódicos científicos de qualidade. Há também uma certa necessidade de exposição pública, de debate entre os colegas de profissão, nem sempre muito amistoso em grandes conferências.

A estreia de Lo nesses debates ocorreu em 1986, quando foi convidado para apresentar um artigo de pesquisa[88] na conferência da prestigiosa NBER – *National Bureau of Economic Research*.

A pesquisa, que tinha como coautor Craig MacKinlay, professor-assistente de Wharton, como Lo à época, analisava uma implicação muito importante do *random walk* por meio de um teste estatísticos desenvolvido pelos autores.

Analisando mais de 20 anos de dados, caso o *random walk* representasse corretamente o comportamento das ações nesse período, a sua variabilidade deveria aumentar proporcionalmente ao tempo. Isso faz todo o sentido.

Na metáfora do "andar do bêbado", um motorista embriagado, parado em um bloqueio policial, é obrigado a descer do carro e tentar andar em linha reta, sob a avaliação dos policiais, para provar que possuía condições de dirigir. A medida em que ele cambaleia tentando cumprir o percurso, ele terá em média o dobro das flutuações em uma caminhada de dois minutos em comparação com a caminhada de apenas um minuto.

O mesmo deveria valer para os preços das ações sob *random walk*. Essas flutuações são tecnicamente medidas por meio da variância. Logo, ao medir a flutuação dos preços das ações em 10 dias, a variância encontrada deveria ser dez vezes maior que a variância de um dia apenas.

Os resultados que encontraram em sua pesquisa, contudo, não foram os esperados. A variância das ações, medida no prazo de duas semanas era o *triplo* e não o dobro da variância semanal observada. Era como se o motorista embriagado fosse se complicando cada vez mais com o passar do tempo, de forma mais que proporcional.

O artigo simplesmente refutava o *random walk*. E isso com imenso grau de confiança estatística, as chances do resultado ser obra do acaso eram de 3 em 100 trilhões, nos cálculos dos autores, virtualmente impossível.

Em um primeiro momento imaginaram que resultados tão sólidos e contundentes só poderiam ser fruto de erro de programação. Então revisaram sua programação e chegaram à conclusão que estava correta.

Esse resultado implicava algo muito fundamental, tanto na teoria quanto na prática de finanças: se o *random walk* não se aplicava perfeitamente ao

---

[88] LO, Andrew W.; MACKINLAY, A. Craig. Stock market prices do not follow random walks: Evidence from a simple specification test. *The review of financial studies*, v. 1, n. 1, p. 41-66, 1988.

comportamento das ações, esse mesmo comportamento não era completamente aleatório, então haveria a possibilidade de se identificar padrões e ganhar dinheiro com isso. Seria possível vencer o mercado! Haviam proferido a maior blasfêmia possível na visão dos defensores da eficiência de mercado. Isso não ficaria impune.

Ficaram animados, pois teriam algo muito interessante para mostrar na conferência da NBER. Jovens e promissores, faltava-lhes experiência nesse tipo de debate, mal sabiam a encrenca em que estavam se envolvendo.

Na conferência tudo começou bem, Lo apresentou o artigo, fez suas considerações de método estatístico e enumerou os resultados obtidos, ressaltando, inclusive no título, que o teste não validava o *random walk*.

Como é praxe nesses eventos, um professor sênior, especialista no assunto, é convidado a comentar e criticar a apresentação.

O comentador iniciou de forma protocolar, algo quase obrigatório nesses eventos, dizendo que havia gostado muito de ler o estimulante artigo de Lo e MacKinlay e então começou as suas duras críticas. Resumidamente afirmou que os autores só poderiam ter errado os cálculos, ou a programação no computador, pois o resultado a que chegaram era impossível. Caso fosse verdade, haveria muitas oportunidades de ganhar dinheiro no mercado que ainda não haviam sido exploradas, o que na visão do comentador, obviamente não era verdade.

A blasfêmia proferida por Lo e MacKinlay contra a eficiência de mercado recebeu uma resposta duríssima do comentador, naturalmente um grande defensor das finanças neoclássicas. Existem diversas formas sutis de ofender os palestrantes em um debate como esse, mas dizer que erraram a programação do computador, é o pior possível. Seria algo equivalente a ofender as mães dos palestrantes.

Nesse fórum não havia como Lo e MacKinlay se defenderem, apenas dizer que os cálculos estavam corretos. Naquele momento era uma questão de credibilidade, a qual os dois jovens professores ainda não tinham.

Só tempos depois da palestra, tendo enviado o artigo e a base de dados para outros colegas (com muito prestígio) conferirem os resultados é que receberam um aval de validade do artigo. Mas o estrago já havia sido feito, pagaram o preço da inexperiência e da ousadia na NBER.

De qualquer forma, para Lo, o saldo era intrigante. Como era possível o *random walk* não funcionar? Onde estariam as oportunidades de ganhar dinheiro com essa ineficiência? As finanças comportamentais estariam corretas?

As duas teorias tinham seus méritos, tanto as finanças neoclássicas quanto a crítica comportamental. Andrew Lo teve um *insight*: seria possível criar uma nova teoria que abrangesse e reconciliasse as finanças neoclássicas e as comportamentais? Estava nascendo a Hipótese dos Mercados Adaptáveis.

Essa ideia de criar teorias mais abrangentes que tenham capacidade de reconciliar teorias mais restritas, aparentemente contraditórias entre si, é muito utilizada nas ciências.

A teoria da relatividade especial de Einstein em 1905 parecia contradizer a mecânica clássica de Newton. Isso incomodava Einstein, que possuía grande admiração por Newton. Ampliando a teoria especial da relatividade, expandindo seu escopo para incluir campos gravitacionais e aceleração, entre outros tópicos, Einstein chegou na sua teoria final, que ficou conhecida como teoria geral da relatividade.

Dessa teoria expandida, Einstein foi capaz de deduzir a teoria clássica de Newton como um caso especial que ocorreria em algumas circunstâncias. Só então ficou plenamente satisfeito.

Criou uma teoria que era geral o suficiente para incluir uma teoria mais restrita, que se aplicaria em alguns casos específicos, mas não em outros, em que valeriam outras regras.

Essa estratégia continua a ser empregada na Física contemporânea. A relatividade de Einstein e a mecânica quântica aparentemente são contraditórias entre si. Muitos físicos têm trabalhado em uma nova teoria que seria abrangente o suficiente para incluir a relatividade e a mecânica quântica como casos particulares. A principal candidata a "teoria unificada de tudo" na Física é a chamada Teoria das Supercordas, a qual ainda não foi devidamente comprovada e aceita. De qualquer forma, é a mesma estratégia.

Foi essa estratégia que Andrew Lo adotou. Foi em busca de uma teoria que pudesse ser ampla o suficiente para que em alguns casos as finanças neoclássicas estivessem certas, e em outros, as finanças comportamentais.

Sua inspiração aconteceu no zoológico, enquanto estava pensando sobre a teoria da evolução das espécies, a qual preconiza que os seres vivos mais adaptados ao meio ambiente seriam os vencedores na corrida pela sobrevivência e reprodução. Nesse ambiente, ficou intrigado ao relembrar que 97% dos genes dos seres humanos são idênticos aos do orangotango, como apenas 3% fazem uma diferença brutal – Lo conhece bem a distribuição de lei de potência, então compreendeu estatisticamente o efeito.

Contudo, continuou intrigado: qual a diferença entre um orangotango e um ser humano? Então lhe ocorreu que a diferença é justamente a capacidade de fazer essa pergunta!

A chave disso estava principalmente na psicologia evolutiva, ramo recente e promissor dessa ciência – estava nascendo a Hipótese dos Mercados Adaptáveis (HMA) como uma possível ampliação do escopo teórico da Hipótese dos Mercados Eficientes (HME), com potencial para integrar a HME e as finanças comportamentais em uma mesma teoria abrangente.

Andrew Lo apresentou a HMA de forma mais estruturada em um artigo[89] de 2004 no prestigioso periódico *The Journal of Portfolio Management*.

Como ponto de partida de uma reconciliação entre o EMH e seus críticos das finanças comportamentais Lo faz uma breve análise das origens potenciais dessa controvérsia.

Embora, sem dúvida, existam muitos fatores que contribuem para este debate, uma das mais convincentes explicações envolvem as diferenças fundamentais nos aspectos culturais e sociológicos da Economia e psicologia, que são surpreendentemente profundas, apesar do fato de que ambos os campos estarem envolvidos com o comportamento humano.

Lo propõe, de forma bastante sintética, essas características básicas da Psicologia e da Economia (e ressalta que é a visão enviesada de economista sobre as duas disciplinas):

Psicologia	Economia
1) A Psicologia é baseada principalmente na observação e experimentação;	1) A Economia é baseada principalmente na teoria e abstração;
2) Experimentos de campo são comuns;	2) Experimentos de campo não são comuns;
3) A análise empírica leva a novas teorias;	3) As teorias levam à análise empírica;
4) Existem várias teorias de comportamento;	4) Existem poucas teorias de comportamento;
5) A consistência mútua entre as teorias não é crítica.	5) A consistência mútua é altamente valorizada.

Figura 10.1 – Diferenças entre Psicologia e Economia (segundo os neoclássicos)

---

[89] LO, Andrew W. The adaptive markets hypothesis. *The Journal of Portfolio Management*, v. 30, n. 5, p. 15-29, 2004.

Embora haja, é claro, exceções a essas generalizações, elas capturam muito do espírito das duas disciplinas. Por exemplo, embora os psicólogos certamente proponham teorias abstratas do comportamento humano de tempos em tempos, a grande maioria dos psicólogos conduzem experimentos.

Mesmo com as finanças comportamentais tendo se tornado importante e vencedora de Prêmios Nobel de Economia, os principais *Journals* internacionais de Finanças e Economia, formadores de opinião acadêmica, ainda publicam apenas uma pequena fração de artigos experimentais, a maioria consistindo de estudos empíricos mais tradicionais.

Novas teorias de comportamento econômico são propostas de vez em quando, mas maioria dos programas de pós-graduação em Economia e finanças ensinam apenas algumas poucas teorias tradicionais, especialmente: teoria da utilidade esperada e expectativas racionais; otimização de portfólio, o CAPM e os modelos de precificação de ativos de equilíbrio.

Só recentemente é que os pesquisa que se desviam destas teorias não são prontamente rejeitadas. Poucos anos no passado, artigos que pesquisavam e propunham modelos de mercados com oportunidades de arbitragem (e, portanto, não partiam do pressuposto da HME) eram rotineiramente rejeitados pelos principais periódicos de finanças, em alguns casos sem nem mesmo serem enviados para os avaliadores para revisão.

O pano de fundo sociológico do debate HME sugere que uma alternativa a tradicional abordagem puramente quantitativa e dedutiva das finanças neoclássicas é possível. Andrew Lo acredita que uma direção particularmente promissora é a aplicação de princípios evolucionários aos mercados financeiros.

Esta abordagem é fortemente influenciada por recentes avanços na disciplina emergente de "psicologia evolutiva", que se baseia na pesquisa seminal de Edward Osborne Wilson, a partir de 1975.

Nascido em 1929 em Birmingham, Alabama, nos Estados Unidos, Wilson graduou-se na Universidade do Alabama, e posteriormente recebeu se doutorou Universidade de Harvard, onde se tornou pesquisador.

Biólogo e entomologista especializado em formigas, em particular seu uso de feromônios para comunicação, era outro improvável candidato a influenciar, ainda que indiretamente, a teoria financeira.

Ficou famoso por iniciar o debate da sociobiologia, uma das maiores controvérsias científicas do final do século XX, quando sugeriu em seu livro[90] *Sociobiology: The New Synthesis,* em 1975, que o comportamento animal (e por extensão, o humano) pode ser estudado utilizando-se uma abordagem evolutiva. Segundo a sua teoria é possível utilizar-se dos princípios de competição, reprodução e seleção natural para interações sociais, produzindo explicações para certos tipos de comportamento humano, por exemplo, altruísmo, justiça, linguagem, seleção de companheiro, religião, moralidade, ética e pensamento abstrato.

As ideias de Wilson geraram um considerável grau de controvérsia por si só na biologia, controvérsia essa ainda mais amplificada em uma possível aplicação para a Economia e Finanças.

Apesar disso, ou melhor, talvez justamente por isso, Lo acredita que essas ideias aplicadas aos contextos econômico e financeiro permitem reconciliar totalmente a HME com as finanças comportamentais, levando a uma nova síntese: a Hipótese dos Mercados Adaptáveis – HMA.

As metáforas com a teoria da evolução não são propriamente uma novidade em Economia e Finanças. O famoso trabalho do reverendo Thomas Malthus, prevendo a fome e o caos econômico para a humanidade, usou argumentos biológicos – o fato de que as populações aumentam em taxas geométricas, enquanto os recursos naturais aumentam apenas a taxas aritméticas – para chegar a consequências econômicas terríveis.

Para nossa sorte ele estava equivocado, e houve um grande aumento da produtividade agrícola, permitindo que a produção de alimentos crescesse também a taxas geométricas para acompanhar o crescimento da população humana. Isso foi verdade, pelo menos, por enquanto.

Além disso, a visão de Joseph Schumpeter, o economista que estudou de forma pioneira os empreendedores e os ciclos de negócios, argumentou que os empresários e o capitalismo possuem uma dinâmica evolutiva inconfundível: na verdade, suas noções de "destruição criativa" e "explosões" de atividade empresarial são semelhantes, metaforicamente, ao processo de seleção natural.

Victor Niederhoffer, campeão estadunidense de squash, ingressou em Harvard nos anos 1960, se graduando em Economia e estatística em 1964 e obtendo seu doutorado na Universidade de Chicago em 1969. Tornou-se posteriormente um acadêmico na década de 1970 e gestor de *Hedge Funds*

---

[90] WILSON, Edward O. *Sociobiology: The new synthesis.* Harvard University Press, 2000.

nos anos 1990. Em um capítulo intitulado "*Ecology of Markets*", do seu livro[91], compara o mercado financeiro com um ecossistema, no qual classifica investidores de longo prazo seriam os "herbívoros", os especuladores os "carnívoros" e arbitradores e investidores em empresas em dificuldades financeiras os "decompositores".

Andrew Lo deu prosseguimento a essa abordagem, de forma mais sistemática. Para ele, a questão central parte do conceito de "racionalidade limitada" do grande Herbert Simon, vencedor do Prêmio Nobel de Economia em 1978.

Nascido em 1916 em Milwaukee, Wisconsin, nos Estados Unidos, foi um gênio precoce, se destacando já no ensino fundamental. Em 1933 ingressou na Universidade de Chicago, onde se formou em Matemática e Ciências Sociais. Descrito muitas vezes como um polímata, profundo conhecedor de muitas ciências, possuía uma grande amplitude de interesses, como computação, psicologia, matemática, energia atômica, e claro, economia.

Simon sugeriu que os indivíduos dificilmente são capazes do tipo de otimização que a teoria econômica neoclássica exige para as escolhas do consumidor. Em vez disso, ele argumentou que a otimização é muito custosa em termos de recursos mentais e assim os humanos são naturalmente limitados em sua capacidade de cálculo. Ao invés disso, humanos desenvolveram uma habilidade, que ele chamou de "*satisficing*" (algo como "apenas satisfatório"), uma alternativa para a otimização.

Nessa modalidade os indivíduos fazem escolhas que são meramente satisfatórias, não necessariamente ótimas. Em outras palavras, os indivíduos são limitados em seu grau de racionalidade, o que está em nítido contraste com a ortodoxia econômica e financeira – na qual os indivíduos não têm limites para a sua racionalidade

Embora essa ideia tenha ganhado o Prêmio Nobel para Simon, teve relativamente pouco impacto na Economia, pelo menos até as finanças comportamentais ganharem respeitabilidade.

Além dos fatores sociológicos da Economia, discutidos anteriormente, a teoria de Simon foi repetidamente rejeitada por causa de uma crítica

---

[91] NIEDERHOFFER, Victor. *The education of a speculator*. John Wiley & Sons, 1997.

específica: o que determinaria o ponto em que um indivíduo para de otimizar e chega a uma solução satisfatória?

Na teoria neoclássica, assume-se simplesmente que os agentes econômicos realizam os cálculos de custo / benefício e chegam a uma solução ótima, o que eliminaria a necessidade do *satisficing*. Como resultado, a ideia de racionalidade limitada caiu no esquecimento, e as racionalidade irrestrita se tornou o padrão de fato para modelar o comportamento econômico e financeiro sob incerteza.

Uma perspectiva evolucionária fornece o ingrediente que faltava na estrutura de Simon. A resposta adequada à questão de como os indivíduos determinam o ponto em que seu comportamento otimizador é satisfatório é esta: tais pontos são determinados não analiticamente, mas por tentativa e erro e, é claro, seleção natural.

Os indivíduos fazem escolhas com base na experiência anterior e seu "melhor palpite" sobre o que pode ser ideal, e eles aprendem recebendo reforço positivo ou negativo dos resultados. Se eles não receberem tal reforço, eles não aprendem. Dessa forma, os indivíduos desenvolvem heurísticas para resolver vários desafios econômicos, e enquanto esses desafios permanecerem estáveis, as heurísticas acabarão por se adaptar para produzir soluções aproximadamente ótimas para eles.

Se por outro lado o ambiente muda, então não deve ser surpresa que as heurísticas do ambiente antigo não são necessariamente adequadas ao novo. Em tais casos, observamos "vieses comportamentais" – ações que são aparentemente imprudentes no contexto em que os observamos. Mas ao invés de rotular tal comportamento de "irracional", deveria ser reconheceram que o comportamento sub-ótimo não é improvável quando tiramos heurísticas de seu contexto evolutivo.

Lo propõe que um termo mais preciso para esse comportamento pode ser "desadaptativo" (*maladaptive*).

O bater de cauda de um peixe em terra firme pode parecer estranho e improdutivo, mas debaixo d'água, os mesmos movimentos são capazes de empurrar os peixes para longe de seus predadores. Tudo é uma questão de adaptação ao ambiente.

Ao unir os conceitos de Simon de racionalidade limitada e *satisficing* com a dinâmica evolutiva, muitos outros aspectos do comportamento econômico também podem ser derivados. Competição, cooperação, comportamento de criação de mercado, equilíbrio geral e dinâmica de desequilíbrio são todas as adaptações destinadas a enfrentar certos desafios ambientais para a espécie humana.

Observando esses comportamentos por meio das lentes da biologia evolutiva, podemos entender melhor as aparentes contradições entre o HME e a presença e persistência de comportamentos supostamente irracionais e vieses, tão bem documentos pelas finanças comportamentais.

A Hipótese dos Mercados Adaptáveis pode ser vista como uma nova versão da Hipótese do Mercado Eficiente, derivada de princípios evolutivos. Os preços refletem tanta informação quanto ditado pela combinação de condições ambientais e o número e natureza das "espécies" na Economia ou, para usar o termo biológico apropriado, na ecologia.

Por espécie, Andrew Lo quer dizer grupos distintos de participantes do mercado, cada um se comportando de maneira comum. Por exemplo, fundos de pensão podem ser considerados uma espécie; investidores pessoas físicas, outro; investidores institucionais, um terceiro; e gestores de *Hedge Funds*, um quarto, entre vários outros.

Se várias espécies (ou os membros de uma única espécie altamente populosa) estão competindo por recursos bastante escassos dentro de um único mercado, esse mercado provavelmente será altamente eficiente. Para Lo, por exemplo, o mercado de Notas do Tesouro dos EUA de 10 anos, que reflete a maioria das informações relevantes muito rapidamente. É um mercado bastante eficiente.

Se, por outro lado, um pequeno número de espécies estão competindo por recursos bastante abundantes em um determinado mercado, que o mercado será menos eficiente, por exemplo, o mercado de quadros de arte renascentista italiana.

A eficiência do mercado não pode ser avaliada no vácuo, mas é altamente dependente do contexto e dinâmica, assim como as populações de insetos avançam e diminuem em função das estações, o número de predadores e presas que enfrentam, e suas habilidades para se adaptar a uma constante mudança ambiente.

As oportunidades de lucro em qualquer mercado são semelhantes à quantidade de comida e água em uma ecologia local específica – quanto mais recursos presentes, menos acirrada é a competição.

Caso a competição aumente, seja por causa da diminuição do fornecimento de alimentos ou um aumento no número de animais da população, os recursos se esgotam o que, por sua vez, acaba ocasionando um declínio populacional, diminuindo o nível de competição e reiniciando o ciclo.

Em alguns casos, os ciclos convergem para soluções "de canto", ou seja, certas espécies se tornam extintas, as fontes de alimentos são permanentemente exauridas ou as condições ambientais mudam dramaticamente.

Ao ver os lucros econômicos como a fonte final de alimentos da qual os participantes do mercado dependem para sua sobrevivência, a dinâmica de interações de mercado e inovação financeira podem ser mais facilmente derivadas.

Da perspectiva dos Mercados Adaptáveis, os vieses comportamentais são abundantes. As origens de tais vieses são heurísticas que são adaptadas de contextos não financeiros, e seu impacto é determinado pelo tamanho da população com tais vieses *versus* o tamanho das populações concorrentes com heurísticas melhores.

Para exemplificar o processo, Andrew Lo cita um o que ocorreu no outono de 1998. O desejo de liquidez e segurança por parte de uma certa população de investidores oprimiu a população de *Hedge Funds* que tentava arbitrar tais preferências, causando prejuízos com essa arbitragem.

No entanto, nos anos anteriores a 1998, os *traders* de renda fixa lucraram muito com essas atividades, presumivelmente às custas de indivíduos com preferências aparentemente "irracionais" (na verdade, tais preferências foram moldadas por um certo conjunto de forças evolutivas, e podem ser bastante racionais em outros contextos).

Na HMA, as estratégias de investimento passam por ciclos de lucratividade e perda em resposta às mudanças nas condições de negócios, número de concorrentes entrando e saindo do setor e o tipo e a magnitude das oportunidades de lucro.

À medida que as oportunidades mudam, o mesmo ocorre com as populações afetadas. Por exemplo, depois 1998, o número de *Hedge Funds* que tentavam arbitrar renda fixa diminuiu drasticamente – pela falência de muitos deles, a população diminuiu na metáfora com a ecologia. Contudo, esse novo ambiente proporcionou menor competição, o que fez aparecer novos *Hedge Funds*, aumentando essa população, à proporção que o desempenho para esse tipo de estratégia de investimento melhorou.

Para Lo, até mesmo o medo e a ganância – apontados como os dois culpados mais comuns para os comportamentos irracionais, de acordo com os defensores das finanças comportamentais – são o produto de forças evolutivas, traços adaptativos que aumentam a probabilidade de sobrevivência.

Ao contrário da crença comum de que as emoções não têm lugar nos processos racionais de tomada de decisão financeira, Lo e Repin[92] apresentaram evidências preliminares de que as variáveis fisiológicas associadas ao sistema nervoso autônomo são altamente correlacionadas com eventos de mercado, mesmo para profissionais altamente experientes que negociam de valores mobiliários.

Eles propõem que as respostas emocionais são um fator significativo no processamento em tempo real dos riscos financeiros, e que um componente importante do *trader* profissional. A habilidade mais importante de um *trader* seria, justamente, a sua capacidade de canalizar emoção, consciente ou inconscientemente, de forma adequada às diferentes condições de mercado.

Este argumento muitas vezes surpreende os economistas por causa da ligação entre emoção e vieses comportamentais, mas uma visão mais sofisticada do papel das emoções na cognição humana mostra que eles são centrais para a racionalidade

Em particular, as emoções são a base para um sistema de recompensa e punição que facilita a seleção de comportamento vantajoso, fornecendo um roteiro para os animais se engajarem em uma "análise de custo-benefício" das várias ações possíveis a sua disposição.

De uma perspectiva evolutiva, a emoção é uma adaptação poderosa que melhora drasticamente a eficiência com a qual os animais aprendem com seu ambiente e seu passado.

Esses fundamentos evolutivos, para Lo, são mais do que simples especulação no contexto de participantes do mercado financeiro. Seu argumento é que o extraordinário grau de competitividade mercados financeiros globais e as recompensas descomunais que se acumulam para os *traders* "mais aptos" sugerem, de forma darwinista, que a seleção natural funciona nesse meio, algo como a "sobrevivência dos mais ricos".

Essa seleção competitiva, atua na determinação do perfil típico do operador de mercado bem-sucedido. Afinal, os *traders* malsucedidos acabam sendo eliminados da população, após sofrer um certo nível de perdas.

---

[92] LO, Andrew W.; REPIN, Dmitry V. The psychophysiology of real-time financial risk processing. *Journal of cognitive neuroscience*, v. 14, n. 3, p. 323-339, 2002.

Andrew Lo reconhece que a hipótese dos mercados adaptáveis é uma teoria que ainda está na sua infância, necessita de muitas pesquisas e desenvolvimentos para se tornar uma possível teoria completa, no futuro. Por enquanto é uma candidata a isso, apenas. Ainda assim é promissora em abrir um horizonte para conciliar a HME e as finanças comportamentais.

Essa reconciliação seria possível por meio do entendimento que comportamentos mais ou menos racionais dos participantes de mercado, seriam fruto de respostas heurísticas mais ou menos adequadas a um ambiente em constante mudanças.

Isso abriria a perspectiva de que seria possível vencer o mercado, afinal?

CAPÍTULO 11.
Se o mercado é invencível, quem são esses caras?

Para as finanças neoclássicas era simplesmente impossível vencer o mercado e ponto final. Não cabia discussão, afinal a sabedoria da multidão de investidores racionais não poderia ser vencida por um único indivíduo, por mais habilidoso que fosse, em longo prazo.

O máximo que se poderia esperar eram alguns sortudos em curto e médio prazo que, por questões puramente aleatórias, sorte na essência, haviam vencido o mercado por alguns anos, mas no final obedeceriam à inexorável lei dos grandes números e fariam sua regressão à média. Era inevitável.

As novas finanças levantaram sérias dúvidas quanto a isso. Não que fosse fácil bater o mercado, ao contrário, mesmo os teóricos das finanças comportamentais, da teoria da complexidade e dos mercados adaptáveis concordariam que é bem difícil vencer o mercado.

Mas observe que "bem difícil" e "impossível" podem soar bem parecidos, mas são MUITO diferentes nesse contexto.

"Impossível" significa nunca, ninguém conseguirá. "Bem difícil" significa que poucos conseguirão, mas que eles existem. Parece uma discussão estéril, mas possui profundas implicação teóricas e práticas.

Em termos puramente teóricos isso pode definir qual teoria de finanças mais se aproxima da realidade: as neoclássicas ou as novas finanças.

Do ponto de vista prático, pode influenciar, e muito, a sua estratégia de investimentos. Mais sobre isso na parte IV do livro.

Em 2019 o prestigioso *The Wall Street Journal* publicou um artigo[93] no qual enumerava os maiores gestores de recursos, os maiores "fazedores de dinheiro" (*moneymakers*, no original em inglês) dos tempos modernos:

Ranking	Investidor	Fundo/empresa	Período (anos)	Retorno médio anual
1º	Jim Simons	Medallion	1988 – 2018	39%
2º	George Soros	Quantum	1969 – 2000	32%
3º	Steven Cohen	SAC	1992 – 2003	30%
4º	Peter Lynch	Magellan	1977 – 1990	29%
5º	Warren Buffett	Berkshire Hathaway	1965 – 2018	21%
6º	Ray Dalio	Pure Alpha	1991 – 2018	12%

Figura 11.1 – Os maiores gestores de recursos de todos os tempos

Para se ter uma ideia de como esses gestores de recursos obtiveram um retorno realmente excepcional, o principal indicador de mercado (benchmarking) considerado a ser batido é o S&P500, o qual apresentou retorno anual médio[94] de 10,8% entre 1971 e 2020.

Considerando o longo período em que os gestores foram analisados, parece um desempenho realmente digno de nota, especialmente quando comparado ao S&P500. Contudo, há uma grande controvérsia na interpretação desses resultados: seriam fruto realmente de uma habilidade superior ou simplesmente sorte?

Parece pouco provável que retornos tão expressivos, durante um período de tempo longo, sejam provenientes de apenas sorte. Mas é justamente isso, defendem os teóricos das finanças neoclássicas. Apesar de parecer

---

[93] ZUCKERMAN, Gregory. "The Making of the World's Greatest Investor". *The Wall Street Journal*, 2 nov. 2019. Disponível em: <https://www.wsj.com/articles/the-making-of-the-worlds-greatest-investor-11572667202>. Acesso em: 16 abr. 2021.

[94] DAMODARAN, Aswath. *Historical Returns on Stocks, Bonds and Bills – United States*. Disponível em: <http://pages.stern.nyu.edu/~adamodar/New_Home_Page/datacurrent.html>. Acesso em: 16 abr. 2021.

improvável, é plenamente possível, desde que haja muitos gestores envolvidos tentando vencer o mercado. Alguns poucos terão muita sorte.

Para visualizar, o argumento é algo como ganhar na megasena, a loteria mais popular no Brasil. É altamente improvável acertar os seis números e levar o grande prêmio. A probabilidade é algo como 1 em 50 milhões. Para se ter uma comparação, no Brasil é 50 vezes mais provável ser atingido por um raio do que ganhar nessa loteria e 5 vezes mais provável ser atacado por um tubarão enquanto está em um banho de mar.

Em outras palavras, é quase impossível, mas há alguns poucos super sortudos que ganham o prêmio máximo da megasena. O segredo é que há muita gente jogando.

O raciocínio é o mesmo para vencer o mercado. Desde que haja um grande número de investidores tentando, alguns poucos, super sortudos conseguirão o feito, tal como os vencedores da loteria.

Outra imagem, não muito lisonjeira para essa situação, é imaginar que você coloque muitos macacos digitando aleatoriamente quaisquer teclas em notebooks. Se você tiver macacos, notebooks e paciência o suficiente, um deles acabará escrevendo um romance! Não é que ele aprendeu português, redação e criou uma narrativa, foi simplesmente o apertar de teclas aleatoriamente que acabou, por pura sorte, escrevendo frases que aparentemente faziam sentido e criaram um romance.

A tabela apresentada no início do capítulo seria apenas o equivalente ao resultado dos vencedores da loteria ou ao romance aleatório escrito pelo nosso querido macaquinho sortudo. Não haveria assim nenhuma habilidade especial envolvida, apenas muita sorte. Os mercados continuariam eficientes.

Muitos teóricos rebateram essa linha de argumentação, mas provavelmente a mais famosa e convincente foi feita por ninguém menos que Warren Buffett.

Buffett foi o aluno mais destacado de Benjamin Graham, professor da Columbia University e pai do que viria a ser conhecido como *Value Investing* (investimento em valor). A ideia central era que o mercado se comportava de forma cíclica e, de tempos em tempos, oferecia oportunidades de comprar ações de empresas de alto valor, ou seja, sólidas, com grandes lucros e ótimas perspectiva futuras, por preços de mercado muito abaixo do seu real valor.

Graham usava a metáfora do "senhor mercado": imagine que o mercado é uma pessoa que muda radicalmente de humor e opinião todos os dias. Em certos dias acredita que tudo é maravilhoso, e os preços das ações ficam muito acima do seu valor intrínseco. Em outros dias ocorre o oposto, o senhor mercado acorda de mau-humor e oferece oportunidades de comprar ações muito valiosas por uma pechincha.

O truque estava em analisar corretamente o valor intrínseco das ações e esperar o mau-humor do senhor mercado para ir às compras. Buffett se tornou uma lenda em fazer isso, tem basicamente entregado, em média, o dobro do retorno do mercado por mais de 50 anos.

Naturalmente que os defensores das finanças neoclássicas acreditam que tudo isso seja bobagem, não passa de sorte. Buffett seria simplesmente o maior sortudo do mercado e nada mais. Essa é a grande pergunta, o grande debate: sorte ou habilidade?

Em 1984 a Columbia University organizou uma conferência para comemorar o quinquagésimo aniversário do clássico livro *Security Analysis*, de Benjamin Graham[95]. Os organizadores convidaram dois palestrantes para debater o que Graham e o seu coautor David Dodd haviam publicado.

Um dos palestrantes foi Warren Buffett, grande defensor de Graham. O outro foi o professor de finanças Michael Jensen, aquele mesmo que havia declarado alguns anos antes que não havia "nenhuma outra proposição em Economia que tivessem evidências empíricas mais sólidas que o apoiavam do que a Hipótese do Mercado Eficiente". Traduzindo a frase bonita de Jensen para o contexto do debate, Graham só havia escrito bobagens, em sua visão.

Jensen estava ciente de que o público de Columbia era composto quase que na totalidade por fãs de Graham e começou com um comentário brincalhão, mas logo não se conteve e partiu para o ataque.

Em primeiro lugar ele explicou que anos de pesquisa acadêmica mostraram que as análises de ações, entre elas o *value investing* de Graham, eram basicamente inúteis como estratégia de longo prazo para vencer o mercado. Então, complementou afirmando que aqueles gestores que alegavam usar

---

[95] FOX, Justin. The Myth of the Rational Market: a history of risk, reward and delusion on Wall Street. New York: HarperCollins, 2009, página 211.

os métodos de Graham e se mostravam muito bem-sucedidos, na verdade eram apenas sortudos.

"Se eu pesquisar um campo de analistas sem talento, todos os quais não estão fazendo nada além de jogar moedas", disse Jensen, "espero ver alguns que tiraram duas caras em seguida e até mesmo alguns que tiraram dez caras em seguida.[96]" Essa analogia do cara ou coroa – popularizada por Bill Sharpe em Stanford – tinha se tornado um clássico nas aulas de finanças dos MBA.

Depois de algumas rodadas, qualquer grupo produziria alguns "super jogadores" aparentes do cara ou coroa, quando na verdade sabemos tratar-se apenas de sorte. A implicação era que o mercado de ações funcionava praticamente da mesma maneira.

Buffett, contudo, estava preparado para esse argumento. Em uma resposta que foi amplamente divulgada e citada inúmeras vezes desde então, Buffett entrou no jogo e voltou ao concurso de cara ou coroa. Pediu a plateia que imaginasse um jogo de cara ou coroa no qual toda a população dos Estados Unidos participaria, com todos apostando um dólar no primeiro lance e as apostas aumentam com os ganhos depois disso.

Após duzentas rodadas de lançamentos, cerca de 215 jogadores, nessa altura já milionários, ainda permaneceriam no jogo. Várias dessas pessoas, disse Buffett, se convenceriam de sua própria genialidade no cara ou coroa. Alguns até escreveriam livros sobre os segredos do sucesso no lançamento de moedas; outros "começariam a viajar pelo país, participando de seminários sobre lançamento de moeda eficiente."

Para os professores céticos de finanças, o argumento seria – se não pode ser feito, como existem 215 de nós?

Os professores poderiam replicar que se você tivesse orangotangos jogando moedas, os resultados seriam os mesmos, disse Buffett. Mas e se, Buffett perguntou – e se déssemos uma olhada mais de perto sobre a origem daqueles orangotangos milionários e descobríssemos que 40 vieram de um zoológico particular em Omaha, você acharia que provavelmente haveria algo diferente aí. Então você provavelmente sairia e perguntaria ao zelador

---

[96] LOWENSTEIN, Roger, *Buffett: The Making of an American Capitalist*. New York: Main Street Books, 1996, pp. 317.

sobre o que ele está alimentando, se eles fizeram exercícios especiais, que livros leram e quem sabe o que mais.

Buffett continuou: "Acho que você vai achar que um número desproporcional de lançadores de moedas de sucesso no mundo dos investimentos veio de uma vila muito pequena que poderia ser chamada de "Vila de Graham e Dodd" ele disse.

Ele então apresentou uma lista de nove investidores – alguns ex-alunos de Graham, alguns não – que haviam alcançado um sucesso extraordinário por seguir mais ou menos o mesmo princípio: eles procuraram ações que pareciam especialmente baratas, dados os ganhos ou ativos da empresa, que o senhor mercado estava precificando inexplicavelmente como uma pechincha. Nessa vila continuará a haver grandes discrepâncias entre preço de mercado e valor intrínseco, e concluiu Buffett, "aqueles que leem seu Graham & Dodd continuarão a prosperar"[97].

A plateia adorou a resposta de Buffett, e o próprio Jensen ficou impressionado com o argumento. Mas para além do argumento em si, pesava a favor de Buffett a sua credibilidade enquanto investidor.

É o que chamamos de argumento de "autoridade". Quando alguém reconhecidamente *expert* em algo dá seu argumento, tendemos a dar maior peso a ele, ainda que o argumento em si não seja tão forte. A autoridade "pesa".

Não havia maior autoridade em ganhar dinheiro que Warren Buffett. Na verdade, essa sua habilidade era tão bem reconhecida e admirada que ele, há muitos anos, tornou-se uma verdadeira celebridade, extrapolando o mundo dos negócios e investimentos.

Nascido no longínquo ano de 1930, na provinciana cidade de Omaha, Nebraska, no centro-oeste rural dos Estados Unidos, Warren é uma excepcionalidade em todos os sentidos.

Na década de 1960, após encerrar algumas sociedades de investimentos, adquiriu ações de uma antiga tecelagem, a Berkshire Hathaway, transformando-a em uma seguradora. Esse movimento foi magistral e determinante para o seu sucesso.

---

[97] BUFFETT, Warren E. The superinvestors of Graham-and-Doddsville. *Hermes*, p. 4-15, 1984.

Um dos maiores problemas de qualquer gestor de fundo de investimento é ser obrigado a lidar com o humor dos investidores. Em geral, nos momentos de crise, os gestores gostariam de manter suas posições ou até ampliá-la para se aproveitar dos baixos preços por bons ativos. Contudo, é bastante comum que os investidores, ao verem o valor nominal de seus investimentos despencarem, tenham uma reação emocional e decidam sacar o seu dinheiro. Esse é o pesadelo do gestor: para honrar os saques solicitados, precisa vender seus ativos por baixos preços e realizar o prejuízo, quando ele gostaria de fazer justamente o contrário. Em certo sentido é muito difícil para um gestor de recursos de terceiros ser realmente focado no longo prazo, pois eventualmente sofrerá esse tipo de revés.

Com a aquisição da Berkshire e sua transformação em seguradora, Buffett resolveu esse problema. As seguradoras, por natureza de seu negócio, recebem fluxo de caixa antecipado. Elas coletam os prêmios dos seguros à vista e fazem provisões (reservas) para os pagamentos dos sinistros no futuro. A seguradora fica com todo esse caixa e pode investi-lo ao longo do tempo, desde que consiga fazer frente aos pagamentos dos sinistros.

Isso foi simplesmente perfeito para Buffett: possuía então um fluxo de caixa contínuo, proveniente dos prêmios dos seguros, que independia do humor dos investidores. Ele poderia com esse dinheiro fazer investimentos verdadeiramente em longo prazo, sem se preocupar com pressões de saques em crises.

Bem, foi exatamente isso que ele fez e de forma genial. O seu método pode até ser considerado, em certo sentido, simplório. Ele analisa empresas sólidas, as quais julga possuir valor (*value investing*, certo?) e compra aquelas cujos preços de mercado estão bem descontados em relação ao seu valor intrínseco. Mantém por anos essas empresas em sua carteira e usufrui das suas valorizações em longo prazo. Simples, não?

Pode até não ser sofisticado, mas o supostamente "simples" bem-feito, durante mais de 50 anos, levou Buffett a um patamar superior a qualquer outro investidor contemporâneo. Foi muito eficiente para ele. Em um interessante artigo, Martin e Puthenpurackal[98] analisam, por meio de métodos

---

[98] MARTIN, Gerald S.; PUTHENPURACKAL, John. *Imitation is the sincerest form of flattery:* Warren Buffett and Berkshire Hathaway. 2008.

estatísticos rigorosos, o desempenho da Berkshire durante décadas e sua conclusão é inequívoca: não foi sorte.

O desempenho é tão excepcional que mesmo carteiras da Berkshire replicadas com atraso ainda conseguem vencer o mercado. Imagine que você é um gestor de recursos sem muita imaginação e decide simplesmente copiar os investimentos de Buffett. Ele não vai ligar para você para contar o que fez, mas pela Berkshire ser uma empresa de capital aberto, a cada três meses é obrigada a publicar as suas demonstrações financeiras e revelar a sua carteira de investimentos. Você consegue copiar Buffett, afinal as informações são públicas, mas com até três meses de atraso. Fazendo exatamente isso você não conseguiria ter o mesmo desempenho da Berkshire original, claro, mas teria, em média, um desempenho bom o suficiente para ainda assim vencer o mercado. Isso é absolutamente impressionante. Mais sobre o método de investimentos de Buffett nos próximos capítulos.

Warren faz coisas que só ele mesmo consegue. Figura entre os 10 bilionários mais ricos do mundo desde a década de 1980. É tratado pelo apelido de "oráculo de Omaha", referência a cidade em que nasceu e passou praticamente toda a sua vida.

As companhias abertas possuem uma obrigação legal de publicar um relatório da administração junto com o fechamento das demonstrações financeiras anuais. O objetivo é que os gestores do negócio tenham a possibilidade de falar com seus acionistas diretamente sobre o que ocorreu no ano e, mais importante, sobre a sua visão das perspectivas futuras para a empresa.

Esse relatório da administração, também chamado de carta aos acionistas, na quase totalidade das empresas de capital aberto é uma mera formalidade, quase um ato burocrático, em geral preenchido com várias doses de generalidades e frases vazias. Não na Berkshire Hathaway.

A apresentação da carta aos acionistas da Berkshire é o maior evento do ano em Omaha. Isso não é um exagero. Literalmente algumas dezenas de milhares de acionistas, jornalistas e investidores desembarcam na cidade e lotam um ginásio de esportes para ouvir as palavras e considerações do "oráculo".

É um evento que cresceu, ano a ano, junto com a fama de Buffett – hoje ele é uma verdadeira celebridade, arrebata multidões para ouvi-lo falar sobre investimentos. Mais de 40 mil pessoas foram pessoalmente à Omaha (que possui apenas 480 mil habitantes) ouvir Buffett em 2019. Nada mal para um mero gestor de investimentos.

Desde o ano 2000, Buffett leiloa a oportunidade de ter um almoço privado com ele, no qual estão inclusos insights sobre seus maiores negócios e conselhos sobre investimentos. Os recursos são doados para caridade. Em 31 de maio de 2019, Justin Sun, fundador da companhia *Tron* de criptomoedas pagou o valor recorde de 4,6 milhões de dólares pela oportunidade de um almoço de duas horas com Buffett[99].

Toda essa fama e prestígio são merecidos? Em termos de desempenho individual, sem dúvida. A questão não é se Buffett é genial, isso é indiscutível. A verdadeira pergunta é se o que ele faz pode ser replicado por outros gestores – isso já é bem mais controverso.

★ ★ ★

Em 1992, George Soros[100] raramente era encontrado na sede nova-iorquina do Soros Fund Management, que operava seu Fundo Quantum, o fundo original que criara em 1969. Em 1988, ele havia entregado a administração do dia a dia da empresa a Stanley Druckenmiller, jovem e brilhante administrador de fundos que julgava ter chegado a hora de apostar contra a libra esterlina. Ele falou com Soros sobre as suas conclusões.

Soros deu o sinal, mas orientou seu principal operador a apostar uma soma ainda maior do que Druckenmiller pretendia. Assim, agindo em nome de Soros, Druckenmiller vendeu o equivalente em libras a US$ 10 bilhões. Havia muito dinheiro a ganhar se Soros estivesse certo a respeito da desvalorização da libra.

Ao dirigir-se para seu apartamento na Quinta Avenida, ele parecia extremamente confiante. Na manhã seguinte, às 7 horas o telefone tocou. Era Stanley Druckenmiller, com ótimas notícias. Soros ouviu radiante

---

[99] FORBES. *28-Year-Old Crypto Founder Pays Record $4.6 Million For Lunch With Warren Buffett*. Disponível em: <https://www.forbes.com/sites/maddieberg/2019/05/29/want-to-have-lunch-with-warren-buffett-heres-how-much-it-will-cost-you/?sh=351d896f4a02>. Acesso em: 16 abr. 2021.
[100] SLATER, Robert. "*Estratégias de Investimento de George Soros*". São Paulo: Editora Campus, 1998.

o operador dizer que tudo havia saído bem, e que George acabara de embolsar um fabuloso lucro de US$ 958 milhões.

Quando os ganhos de Soros com outras posições foram computados, seus lucros subiram para quase US$ 2 bilhões.

Foi essa singela aposta de US$ 10 bilhões na desvalorização da libra que tornou George Soros mundialmente famoso. Os jornais noticiaram a façanha e apelidaram Soros do "Homem que Quebrou o Banco da Inglaterra".

Os *Hedge Funds,* como o Quantum de Soros, já haviam ganhado bastante espaço na década de 1980, com crescentes aportes de investidores e um certo interesse da mídia econômica.

Em 1992 esses fundos, por meio da proeza de Soros, ganharam os holofotes da mídia não especializada em economia e finanças. Foi a primeira vez, pelo menos na visão da imprensa, que investidores privados teriam vencido um dos bancos centrais mais poderosos do mundo, o Banco da Inglaterra. Isso não era pouca coisa. Na verdade, podia simbolizar o início de uma nova era em que nem os governos dos países mais desenvolvidos do mundo estariam imunes a especuladores como Soros. Desde então, muitas teorias da conspiração foram levantadas e difundidas pelo mundo afora.

Se Warren Buffett já era um candidato improvável a fama para além dos mercados financeiros, o que dizer de Soros? Nascido na Hungria, em 12 de agosto de 1930, coincidentemente no mesmo mês e ano que Buffett (30 de agosto de 1930), viveu uma infância sem grandes luxos e uma adolescência sob o signo do medo.

Como judeu na Hungria ocupada pelos nazistas, Soros e sua família se revezaram entre esconderijos e documentos falsos para sobreviver.

Ao final da guerra, com apenas 17 anos, o jovem George imigrou sozinho para a Inglaterra[101]. Foi então que adotou o nome mais palatável para o inglês, e pelo qual seria mundialmente conhecido, de George Soros. O seu nome de nascença na Hungria era György Schwartz.

Na Inglaterra trabalhou em uma série de empregos de baixa remuneração para se manter, enquanto conseguiu ingressar na prestigiosa *London School of Economics* e estudar com grandes professores, entre eles Karl Popper, um dos maiores filósofos do século XX.

---

[101] SLATER, Robert. *George Soros Definitivo*: a história e as ideias de um dos investidores mais influentes do mundo. Rio de Janeiro: Editora Campus, 2009.

Popper influenciou profundamente Soros, o qual chegou até a sonhar em se tornar também um filósofo. Contudo a sua realidade não permitia e, para continuar se mantendo, acabou ingressando em uma corretora no mercado financeiro.

Então sua vida mudou completamente. Estava finalmente em um lugar que se sentia em casa. O mercado financeiro era ao mesmo tempo fascinante e desafiador, além de, claro, permitir que ganhasse um bom dinheiro. Havia descoberto a sua vocação. Anos depois, chegou a cunhar um termo para descrever isso, dizia ser um *animal of the markets* (um animal do mercado financeiro, no sentido de ser o seu *habitat* natural).

Fez sucesso em Londres e se mudou para Nova York, onde a corretora precisava de alguém que conhecesse o mercado europeu. Após cerca de uma década, decidiu deixar a corretora e fundar, em 1969, o seu famoso *Hedge Fund*, o Quantum.

Então passou a aplicar suas ideias, inspiradas na filosofia da ciência de Popper e nas suas reflexões sobre a natureza do ser humano. Apresentou essas ideias pela primeira vez para o público em geral, em seu livro de 1987, o "The *alchemy of finance*"[102]. Com o passar dos anos, sofisticou e organizou essas ideias no que denominou de teoria da reflexividade.

Em um artigo sobre a teoria da reflexividade, Soros[103] começa dizendo que é difícil, em certo sentido, explicar a sua estrutura conceitual. Essa estrutura trata da relação entre pensamento e realidade, mas o pensamento dos participantes faz parte da a realidade que eles têm que pensar, o que torna a relação circular. Círculos não tem começo nem fim, o que complica a explicação.

A sua estrutura conceitual é construída em duas proposições relativamente simples. A primeira é que em situações nas quais há participantes pensantes, as visões de mundo dos participantes nunca correspondem perfeitamente ao estado real de coisas. Portanto, quando vão formular teorias ou formar uma visão geral, sua perspectiva está fadada a ser tendenciosa ou inconsistente, ou ambas. Esse é o princípio da *falibilidade*.

---

[102] SOROS, George. *The alchemy of finance*. John Wiley & Sons, 1987.
[103] SOROS, George. Fallibility, reflexivity, and the human uncertainty principle. *Journal of Economic Methodology*, v. 20, n. 4, p. 309-329, 2013.

A segunda proposição é que essas visões imperfeitas podem influenciar a situação com as quais se relacionam por meio das ações dos participantes. Por exemplo, se os investidores acreditam que os mercados são eficientes, então essa crença mudará a forma como investem, o que por sua vez mudará a natureza dos mercados em que participam, embora não necessariamente tornando-os mais eficientes. Esse é o princípio da *reflexividade*.

As proposições de Soros contradizem alguns dos princípios básicos da teoria econômica clássica, bem como a hipótese do mercado eficiente.

Soros admite que essa sua estrutura conceitual não constitui uma nova descoberta, mas merece ser discutida, já que a reflexividade foi tão cuidadosamente ignorada pelos economistas. Na sua visão, a teoria econômica tradicional não mediu esforços para eliminar a incerteza associada com reflexividade para formular leis universalmente válidas semelhantes à Física Newtoniana.

Ao fazer isso, os economistas se propuseram uma tarefa impossível. A incerteza associada com falibilidade e reflexividade são inerentes à condição humana. Os economistas são invejosos da Física, frase essa repetida por diversos pensadores, além de Soros, como Andrew Lo.

O conceito de reflexividade aplica-se exclusivamente a situações em que há participantes pensantes, caso da Economia e não da Física. Isso é que as diferencia na essência. Para Soros o pensamento dos participantes é composto por duas funções.

Uma é compreender o mundo em que vivemos, a qual ele chama de *função cognitiva*. A outra é causar impacto no mundo e promover os interesses dos participantes, a qual denominou de *função manipulativa*, para enfatizar a intencionalidade de alterar o mundo, a realidade.

As duas funções conectam o pensamento dos participantes (realidade subjetiva) e o real estado de coisas (realidade objetiva) em direções opostas. Na função cognitiva, o participante possui o papel de um observador passivo: a direção da causalidade é do mundo para a mente.

Na função manipulativa, os participantes desempenham um papel ativo: a direção da causalidade é da mente para o mundo. Ambas as funções estão sujeitas a falibilidade.

Quando ambas as funções cognitivas e manipulativas operam ao mesmo tempo, elas podem interferir uma com a outra.

Soros não usa os termos da teoria da complexidade, mas propõe um efeito semelhante. Não há variáveis independentes, somente uma complexa interação entre duas variáveis que se influenciam mutuamente – o relacionamento é circular ou recursivo.

Funciona muitas vezes como uma profecia autorrealizável – aquilo que o mercado acredita acaba acontecendo justamente porque o mercado acredita. Esse é o caso que geralmente ocorre em corridas bancárias, por exemplo. Por algum motivo o mercado acredita que determinado banco está em situação de risco e pode falir. Então, os seus investidores sacam ao mesmo tempo os recursos das contas bancárias, o que deixa a instituição sem recursos e efetivamente precisa pedir falência. Uma profecia que se autorrealizou.

A teoria da reflexividade de Soros acredita que esse tipo de fenômeno ocorre com alguma frequência no mercado financeiro, mas não sempre. Em alguns momentos o mercado fica próximo ao comportamento previsto pela teoria econômica clássica, situações próximas do equilíbrio.

Em outros momentos, contudo, a situação se torna reflexiva, levando o mercado a uma condição longe do equilíbrio. Para essa teoria, as bolhas e crises de mercado, na maioria das vezes, são causados por um processo reflexivo que saiu do controle.

O método de Soros consiste em tentar identificar esses processos reflexivos e, ao se antecipar ao mercado, ganhar dinheiro com isso. Influenciado por Karl Popper, Soros se propõe a utilizar algo parecido com o método científico, aplicado ao mercado financeiro.

Popper propõe que o método científico consiste em criar hipóteses e tentar falseá-las. Elas não poderiam ser provadas por indução, já que, não importa o número de casos favoráveis observados, o próximo caso sempre pode invalidar a hipótese, como no seu clássico exemplo do cisne negro.

Soros adaptou esses conceitos para o mercado financeiro. Ele cria as hipóteses de investimento e tenta falseá-las. A diferença é que, ao invés de criar uma nova teoria, o objetivo é ganhar dinheiro. Muitas das suas hipóteses são falseadas, mas desde que ele as reverta rapidamente, em geral, acaba auferindo um prejuízo pequeno. As hipóteses que não são falseadas lhe permitem grandes lucros. Com essa combinação de pequenos prejuízos e grandes lucros, tornou-se uma lenda no mercado financeiro.

Da mesma forma que Buffett, o que Soros faz parece até algo simples, mas ninguém consegue executar como ele e replicar seus resultados. Não é só o método em si, mas é a qualidade da execução, na qual Soros é um gênio.

A execução magistral da estratégia tem a ver com instinto de Soros, não somente com o seu método. Flávia Cymbalista, PhD em finanças pela Universidade Livre de Berlim e com pós-doutorado em psicologia cognitiva pela Universidade de Berkeley, propôs uma explicação para essa aparente contradição entre instinto e método.

Embora Soros atribua o sucesso de seu fundo de investimentos à teoria de mercado, usa também o instinto para tomar decisões. As costas de Soros sempre começam a doer antes de ele ter a consciência de que precisa realizar alguma mudança. Assim que descobre o que há de estranho, a dor cessa imediatamente.

As respostas para o mistério estavam no estudo *"Como George Soros sabe o que sabe"*[104], de Flávia. Após terminar seu estudo, resolveu enviá-lo ao megainvestidor. Soros telefonou e a convidou para um almoço, após o qual Soros incluiu as ideias de Flávia na terceira edição do seu livro, *The Alchemy of Finance*.

Em doutorado, intitulado *Sobre a impossibilidade de avaliação racional sob incerteza*, Flávia propõe uma nova visão, oposta à de que profissionais processam informações como computadores.

A sua tese é que a racionalidade do ser humano, ao contrário do que usualmente se acredita, não se limita a uma análise lógica. A racionalidade obrigatoriamente deve incluir a intuição. Encontrou a base teórica no trabalho do filósofo e psicólogo Eugene Gendlin, austríaco naturalizado americano e professor na Universidade de Chicago.

Gendlin sistematizou a relação entre o pensamento lógico e a experiência corporal, além de criar um método que ensina a pessoa a "ouvir" seu próprio corpo. Flávia aprimorou esse trabalho e criou uma forma para as pessoas usarem esse conhecimento na tomada de decisão.

Soros possui, muito provavelmente, a dor nas costas mais valiosa do mundo.

★ ★ ★

---

[104] "Seu instinto vale ouro". *Revista Isto É Independente*, agosto de 2003. Disponível em: https://istoe.com.br/13100_SEU+INSTINTO+VALE+OURO/>. Acesso em: 16 abr. 2021.

Jim Simons não é conhecido do público em geral, como Soros e Buffett. Contudo, é uma verdadeira lenda no mercado financeiro. Se Buffett foi capaz de entregar o dobro do retorno do mercado (21% *vs* 10,8%) e Soros o triplo (32% *vs* 10,8%), Simons simplesmente entregou quase quatro vezes esse mesmo retorno! (39% *vs* 10,8%) No ranking do *The Wall Street Journal*, no começo do capítulo, foi o primeiro colocado, o grande vencedor no critério desempenho.

Nascido em 1938 na cidade de Newton, Massachusetts, Simons sempre foi um aluno brilhante. Ingressou no MIT onde se graduou em Matemática, com méritos, e concluiu seu PhD em Matemática na Universidade da Califórnia em Berkeley, com uma desafiadora tese de um problema sobre holonomia[105]. O seu orientador, Bertram Kostant, tentou dissuadi-lo, dizendo que a questão havia sido estudada por matemáticos do mundo todo, sem sucesso. Duvidava que ele conseguiria.

Aparentemente essa descrença apenas o instigava. Por fim, em 1962 concluiu a sua tese intitulada *Sobre a transitividade dos sistemas holonômicos*. A tese tratava dos espaços curvos multidimensionais. Um artigo, baseado na sua tese, foi aceito por um famoso período acadêmico, o que lhe rendeu fama e prestígio no mundo da matemática.

Lecionou durante algum tempo no MIT e em Harvard, mas sua descobriu que a sua verdadeira paixão era o mercado financeiro.

Na década de 1980 montou uma equipe de matemáticos, físicos e especialistas em métodos quantitativos de primeira linha para criar o fundo *Medallion*. Apesar de Edward Thorp ter sido o verdadeiro pioneiro em aplicar métodos matemáticos sofisticados à gestão de recursos, o *Medallion* levou esse conceito a outro nível. Foi o pioneiro no que hoje é conhecido como um *"fundo quant"*.

Simons foi pioneiro em permitir que algoritmos tomassem todas as decisões dos fundos, ainda na década de 1980. Baseado nos mais avançados computadores da época, os seus modelos matemáticos analisavam imensas séries históricas de dados, por meio das quais buscavam padrões.

O aprendizado emergia dos dados passados pela análise computacional. Atualmente essa é uma técnica de Inteligência Artificial, conhecida

---

[105] ZUCKERMAN, Gregory. O Homem que Decifrou o Mercado: como Jim Simons criou a revolução quant. Rio de Janeiro: Alta Books Editora, 2020.

como *machine learning* (aprendizado de máquina, em uma tradução livre). Na década de 1980, quando Simons e seu time foram os pioneiros, essa técnica estava mais para ficção científica do que para computação.

Isso permitia que o *Medallion* fosse o verdadeiro arbitrador dos sonhos das finanças neoclássicas, estando, quase sempre, um passo à frente dos concorrentes no mercado para aproveitar as oportunidades sofisticadas de arbitragem.

Também foi o inventor do que ficou conhecido como modelo caixa--preta. Buffett e Soros podiam acertar ou errar, mas conseguiam explicar a lógica subjacente de suas decisões de investimento. Os padrões faziam sentido, pelo menos nas suas mentes.

O modelo caixa-preta de Simons, baseado no aprendizado de máquina, simplesmente apresentava os resultados – ordens de compra ou venda de certo ativo – mas os gestores do fundo não faziam ideia dos padrões encontrados nas análises. Era uma "caixa preta", não era possível ver dentro. Não emergiam padrões que pudessem ser percebidos pelos operadores. Era preciso fé no algoritmo do sistema, como em todos os *fundos quant* na atualidade.

A fé de Simons e sua equipe na matemática e computação avançada, criaram um novo padrão de mercado e nicho de gestores e, claro, lhes rendeu alguns bilhões de dólares de fortuna pessoal. Nada mal para um professor de Matemática.

★ ★ ★

Vencer o mercado é algo realmente difícil, mas alguns poucos investidores, como Buffett, Soros e Simons conseguiram.

Andrew Lo sugere que vencer o mercado em longo prazo é possível, mas não com a mesma estratégia. Os poucos investidores que conseguem essa proeza, o fizeram adaptando as suas estratégias ao longo do tempo, conforme o mercado demandava. Dessa perspectiva, Buffett e Soros se adaptaram brilhantemente, mas dependem de sua análise pessoal para tal. Digamos que o fizeram de forma genial, mas analógica. Já Simons, contando com seus algoritmos, conseguiu o desempenho, pois além da excelente brilhante adaptação, a fez de forma digital. Era o mais preparado, nesse sentido, para os mercados adaptativos.

O debate sobre a eficiência de mercado continua, mas com as novas finanças, prossegue em um contexto ampliado.

As finanças comportamentais, a teoria da complexidade, a hipótese dos mercados adaptativos, o *value investing*, a teoria da reflexividade e outras mais críticas aos mercados puramente eficientes têm sua validade e contribuem para aprimorar o debate, como novos elementos.

A hipótese do mercado eficiente continua sendo o ponto de partida de finanças, em diversas situações ela reflete bem a realidade. Mas deixou de ser o ponto de chegada. Outros elementos precisam ser acrescentados para lhe dar maior abrangência. Isso não é um demérito, é apenas o processo científico funcionando, como bem demonstrou Thomas Kuhn.

Por enquanto estamos na transição entre o paradigma das finanças neoclássicas sendo questionado e ampliado pelo paradigma das novas finanças. Contudo esse é um processo ainda inacabado, não conhecemos nem todos os novos elementos ainda envolvidos, quanto mais aonde chegaremos com esse novo paradigma.

Procurei contar uma história breve sobre como as finanças chegaram aonde estão hoje. Parafraseando o título de um dos livros de Friedrich Nietzsche, uma história: "humana, demasiado humana". A discussão sobre finanças e economia, no seu âmago, é debate sobre a natureza do ser humano. Os mercados não são mais que, apenas o reflexo dessa natureza.

Infelizmente, pelo menos por enquanto, não poderei contar o final dessa fascinante história, pois ainda está sendo escrito. O novo paradigma ainda não está consolidado. Temos algumas pistas de quais caminhos a história pode tomar, mas só o futuro nos mostrará o aonde chegaremos.

O grande sentido de estudarmos a história é aprender com ela. Compreender os caminhos e escolhas realizados para procurarmos tomar melhores decisões no futuro. A parte IV (e final) desse livro apresentará algumas das lições que podemos obter da história das finanças.

PARTE IV
Lições da História das Finanças para os Investidores

CAPÍTULO 12.
Cuidado com o que você pensa

Daniel Kahneman estava apenas tentando dizer que, em geral, elogios são mais produtivos que críticas para o aprendizado[106]. Danny estava ensinando psicologia de treinamento eficaz para instrutores da força aérea de Israel. Especificamente, estava discorrendo sobre um dos princípios de treinamento de habilidades: recompensas por desempenho aperfeiçoado funcionam melhor da punição por erros.

Quando terminou a sua exposição, um dos instrutores mais experientes discordou totalmente do que Danny havia exposto. Utilizando-se de sua experiência, o instrutor relatou que em várias ocasiões havia elogiado os cadetes por alguma execução perfeita numa manobra. Quando eles voltavam a executar a mesma manobra, em geral, se saiam pior. Por outro lado, várias vezes havia berrado e criticado os cadetes por manobras malfeitas, e quando eles voltavam a executá-las, em geral, se saiam melhor. A conclusão para o militar era óbvia: críticas claramente funcionam melhor que elogios – sem dúvida alguma.

Danny ficou intrigado, mas não duvidou da experiência do instrutor. Nesse instante teve um insight: era um problema de regressão à média.

---

[106] KAHNEMAN, Daniel. *Rápido e devagar*: duas formas de pensar. Objetiva, 2012, página 222.

Não havia dúvida que as observações do instrutor eram perspicazes e corretas: quando ele elogiava havia uma tendência de piora na manobra seguinte e quando ele criticava, ocorria o oposto. O que estava errado era a interpretação do que estava acontecendo.

O que ele havia observado era uma regressão à média, nesse caso, devido a flutuações aleatórias na qualidade do desempenho. Ele somente elogiava cadetes cujo desempenho estava acima da média. Mas, como o cadete ainda estava em processo de aprendizagem, provavelmente ainda não havia dominado completamente aquela manobra, ou seja, tivera sorte. Logo, era natural a tendência a não ter sorte sempre e piorar seu desempenho nas próximas tentativas.

De modo análogo, ao criticar apenas as manobras muito abaixo da média, essas, por serem particularmente ruins, tendiam a melhorar. O militar estabeleceu uma relação causal aos efeitos aleatórios do treinamento.

Para Danny, esse é um exemplo, de como o feedback ao qual a vida nos expõe é perverso. Como tendemos a ser bons com os outros quando nos agradam e ruins quando não o fazem, somos estatisticamente punidos por sermos bons e estatisticamente recompensados por sermos ruins.

Mas então qual seria a relação entre talento e sorte?

Kahneman nos dá uma resposta brilhante. Aliás, a sua resposta foi originalmente dada a John Brockman, editor da revista *Edge*, quando esse solicitou que vários cientistas apresentassem a sua equação favorita. A de Danny foi:

Sucesso = talento + sorte
Grande sucesso = um pouco mais de talento + muita sorte

A implicação de tudo para gestão financeira de recursos é imensa. Em geral, avaliamos os investidores e gestores comparando seu desempenho em um período de tempo. Apesar de parecer óbvio, há uma série de armadilhas e dificuldades em se fazer isso.

Se o gestor A obtiver um desempenho melhor que o gestor B, mesmo ajustando pelo risco, qual o percentual de talento e qual o de sorte envolvidos? Um excelente gestor pode ter um ano ruim. Outro gestor não tão talentoso pode ter tido um ano de sorte.

Pode ocorrer ainda apenas uma regressão à média. Da mesma forma que os cadetes israelenses, os gestores que tiveram um ano muito ruim têm a tendência estatística a melhorar, enquanto gestores com anos muito bons tem a tendência a piorar. Simplesmente regressão à média, mas pode induzir alguém que esteja analisando os desempenhos a cometer o mesmo erro do instrutor da força aérea de Israel: atribuir causalidade a eventos aleatórios, distorcendo o resultado dos gestores ou carteiras.

Não é possível de forma objetiva separar os efeitos do talento e da sorte no desempenho. Em outras palavras é bem complicado comparar gestores e desempenho de carteiras, pois, em geral atribuímos TODO o resultado, bom ou ruim ao talento e ignoramos o papel do acaso e da aleatoriedade no processo.

O melhor antídoto contra isso é comparar gestores em longos períodos de tempo. O que nos faz ter muita confiança no talento dos melhores gestores apontado pelo *The Wall Street Journal* no capítulo anterior, foi justamente os longos períodos, décadas na verdade, vencendo o mercado. Dificilmente a sorte dura tanto.

Na maioria das análises, contudo, infelizmente não é possível considerar tanto tempo, seja porque os gestores não possuem uma carreira tão longa, seja porque os fundos de investimentos alteraram suas estratégias ou gestores ao longo do tempo, os dados disponíveis se limitam ao horizonte de tempo relativamente curto.

Analisar esses períodos curtos nos leva a um sério risco, o viés cognitivo, a lei dos pequenos números.

★ ★ ★

Danny Kahneman apresenta, em seu livro[107], um estudo sobre a incidência de câncer renal nos 3141 condados dos Estados Unidos, com um padrão notável. Os condados onde a incidência de câncer renal é menor possuem como características gerais: são majoritariamente rurais, com populações pequenas e situados em regiões que tradicionalmente votam no Partido Republicano, no Sul, Oeste e Meio-Oeste do país.

Kahneman questiona o leitor quais as conclusões que podemos tirar dessas informações. Ele nos lembra que, ao ler e analisar essas informações,

---

[107] KAHNEMAN, Daniel. *Rápido e devagar*: duas formas de pensar. Objetiva, 2012, pp. 139.

acionamos o Sistema 2 que procurou resposta na nossa memória e criou hipóteses. Interagiu, ainda, com o Sistema 1 para recuperar fatos e sugestões da memória associativa.

Provavelmente você descartou a ideia de que votar no Partido Republicano, de alguma forma, protege as pessoas de câncer renal. Possivelmente, focou no fato de os condados serem majoritariamente rurais. É fácil e tentador concluir que as baixas taxa de câncer nesses condados são decorrentes da vida rural: menor poluição do ar e da água, alimentos sem agrotóxico, na verdade faz todo o sentido.

Considere então, a título de comparação, os condados com as maiores taxas de câncer renal. A expectativa natural de nossa mente é que sejam o perfil oposto: grandes cidades, áreas urbanas e com preferência pelo Partido Democrata. Contudo não é isso que os dados mostram.

Curiosamente o perfil dos condados com as maiores taxas de câncer de rim é: são majoritariamente rurais, com populações pequenas e situados em regiões que tradicionalmente votam no Partido Republicano, no Sul, Oeste e Meio-Oeste do país. Em outras palavras, basicamente o mesmo dos condados com baixas taxas!

Alguma coisa muito estranha deve estar acontecendo, deve haver erro nos dados. A explicação é mais simples, mas muito menos intuitiva que isso. O fator-chave não é que os condados sejam rurais ou que votem no Partido Republicano, mas sim que a sua população é pequena, as quais são mais sujeitas a variações aleatórias que em amostras grandes.

A lição, nesse caso, é que nossa mente tem um relacionamento muito difícil com estatísticas. O sistema 1 automaticamente e sem grande esforço atribui ligações causais a eventos que muitas vezes não tem relação entre si.

A inferência estatística, ou seja, a capacidade da estatística de prever bem os fenômenos, depende da lei dos grandes números. É essencial que a amostra possua um tamanho mínimo para que seja confiável. Amostras pequenas não permitem boas inferências, pois são demasiadamente sujeitas a fatores aleatórios.

Ao longo da evolução do ser humano, o cérebro foi moldado a fazer isso, atribuir causas e efeitos aos fenômenos da natureza. Até onde sabemos, o ser humano é o único animal capaz dessa proeza cognitiva, o que gerou uma tremenda vantagem competitiva à nossa espécie, em termos de sobrevivência. Basicamente esse é um dos fatores chaves que levaram a humanidade a dominar o planeta.

Assim nosso cérebro é uma verdadeira máquina de atribuir causas e efeitos para tudo, forjada e azeitada durante milhares de anos. No geral, funciona bem, mas naturalmente, erros grotescos podem ser cometidos em casos específicos. Especialmente quando envolvem raciocínio estatístico.

A mente humana, em geral, ignora a lei dos pequenos números. Não considera o tamanho da amostra para fazer inferências de causa e efeito. Simplesmente as faz, da mesma forma para amostras grandes e pequenas.

No exemplo dos condados, nosso cérebro começou com um fato que pede uma causa: a incidência de câncer renal varia amplamente de condado para condado e as diferenças apresentam são sistemáticas.

A explicação não é causal, e sim estatística: resultados extremos, tanto altos quanto baixos, possuem maior probabilidade de ocorrerem em amostras pequenas do que em amostras grandes. Não há uma causa nessa explicação. A população pequena de um condado não causa e nem previne câncer, simplesmente permite que as taxas de incidência de câncer sejam muito maiores ou muito menores que em uma população maior.

A verdade é que não há nada para explicar. A incidência de câncer não é verdadeiramente mais elevada ou mais baixa do que o normal em um condado com poucos habitantes, na realidade apenas parece ser assim, por uma questão técnica de amostragem, em algum ano particular.

O difícil é convencer nosso cérebro disso. Provavelmente você entendeu a explicação, mas tem uma sensação vaga de que algo está errado ou faltando: como assim não há nada a explicar? Deve haver alguma explicação plausível, certo? Se você se fez essas perguntas, ou teve essa sensação, você é como a maioria das pessoas, e essa máquina maravilhosa de dar sentido ao mundo, o nosso cérebro, está fazendo a sua função evolutiva. Nesse caso, de forma totalmente errada.

Voltando à questão da comparação dos gestores ou carteiras, na maioria das vezes possuímos dados limitados para a comparação, em outras palavras, uma amostra pequena. Nesses casos devemos ter muito cuidado com a lei dos pequenos números, pois fatores aleatórios podem levar a resultados extremos, mas o alto ou para baixo, e desvirtuar nossa análise.

Os vieses cognitivos não se limitam aos dados que possuímos, como na regressão à média e a lei dos pequenos números. Eles se estendem também aos dados que não possuímos.

Uma característica essencial do Sistema 1 é que ele retrata apenas ideias existentes e ativas no cérebro[108]. Informação que não é recuperada, seja consciente ou inconscientemente da memória, na prática, é como se não existisse. O Sistema 1 é muito eficaz em construir a melhor história possível que incorpore as ideias existentes e ativas no cérebro. Mas ele não considera (e nem teria como considerar) informações que não detém.

O objetivo do Sistema 1 é criar uma história coerente. Essa é a sua medida de sucesso. Ele não é capaz de avaliar a qualidade dos dados em que a história está baseada. É perfeitamente possível criar uma história totalmente coerente, do ponto de vista lógico, com informações falsas ou distorcidas.

Para nosso cérebro a história está impecável, é verdadeira, pois avalia apenas a coerência, quando na verdade essa história está completamente errada.

A nossa combinação cerebral típica, de um Sistema 1 que visa apenas coerência, com um Sistema 2, lento e forjado para economizar energia, portanto preguiçoso, significa que o Sistema 2 irá validar muitas crenças intuitivas, geradas pelo Sistema 1.

O Sistema 2 é capaz de fazer melhor, por exemplo, seguir uma lista de itens que devem ser confirmados antes de uma decisão – como na escolha de uma viagem de férias ou na compra de um apartamento – nesses casos, está, deliberadamente, buscando informações que não possui. Mesmo nesses casos, as evidências apontam que o Sistema 1 influencia a decisão, esse sistema está sempre funcionando e ligado a todo o processo mental.

Tirar conclusões precipitadas com base em informações limitadas é fundamental para a compreensão do pensamento intuitivo. Kahneman cunhou uma abreviatura para identificar isso[109]: WYSIATI – *what you see is all there is* (o que você vê é tudo que existe, em tradução livre).

De acordo com Danny, WYSIATI facilita a conquista de coerência e do conforto cognitivo que nos leva a aceitar uma afirmação como verdadeira. Explica por que podemos pensar com rapidez e como somos capazes de extrair sentido da informação parcial em um mundo complexo.

---

[108] KAHNEMAN, Daniel. *Rápido e devagar*: duas formas de pensar. Objetiva, 2012, pp. 111.
[109] KAHNEMAN, Daniel. *Rápido e devagar*: duas formas de pensar. Objetiva, 2012, pp. 112.

Essa estrutura mental é particularmente perigosa para as finanças e os investimentos.

Muitas vezes personificamos "o mercado financeiro", como figura de linguagem ou mesmo como uma imagem mental que facilita nossa compreensão de conceitos complexos. Contudo, na realidade, o mercado é formado por uma infinidade de investidores, os quais projetam para o futuro possíveis cenários e atribuem probabilidades a esses cenários. A média dos resultados dos cenários ponderados pela sua probabilidade forma os preços dos ativos nos mercados.

Não podemos esquecer que esses investidores, em última análise, são seres humanos, e como tal, sujeitos a WYSIATI. Logo, os cenários projetados pelo mercado financeiro, são apenas aqueles que estão ativos na mente dos investidores, não todos os cenários possíveis, como pressupunham os teóricos das finanças neoclássicas.

Parece uma diferença sutil, mas possui um efeito brutal. Os investidores simplesmente consideram que os seus cenários, as informações que possuem, são tudo que existe. Isso, naturalmente, não é verdade. O mercado pode sucumbir a um ou mais vieses comportamentais.

Ao analisar-se uma ação ou uma carteira, pode ocorrer algo semelhante. Ao escolher cenários e atribuir probabilidades, somente são consideradas as informações que se possui, como se fosse tudo que é possível. Grandes surpresas, positivas e negativas, podem surgir disso.

* * *

A lição para os investidores é que ninguém está isento dos vieses comportamentais. Não somos os seres super-racionais como imaginavam as finanças neoclássicas.

Cometemos erros de análise e percepção, por questões puramente cognitivas. Isso é automático, muitas vezes o Sistema 1 toma decisões precipitadas e o Sistema 2 não as impede adequadamente. Ocorre mesmo com os especialistas no assunto, afinal também são humanos.

Danny propõe que a melhor maneira de lidar com os vieses é, em primeiro lugar, reconhecer a sua existência. A partir desse reconhecimento, o investidor deve traçar estratégias para identificar e minimizar a incidência dessas falhas.

Pode ser algo simples, como um checklist, uma pessoa para revisar as decisões com esse foco ou até mesmo heurísticas para encontrar heurísticas e vieses. O que funcionar melhor individualmente. Esse modo de segurança para minimizar os vieses nas decisões financeiras do investidor fará muita diferença em longo prazo.

O cérebro humano é um sistema maravilhoso de dar sentido ao mundo, é o bem mais valioso do investidor. Contudo, ele não é perfeito, está sujeito a falhas sistemáticas: portanto, cuidado com o que você pensa.

CAPÍTULO 13.
O *Value Investing* funciona?

Existem inúmeras formas de avaliar e gerenciar os investimentos, mas duas escolas principais se destacam: a escola grafista (também chamada de análise técnica) e a escola fundamentalista.

A análise grafista foi criada por Charles Dow na segunda metade dos anos 1800. Nascido em 1851, foi um jornalista e empreendedor ao qual o mercado de ações estadunidense deve muito. Foi cocriador do famoso Índice Dow Jones da bolsa de Nova York (o nome oficial do índice é *Dow Jones Industrial Average*), juntamente com Edward Jones e Charles Bergstresser.

Fundou ainda o *The Wall Street Journal*, o jornal mais importante do mercado financeiros dos Estados Unidos.

Em seus estudos sobre ações, acabou criando uma série de técnicas e ferramentas que ficaram conhecidas como a "Teoria Dow". Essa teoria foi a base da moderna análise grafista, que se propõe a estudar padrões passados, por meio de gráficos, osciladores e tendências, a fim de compreender, em algum grau, as probabilidades de repetição desses padrões em um futuro próximo.

Para facilitar a comunicação e interpretação, identifica "figuras" nos gráficos, as quais indicariam, cada qual, tendências de alta ou baixa. Muitas dessas figuras possuem até nomes exóticos e divertidos, como o "bebê abandonado", "os três soldados", "ombro-cabeça-ombro", entre muitos outros.

Por conta da sua explicação estatística (e não causal) para os movimentos do mercado financeiro, sempre houve uma certa desconfiança em relação à análise grafista. As figuras exóticas também não ajudaram muito sua popularidade entre os mais céticos. Em certos ambientes acadêmicos é até vista como parente próxima da astrologia.

Andrew Lo, contudo, após minuciosa análise estatística das suas divertidas figuras gráficas, concluiu que essas imagens são boas heurísticas de previsões estatísticas robustas. Em outras palavras, a análise grafista possui uma base estatística subjacente, ainda que disfarçada na abordagem lúdica das imagens.

Assim concluiu que a análise técnica pode ser útil, como uma ferramenta de tendência para os mercados, sim, baseado em estatística robusta, porém pouco tem a dizer sobre os motivos dos movimentos nos preços (e na verdade nem se preocupa com isso mesmo).

A segunda escola, a Fundamentalista, é quem objetiva explicar os motivos das variações dos preços dos ativos.

Como o próprio nome sugere, essa escola tem como base identificar os fundamentos dos negócios como lucro, fluxo de caixa, endividamento, receitas, despesas, entre outros, projetando-os para o futuro e descontando esses fluxos de caixa futuros projetados por uma taxa adequada para trazê-los a valor presente.

Resumidamente, a empresa valeria o dinheiro (fluxo de caixa) que ela gerará no futuro, ajustado para a data atual. No jargão técnico, isso é conhecido como método do fluxo de caixa descontado (FCD).

Esse método remonta a uma combinação do trabalho e ideias de dois grandes professores. O primeiro, John Burr Williams, por seu livro, "*The Theory of Investment Value*", de 1938, que baseado em sua tese de doutorado em Economia por Harvard, apresentou a fórmula matemática do fluxo de caixa descontado, em uma versão aplicada aos dividendos. Esse modelo ainda é essencialmente a matemática usada na atualidade para FCD.

O segundo, Benjamin Graham, mentor de Warren Buffett que contribuiu para a análise do negócio, os fatores que deveriam ser considerados para as projeções dos fluxos de caixa.

De forma um pouco simplista, mas ilustrativa, digamos que John Burr Williams providenciou a base quantitativa, enquanto Benjamin Graham proporcionou os elementos qualitativos do método do fluxo de caixa descontado.

Na sua essência o termo *value investing* se aplica à essa ideia. Por meio do FCD, o analista determinaria o valor justo da ação, no jargão técnico, seu valor intrínseco, baseado nos fundamentos da empresa. Empresas que apresentassem ações com valor de mercado abaixo do seu valor intrínseco seriam boas oportunidades de compra, já que em longo prazo, os preços de mercado deveriam subir para atingir o valor intrínseco.

Naturalmente essa é uma ideia geral, mas uma série de detalhes e subclassificações foram criadas ao longo do tempo. Na atualidade há inclusive uma certa confusão com essa terminologia, com muitos investidores e gestores fazendo uma separação entre ações que seriam de *value investing* (investimento em valor) e outras de *growth investing* (investimento em crescimento).

As empresas de investimento em valor (*value investing*) seriam empresas mais tradicionais e consolidadas, que já apresentam bons fluxos de caixa no presente, ainda que possam, claro, incrementá-los no futuro. Já são uma realidade.

As empresas de investimento em crescimento (*growth investing*) ainda não seriam muito consolidadas, mas apresentariam um grande potencial de crescimento futuro. Os seus fluxos de caixa estariam principalmente no futuro. Seriam uma grande promessa de crescimento exponencial e transformação profunda dos seus setores econômicos.

Esses são termos atuais bastante utilizados, porém observe que as duas formas de análise do investimento se baseiam no fluxo de caixa descontado. Tanto as *value* quanto as *growth* terão seu valor intrínseco derivado dos fluxos de caixa futuros trazidos a valor presente. Portanto, na essência, ambas são precificadas por *value investing*. A diferença está apenas se esses fluxos estão mais concentrados no presente ou no futuro.

A pergunta inicial desse capítulo se referencia na essência do *value investing*, na combinação Burr Williams mais Graham. Inclui, da mesma forma, o *value* e o *growth* na terminologia atual.

Para os adeptos das finanças neoclássicas, especificamente a forma semiforte da HME, a resposta é que o *value investing* não funciona. Na verdade, para ser mais preciso, funciona tão perfeitamente, que, em média, os agentes (racionais) do mercado conseguem calcular os valores intrínsecos das ações perfeitamente e todos portanto ganharão o mesmo que a média do mercado. Não é possível vencer o mercado, certo?

Nesse sentido o *value investing* funciona perfeitamente para o investidor obter a remuneração justa, conforme o risco da ação, mas é inútil para dar a um investidor particular uma vantagem sobre os outros, permitindo que ele vencesse o mercado em longo prazo.

Bem, Warren Buffett não poderia discordar mais. Em uma de suas frases célebres, afirmou que: "se o mercado fosse eficiente, ele seria pobre". Claramente esse não era o caso, bilionário e pertencente a lista dos mais ricos do mundo por décadas.

O *value investing* é composto da parte quantitativa e da parte qualitativa. Para os interessados na parte *quant*, vejam o Apêndice Técnico IV – Fluxo de Caixa Descontado.

A parte qualitativa naturalmente varia de acordo com o gestor ou investidor. Robert Hagstrom, em seu ótimo livro *"The Warren Buffett way"*[110] estudou profundamente o método de Buffett e demonstrou, em linhas gerais quais seriam esses fatores qualitativos que o oráculo de Omaha levaria em consideração: *value investing* na mais pura essência, com o seu mais bem sucedido de todos os tempos.

Para Hagstrom, o ponto central que Buffett defende é que não se deve adquirir uma ação, mas sim m negócio, isso é que deve ser analisado. Os elementos centrais da análise de Buffett seriam compostos, de acordo com Hagstrom, por quatro grandes pilares, os fundamentos do negócio, dos gestores, financeiro e de mercado.

O autor resume esses fundamentos, por meio de algumas perguntas simples, que deveriam ser respondidas pelo investidor em ações:

---

[110] HAGSTROM, Robert G. The Warren Buffett way: Investment strategies of the world's greatest investor. John Wiley & Sons, 1997.

A) Fundamentos do negócio:
1) O negócio é simples e inteligível pelo investidor?
2) O negócio possui histórico de resultados operacionais consistentes?
3) O negócio tem perspectivas favoráveis em longo prazo?

B) Fundamentos dos gestores:
1) Os gestores são racionais?
2) Os gestores são francos e honestos com os acionistas?
3) Os gestores resistem ao imperativo institucional?

C) Fundamentos financeiros:
1) Foco no ROE e não no lucro por ação;
2) Calcule o "lucro do proprietário" (fluxo de caixa livre para o acionista);
3) Busque empresas com altas margens de lucro;
4) Para cada dólar reinvestido, a empresa criou pelo menos um dólar extra em valor de mercado?

D Fundamentos de mercado:
1) Qual é o valor do negócio?
2) O negócio pode ser comprado, no momento, por um desconto significativo em relação ao seu valor?

Figura 13.1 - Princípios de Warren Buffett para investir

Em relação aos fundamentos do negócio, o investidor precisa entender as receitas, despesas, fluxo de caixa, relações de trabalho, preços, flexibilidade e necessidades de capital da empresa com excepcional nível de conhecimento. Em geral, isso significa que os investidores devem comprar ações apenas em empresas conheçam bem. Um investidor precisa ser realista sobre o que não sabe. Os resultados acima da média, na maioria das vezes, são alcançados simplesmente fazendo coisas básicas, mas excepcionalmente bem.

O investidor deve valorizar a consistência operacional da empresa ao longo do tempo. Deve comprar negócios que resistam bem aos diferentes ciclos econômicos e forças competitivas. O melhor momento para comprar uma boa empresa é quando a lucratividade diminuiu por algum motivo externo de curto prazo. Pode ser uma oportunidade única de comprar uma excelente empresa por um preço baixo.

As ações podem ser divididas em duas grandes categorias: um grande grupo de empresas de *commodities* e um pequeno grupo de empresas que possuem produtos ou serviços diferenciados. As empresas de commodities competem apenas em preço, sem grande diferenciação entre fornecedores.

Por outro lado, as empresas que possuem produtos ou serviços diferenciados, não têm substitutos próximos e enfrentam baixa concorrência. O ideal seria comprar essas empresas.

O único problema é que empresas assim logo atraem concorrentes e produtos substitutos, o que por sua vez leva a criação de um mercado de commodities em torno desse produto ou serviço. Sempre que isso acontece, o valor da a gestão se torna ainda mais crítica para o desempenho da empresa.

Caso não seja possível adquirir uma empresa com produtos diferenciados, a segunda melhor opção é comprar a empresa de menor custo em uma commodity de mercado. Em longo prazo, essa empresa de menor custo tende a dominar o mercado.

Para os fundamentos dos gestores, a primeira grande questão é que os gestores agem e pensam como proprietários da empresa e não como empregados. Os bons gestores investirão qualquer excesso de caixa gerado pela empresa em projetos que produzem retornos superiores ao custo de capital. Em longo prazo, a alocação de capital determina o valor da companhia.

O administrador ideal de um negócio informa o desempenho financeiro aberta e genuinamente, com a capacidade de admitir erros e relatar o progresso de todos os aspectos da empresa. A gestão também deve ser capaz de reafirmar que o objetivo principal da empresa é maximizar o retorno sobre investimento do acionista. Este conceito deve inspirar cada medida tomada. O compromisso de incluir todas as informações que os proprietários considerariam valiosas para julgar o desempenho financeiro da empresa desempenho econômico é uma característica marcante de um excelente time de gestão.

O imperativo institucional é a tendência dos gestores das empresas de imitar as ações de outras empresas, até mesmo quando essas ações são destrutivas ou irracionais. Em uma expressão popular no Brasil, seria uma gestão "maria vai com as outras". Uma medida da qualidade da gestão de qualquer empresa é o grau em que pensam por si próprios, em vez de se contentar com uma imitação irracional do que todo mundo está fazendo. Na essência, as empresas de sucesso têm executivos que se recusam a seguir o rebanho até a mediocridade.

Já para os fundamentos financeiros, uma das melhores medidas do desempenho de uma empresa é o retorno sobre o patrimônio líquido – a relação entre o lucro operacional e o patrimônio líquido. Esse indicador mede a capacidade da administração de gerar retorno nas operações da empresa dado o capital empregado. Uma boa equipe de gestão alcançará consistentemente bons retornos sobre o patrimônio líquido, empregando pouca ou nenhuma dívida, ou pelo menos empregando um nível de dívida administrável para a natureza do negócio.

Em última análise, o valor em longo prazo de qualquer empresa é proveniente da sua capacidade de gerar um excedente de caixa. No entanto, uma empresa com uma alta relação entre ativos e lucros exigirá uma parcela maior de ganhos para se manter lucrativo do que uma empresa com uma baixa relação entre ativos e lucros. Toda empresa com valor deveria ser capaz de gerar esses "Ganhos dos acionistas" em longo prazo.

Altas margens de lucro são uma grande vantagem competitiva da empresa e interessam muito aos acionistas. Qualquer dinheiro gasto em custos desnecessários priva acionistas de lucros extras. A eliminação de despesas desnecessárias é uma medida recorrente e contínua para gestores eficazes.

Por fim, em relação aos fundamentos de mercado, Buffett calcula o valor de uma empresa como o valor presente dos fluxos esperados que ocorram ao longo da vida do negócio, descontados a uma taxa de juros apropriada. Os fluxos de caixa líquidos são os ganhos esperados para os acionistas em longo prazo.

Tendo realizado um cálculo preciso do valor do negócio, o investidor deve agora olhar para o preço de mercado. A regra para o sucesso é comprar apenas quando o preço atual de mercado está com um desconto significativo em relação ao valor. A intenção de qualquer investidor é conseguir um retorno acima da média. A diferença entre o valor intrínseco e o preço de mercado é a margem de segurança do investidor. Buffet geralmente demanda pelo menos 25% de desconto como sua margem de segurança.

O investimento inteligente é quando comprar ações de uma empresa, agir como o proprietário da empresa, não o dono de um pedaço de papel.

★ ★ ★

Todas as ideias de Buffett para analisar negócios e ações são interessantes e possuem mérito. Alguns pontos essenciais, contudo, merecem atenção na análise do *value investing,* por meio do fluxo de caixa descontado.

O sucesso da análise do FCD depende fortemente de um bom nível de previsibilidade do futuro. A projeção de resultados precisa ser minimamente acurada para que o valor intrínseco calculado possua alguma confiabilidade. O grande problema é o futuro, mesmo próximo, é altamente imprevisível.

Recorrendo à teoria da complexidade, até seria razoável fazer essas projeções em ambientes lineares. Contudo, os ambientes empresariais normalmente são complexos, com ampla interação entre variáveis, o que virtualmente impossibilita projeções em longo prazo, analogamente à dinâmica complexa na previsão do tempo pelos meteorologistas.

A suposição essencial do *value investing* é que o valor intrínseco é um preço-alvo, para o qual o mercado convergirá em longo prazo. Deveria haver uma certa estabilidade no valor intrínseco, já que é derivado dos fundamentos econômico-financeiros da empresa, que em condições de certa normalidade dos negócios, portanto, na maior parte do tempo, mudam lentamente.

De acordo com a teoria da reflexividade de Soros, algo diferente poderia acontecer. Em momento em que o mercado vive situações próximas do equilíbrio, sem reflexividade, considerar o valor intrínseco como razoavelmente estável faz sentido. Porém, em situações longe do equilíbrio, nas quais a reflexividade impera, o valor intrínseco pode se tornar um alvo móvel.

Isso poderia ocorrer na medida em que os preços de mercado deixassem de meramente refletir os fundamentos, mas passassem também a alterá-los. Por consequência da mudança dos fundamentos, o valor intrínseco teria que mudar também, afetando novamente os preços de mercado que poderiam, por sua vez, continuar o ciclo e afetar mais uma vez os fundamentos – a reflexividade de Soros em ação.

Nesse caso seria muito difícil estabelecer um preço-alvo para o valor intrínseco, pois os próprios fundamentos estariam mudando a todo momento, influenciados pelos preços de mercado.

Os analistas investidores e gestores, como seres humanos, estão sujeitos aos vieses comportamentais no método do fluxo de caixa descontado. Decorre disso, uma série de dificuldades, como WYSIATI nas projeções de cenários de fluxo de caixa e a lei dos pequenos números para determinação de parâmetros e premissas importantes nos modelos.

Ademais podem desenvolver o viés do excesso de confiança para os cálculos dos valores intrínsecos, se recusando a admitir as suas fragilidades de análise. Podem ainda ser vítimas do efeito Halo, atribuindo premissas mais favoráveis do que seria adequado para empresa e ações as quais possuem simpatia pessoal, ou o oposto, premissas negativas demais para ações que não gostam – Nietzsche novamente: "humano, demasiado humano".

Uma análise séria deve criar mecanismos para minimizar o efeito dos vieses na qualidade do relatório de fluxo de caixa descontado.

★ ★ ★

A lição para os investidores é que o método do fluxo de caixa descontado, bem como todos os outros, possui limitações sérias e deve ser utilizado com essa perspectiva clara.

O fluxo de caixa descontado é a ferramenta mais essencial de que o analista de ações dispõe. É a sua *alma mater*, expressão latina que significa "mãe que nutre" em uma tradução livre. Os analistas, investidores e gestores precisam se nutrir de informações sobre as empresas e analisá-las da melhor forma possível. Essencialmente são nutridos no *mindset* do fluxo de caixa descontado.

O *value investing* funciona, no sentido que é útil enquanto forma de pensar e ferramenta analítica, desde que sejam ponderadas e consideradas abertamente suas limitações. Naturalmente é uma ferramenta imperfeita, como todas as demais que existem. O seu grande desafio, que é, ao mesmo tempo, a chave para o sucesso é que seja feita uma boa execução.

Com diria Warren Buffett, sobre as empresas: "os resultados acima da média, na maioria das vezes, são alcançados simplesmente fazendo coisas básicas, mas excepcionalmente bem".

O mesmo vale para o processo de avaliação das empresas pelo método do fluxo de caixa descontado e para todas as ferramentas de análise de *value investing*.

CAPÍTULO 14.
Cinco implicações intrigantes

Andrew Lo, em seu magistral livro, "Mercados Adaptáveis" sintetiza as principais características dos investimentos da perspectiva das finanças neoclássicas. Esses princípios são decorrentes da Hipótese do Mercado Eficiente. Naturalmente, os investidores e gestores, nessa visão, deveriam ter esses pressupostos em mente ao fazer suas escolhas de investimentos. Os cinco princípios elencados por Lo são[111]:

	Princípio	Explicação
P1	Relação Risco/Retorno	Existe uma correlação positiva entre risco e retorno em todos os investimentos financeiros. Os ativos com maior retorno possuem também maior risco.
P2	Alfa, Beta e CAPM	O retorno esperado de um investimento está linearmente relacionado a seu risco. Em outras palavras, planejar risco versus retorno esperado, em um gráfico, deve mostrar uma linha reta. Esse comportamento é pelo modelo financeiro – CAPM: *Capital Assets Pricing Model* (modelo de apreçamento de ativos de capital).

---

[111] LO, Andrew W. Mercado Adaptáveis: evolução financeira na velocidade do pensamento. Rio de Janeiro: Alta Books, 2018, pp. 249.

	Princípio	Explicação
P3	Otimização de Portfólio e Investimento Passivo	Usando uma abordagem estatística derivada do Princípio 2 (P2) e do CAPM, os gestores de portfólio são capazes de construir carteiras diversificadas de longo prazo, com ativos financeiros que oferecem aos investidores taxas de retorno, atrativas, em especial quando ajustadas pelo risco. O custo operacional de criar e gerenciar essas carteiras é baixo para esses gestores.
P4	Alocação de Ativos	Escolher o quanto investir em grandes classes de ativos é mais importante do que escolher ativos individuais, então a decisão de alocação de recursos é suficiente para gerenciar o risco das poupanças de um investidor.
P5	Ações para Longo Prazo	Os investidores devem manter ações principalmente para o longo prazo.

Figura 14.1 – Princípios de Investimento segundo a Hipótese do Mercado Eficiente

Esses são os conselhos e recomendações padrão dos chamados profissionais do mercado financeiro. Envolvem desde os gestores de recursos, gerentes de banco, mas também quem pode oferecer conselhos financeiros.

Os conselheiros financeiros profissionais, no Brasil, são regulamentados pela CVM e autorregulados por diversas entidades e associações.

Para se tornar certificado nessas associações é necessário passar em uma avaliação escrita sobre finanças. A cartilha padrão de conteúdo é derivada dos cinco princípios expostos anteriormente, fortemente vinculados ao paradigma ainda dominante das finanças neoclássicas.

No paradigma emergente, o das novas finanças, esses princípios podem ser alterados, fazendo surgir novas implicações para os investidores. Nesse sentido, há uma certa convergência entre as finanças comportamentais, a teoria da complexidade, os ciclos de reflexividade nos mercados e a Hipótese dos Mercados Adaptáveis (HMA), em discordar dos princípios tradicionais e explorar novas possibilidades. Andrew Lo explica algumas dessas possíveis novas implicações[112].

A primeira implicação é que, na medida em que é provável que exista uma relação entre risco e retorno, também é improvável que ela seja estável ao longo do tempo. Essa relação é determinada pelos tamanhos relativos

---

[112] LO, Andrew W. The adaptive markets hypothesis. *The Journal of Portfolio Management*, v. 30, n. 5, pp. 15-29, 2004.

e preferências de várias populações na ecologia de mercado, bem como aspectos institucionais como o ambiente regulatório e as leis tributárias. À medida que esses fatores mudam com o tempo, qualquer relação risco / retorno provavelmente será afetada.

Um corolário desta implicação é que a manutenção do prêmio de risco também varia com o tempo e depende das circunstâncias históricas. Isso não é tão inovador – afinal, mesmo no contexto de um mercado eficiente, se as preferências de risco mudam com o tempo, então o prêmio de risco de ações também deve variar.

O insight incremental da HMA é que as preferências de risco agregadas são moldadas pelas forças da seleção natural.

Para ilustrar a ideia, suponha um país cuja bolsa de valores experimentou um longo período de alta, com breves períodos de correção, mas que nunca afetaram a tendência geral de subida.

Esse mercado foi povoado por um grupo significativo de investidores que nunca experimentaram um mercado em baixa genuíno – este fato sem dúvida moldou as suas preferências de risco agregadas.

Então ocorre uma grande crise, acarretando grandes perdas aos investidores. Nesse contexto, a seleção natural determina quem participa das interações do mercado. Investidores que experimentaram perdas substanciais na crise são mais propensos a saírem do mercado, deixando uma população marcadamente diferente de investidores. Por meio das forças da seleção natural, a história é importante.

Independentemente da questão de se os preços refletem totalmente todas as informações disponíveis, o caminho particular que os preços de mercado (alta ou baixa) assumiram nos últimos anos influencia as preferências agregadas de risco atuais.

Uma segunda implicação é que, ao contrário do que defende a Hipótese do Mercado Eficiente, as oportunidades de arbitragem existem sim, de vez em quando, na HMA. Grossman e Stiglitz, como já exposto anteriormente, observaram que sem tais oportunidades, não haveria incentivos para se coletar informações no mercado, o que levaria o sistema de preços a entrar em colapso.

De uma perspectiva evolutiva, a existência de mercados financeiros ativos implica que oportunidades de lucro devem estar presentes. Essas oportunidades são exploradas e desaparecem, como preveem os mercados eficientes.

Contudo novas oportunidades também estão sendo criadas continuamente. Em uma metáfora ecológica para a situação, certas espécies morrem, como outras nascem

Logo, ao invés de tendência inexorável de maior eficiência prevista pela HME, os mercados adaptáveis e teorias da complexidade e reflexividade, implicam uma dinâmica de mercado consideravelmente mais complexa, com ciclos e tendências, pânicos, manias, bolhas e outros fenômenos que são testemunhados rotineiramente em ecologias naturais de mercado.

A eficiência das ferramentas do CAPM e de suas medidas de alfa e beta depende assim do ambiente do mercado financeiro. Em alguns momentos, conforme a configuração ecológica, podem funcionar bem. Contudo, pelo mesmo motivo podem deixar de ser confiáveis repentinamente.

Uma terceira implicação é que as próprias estratégias de investimento em si também irão se comportar como populações animais, aumentando e diminuindo, na medida em que obtém boa performance em determinados ambientes e desempenho insatisfatório em outros ambientes.

Ao contrário da HME, na qual as oportunidades de arbitragem são executadas, eventualmente eliminando a rentabilidade da estratégia desenhada para explorar a arbitragem específica e fazendo-a assim desaparecer, em mercados adaptáveis estratégias podem declinar por um tempo e, em seguida, retornar à lucratividade quando o ambiente as condições tornam-se mais favoráveis a essas negociações.

Nesse contexto, a otimização de portfólios por meio de investimento passivo de baixo custo operacional não é garantia de sucesso para os gestores. Pode funcionar maravilhosamente bem em determinados mercados, para em seguida, deixar de ser tão interessante. Após algum tempo pode ganhar atratividade novamente. A dinâmica pode ser complexa.

Uma quarta implicação é que a inovação é a chave para a sobrevivência. Para os teóricos dos mercados eficientes, certos níveis de retornos esperados podem ser alcançados simplesmente mantendo um grau suficiente de risco.

Uma vez que, em mercados complexos, a relação risco e retorno varia ao longo do tempo, a melhor maneira de alcançar um nível consistente de retornos esperados é se adaptar às mudanças das condições de mercado. Ao desenvolver uma multiplicidade de recursos adequados a uma variedade de condições ambientais, os gestores de investimento são menos propensos a serem extintos como resultado de mudanças rápidas nas condições de negócios.

Isso torna a alocação de ativos bastante desafiadora, fazendo com que os investidores busquem novas alternativas de classes em si, ao mesmo tempo que as alocações, de fixas precisarão se transformar em variáveis, se adaptando aos novos mercados. Mais sobre esse tema no próximo capítulo.

A quinta implicação é válida para todos os participantes do mercado financeiro: a sobrevivência é o único objetivo que importa. Enquanto a maximização do lucro, a maximização da utilidade e equilíbrio geral são certamente aspectos relevantes da ecologia de mercado, o princípio organizador fundamental que determina a evolução dos mercados e da tecnologia financeira é simplesmente sobreviver.

As ações são ótimos investimentos em longo prazo, com a única condição de que o investidor precisa sobreviver até lá, senão não faz sentido o investimento.

A fim de facilitar a visualização e comparação dos princípios e implicações para os investimentos, das finanças neoclássicas, guiadas pela ideia central da eficiência de mercado, em comparação com as novas finanças, observe a figura 14.1 do início do capítulo ampliada[113]:

	Princípio	Finanças Neoclássicas	Novas Finanças
P1	Relação Risco / Retorno	Existe uma correlação positiva entre risco e retorno em todos os investimentos financeiros. Os ativos com maior retorno possuem também maior risco.	Em condições normais de mercado, existe uma associação positiva entre risco e retorno para todos os ativos financeiros. Porém quando a população de investidores enfrenta ameaças financeiras extremas, sua forma de atuar pode ser afetada e se tornar irracional, casos em que o risco será punido. Esses períodos podem durar meses ou mesmo anos.

---

[113] LO, Andrew W. Mercado Adaptáveis: evolução financeira na velocidade do pensamento. Rio de Janeiro: Alta Books, 2018, pp. 283 e 284.

Princípio		Finanças Neoclássicas	Novas Finanças
P2	Alfa, Beta e CAPM	O retorno esperado de um investimento está linearmente relacionado a seu risco. Em outras palavras, planejar risco versus retorno esperado, em um gráfico, deve mostrar uma linha reta. Esse comportamento é pelo modelo financeiro – CAPM: *Capital Assets Pricing Model* (modelo de apreçamento de ativos de capital).	O CAPM e os modelos de fatores lineares são insumos úteis para a gestão de carteiras, mas eles dependem de vários pressupostos econômicos e estatísticos essenciais que podem ser aproximações fracas em determinados ambientes de mercado. Conhecer o meio ambiente e a dinâmica populacional dos participantes do mercado pode ser mais importante do que qualquer modelo de fator único.
P3	*Otimização de Portfólio e Investimento Passivo*	Usando uma abordagem estatística derivada do Princípio 2 (P2) e do CAPM, os gestores de portfólio são capazes de construir carteiras diversificadas de longo prazo, com ativos financeiros que oferecem aos investidores taxas de retorno, atrativas, em especial, quando ajustadas pelo risco. O custo operacional de criar e gerenciar essas carteiras é baixo para esses gestores.	As ferramentas de otimização de portfólio só são úteis se os pressupostos de racionalidade e volatilidade bem-comportada forem boas aproximações da realidade. A noção de investimento passivo está mudando devido aos avanços tecnológicos, e a gestão de riscos deve ser uma prioridade maior, mesmo para os fundos indexados passivos.
P4	*Alocação de Ativos*	Escolher o quanto investir em grandes classes de ativos é mais importante do que escolher ativos individuais, então, a decisão de alocação de recursos é suficiente para gerenciar o risco das poupanças de um investidor.	Os limites entre as classes de ativos estão ficando indefinidos, pois fatores macro e novas instituições financeiras criam vínculos e contágios em ativos anteriormente não relacionados. Gerenciar o risco por meio da está menos eficaz hoje do que no passado.
P5	*Ações para Longo Prazo*	Os investidores devem manter ações principalmente para o longo prazo.	As ações oferecem retornos atraentes em longo prazo, mas poucos investidores podem se dar ao luxo de aguardar isso. Em horizontes de investimento mais realistas, as chances de perda são significativamente maiores, então os investidores precisam ser mais ativos no gerenciamento do risco.

Figura 14.2 – Princípios de Investimento:
Finanças Neoclássicas vs. Novas Finanças

As novas finanças trazem uma série de pontos de flexibilização e dúvidas sobre a estratégia tradicional de investimentos.

Esse ponto é particularmente delicado, pois toda a indústria financeira, desde os gestores de recursos e fundos de investimento até os conselheiros profissionais estão plenamente imbuídos do antigo paradigma, muitas vezes sem sequer ter consciência das novas finanças.

★ ★ ★

A lição para os investidores é que precisam tomar muito cuidado com os conselhos e práticas sobre investimentos que atualmente são padrão no mercado financeiro

Não é que as finanças neoclássicas estejam completamente erradas, há mérito em seus princípios e argumentos. Contudo, estão bem longe de refletirem corretamente toda a complexidade dos mercados e, portanto, muitas vezes, oferecem conselhos inadequados com a convicção de que são uma verdade absoluta sobre finanças.

O investidor deve ser crítico ao kit padrão de conselhos da indústria financeira: nem sempre o tomar mais risco é recompensado com mais retorno potencial, isso não é automático.

Os retornos não são necessariamente proporcionais aos riscos assumidos. O CAPM é ótimo ponto de partida de análise, mas só isso, um ponto de partida. Nem sempre consegue captar todos os fatores de risco por meio do beta.

As técnicas de otimização de portfólio clássicas, como a teoria de Markowitz, estão longe de ser uma garantia de sucesso. Funcionam em algumas circunstâncias de mercado, mas não em outras.

Os fundamentos clássicos de diversificação e redução de risco, por meio de investimentos em diferentes classes de ativos, com correlações baixas, ou idealmente negativas, está cada vez mais difícil de ser aplicado.

As classes de ativos têm se mostrado cada vez mais positivamente correlacionadas, diminuindo o efeito da diversificação na redução do risco da carteira. Novas instituições e tecnologias financeiras têm feito os mercados de diferentes ativos estarem cada mais relacionados.

O conselho de investimento em ações em longo prazo continua útil, mas a maioria dos investidores simplesmente não pode se dar ao luxo de esperar tanto. Isso demanda um cuidado ainda maior na gestão de riscos.

Essas cinco novas implicações trazidas por Andrew Lo são realmente intrigantes e nos fazem pensar se as finanças neoclássicas na verdade não estão nos oferecendo um mapa errado para nos guiar no mundo financeiro.

Caso esse mapa esteja realmente errado, não seria melhor simplesmente abandoná-lo? Afinal mesmo não ter mapa algum não é melhor do se guiar por um mapa equivocado?

Nassim Taleb responde positivamente a essa pergunta e propõe um meio de sobreviver no mundo financeiro sem um mapa que determine os nossos passos.

CAPÍTULO 15.
Como ganhar dinheiro com o que você não sabe

Nassim Taleb é realmente um pensador interessante e até em certo ponto exótico, para ser um pouco mais preciso. Nascido na cidade de Amioun, no norte do Líbano, no ano de 1960, em uma influente família greco--ortodoxa. Ainda assim, durante sua adolescência, passou grande parte do tempo trancado em um porão, se escondendo da guerra civil que assolou seu país.

Fez a sua graduação e mestrado na França, na Universidade de Paris. Estudou nos Estados Unidos, onde cursou um dos mais prestigiosos MBAs, com foco em finanças, na Wharton School, da Universidade da Pennsylvania, concluído em 1983. Por fim, em 1998 concluiu seu doutorado na Universidade de Paris, com uma tese que versava sobre a matemática de apreçamento de derivativos.

Durante a década de 1980 foi *trader* desses controversos instrumentos financeiros, sobre os quais escreveria sua tese de doutorado mais tarde. Assumiu posições de relevo em importantes instituições financeiras durante as décadas de 1980 e 1990. Fundou seu próprio fundo para gerir investimentos, em parceria com Mark Spitznagel, a *Empirica Capital*. Posteriormente, Taleb saiu da sociedade com Spitznagel, o qual transformou a Empirica Capital na *Universa Investment*. Taleb se ausentou da gestão do Universa, mas continua ligado ao fundo como consultor.

Contudo tornou-se conhecido do grande público com uma nova mudança de carreira, para escritor. Os seus livros não técnicos foram grandes sucesso de vendas, tornando as suas ideias bastante difundidas, além do mercado financeiro. Esses livros acabaram formando a coleção *Incerto*[114] e renderam notoriedade e muitas polêmicas ao seu autor.

O grande pano de fundo, a grande premissa das ideias de Taleb, consiste em que o mundo em que vivemos é muito mais incerto, aleatório e imprevisível do que costumamos acreditar. Muito dos resultados bons ou ruins que atribuímos aos nossos próprios esforços, na verdade são frutos muito mais da aleatoriedade da vida. Acreditamos possuir um nível de controle do mundo irrealista, utópico, o qual se reflete em nossa prática profissional e científica – somos uns *iludidos pelo acaso*, como diz o título do seu primeiro livro para leigos.

Mais do que apenas ser imprevisível, o mundo é governado pelo que ele batizou com o nome de "eventos de cisne negro".

Inspirado na antiga metáfora de Karl Popper, sobre o inesperado evento da descoberta do cisne negro na Austrália, após mais de dois mil anos de observação de apenas cisnes brancos na Europa, Taleb cunhou o termo "eventos de cisne negro" para descrever acontecimentos econômicos, políticos, sociais, naturais, tecnológicos que afetam enormemente a sociedade, ao mesmo tempo que são completamente inesperados.

Por exemplo, o ataque terrorista aos Estados Unidos em 11 de setembro de 2001. Um evento político e social completamente inesperado, que alterou muitas questões econômicas, provocou guerra, mexeu com crenças e formas de pensar, enfim impactou a vida e a sociedade humana em larga escala.

---

[114] A coleção de livros *Incerto*, de Nassim Taleb é composta por:
a) *Fooled by Randomness*: The Hidden Role of Chance in Life and in the Markets. New York: Random House. 2001.
b) *The Black Swan*: The Impact of the Highly Improbable. New York: Random House and Penguin Books. 2007.
c) *The Bed of Procrustes*: Philosophical and Practical Aphorisms. New York: Random House. 2010.
d) *Antifragile*: Things That Gain from Disorder. New York: Random House. 2012.
e) *Skin in the Game*: Hidden Asymmetries in Daily Life. New York: Random House. 2018.

Os cisnes negros podem ser negativos, como o 11 de setembro, mas também positivos. As suas duas características marcantes são o fato de impactarem fortemente a sociedade e serem totalmente imprevisíveis.

A questão central, seguindo o raciocínio, não é como prever melhor os eventos futuros. Isso na verdade é impossível nesse contexto de mundo, afinal, os eventos de maior impacto, os cisnes negros, são impossíveis de serem previstos, por definição.

A estratégia vencedora, seria, ao invés de tentar prever os eventos, aprender a viver em um mundo imprevisível.

Taleb discute as implicações dessa imprevisibilidade do mundo longamente em seus livros, para diversos aspectos dos governos, da democracia, da vida cotidiana, da saúde, do sucesso profissional, entre outros.

Para as finanças as consequências são enormes. A hipótese do mercado eficiente pressupõe que conjunto de agentes do mercado traça todos os cenários futuros possíveis, atribuindo-lhes probabilidades. Os preços dos ativos são consequência dos efeitos dos cenários e suas probabilidades ponderadas. Por isso incorpora toda informação disponível, o que levaria os preços a estarem sempre certos, pelo menos em longo prazo.

Se introduzirmos os eventos do cisne negro nessa lógica, haverá sérios problemas para os mercados eficientes e consequentemente para a alegação de que os preços estariam sempre certos: os cisnes negros não poderiam estar nos cenários desenhados pelos investidores, portanto estaria com probabilidade atribuída como zero – um evento impossível.

Apesar do cisne negro ser um evento de baixíssima probabilidade, essa não é zero. Em nossa mente linear os termos "altamente improvável" e "probabilidade zero" muitas vezes são interpretados como quase sinônimos. Mais um viés cognitivo perigoso.

Podem até ser tratados dessa forma para eventos de baixo impacto, mas não para cisnes negros, que são muito impactantes. Em seu brilhante livro "Desafio aos Deuses"[115], Peter Bernstein relata uma história verídica que ilustra perfeitamente o ponto:

"Em uma noite de inverno, durante um dos muitos ataques de aéreos alemães contra Moscou, na Segunda Guerra Mundial, um eminente

---

[115] BERNSTEIN, Peter L. *Desafio aos Deuses*: a Fascinante História do Risco". Rio de Janeiro: Editora Campus, 1997, pp. 115.

professor de estatística soviético apareceu em seu abrigo antiaéreo local. Era a primeira vez que dava as caras. "Há sete milhões de pessoas em Moscou", costumava afirmar. "Por que devo esperar que me atinjam?" Seus amigos ficaram espantados em vê-lo e perguntaram o que acontecera para que mudasse de ideia. "Veja bem", explicou ele, "há sete milhões de pessoas e um elefante. Na noite passada atingiram o elefante".

Bernstein não usa os termos de Taleb, mas se o fizesse, atingir o elefante de Moscou seria um evento de cisne negro no contexto da história contada. Não importa se a probabilidade é muito baixa, ser atingido por uma bomba nazista muda tudo, simplesmente é um evento que só pelo fato de não ter probabilidade zero, não pode ser ignorado.

Caso Taleb esteja certo, e o mercado financeiro (e o mundo) sejam mesmo governados por cisnes negros, uma explicação plausível para longos períodos de mercados com "preços certos", quando repentinamente ocorre uma mudança brusca tornando os preços irracionais.

Durante os longos períodos dos mercados com "preços corretos", os cenários e probabilidades futuras, em média, eram estimativas razoáveis. Um evento de cisne negro, dado como probabilidade zero então ocorre, reajustando os preços de forma aparentemente irracional. A fonte dessa irracionalidade foi a incapacidade de antecipação desse cenário pelo mercado, ainda que com probabilidades mínimas.

Mas Taleb propõe uma solução para os investidores. Uma heurística que, ao invés de tentar prever cisnes negros, o que seria uma impossibilidade lógica, permitiria se expor aos cisnes negros positivos e ao mesmo tempo se proteger dos cisnes negros negativos: a *estratégia Barbell*, que visa criar antifragilidade para a carteira de investimentos.

Para chegar a essa estratégia, Nassim Taleb divide as coisas em três categorias, a sua tríade: elas poderiam ser frágeis, robustas ou antifrágeis.

O frágil é aquele que ao sofrer um estresse ficaria em situação pior que a original. Um cálice de cristal, nesse sentido é frágil: ao sofrer uma queda, um estresse físico, se despedaçará e seu estado final será pior o que inicial.

Nassim gosta de utilizar de imagens, mitos e histórias da antiguidade para ilustrar seus conceitos. Para os elementos frágeis, utiliza-se da metáfora da espada de Dâmocles. O mito antigo se passa na cidade de Siracusa, na qual Dâmocles, um grande bajulador, faz parte da corte do rei Dionísio.

Ele dizia que, como um grande homem de poder e autoridade, Dionísio era verdadeiramente afortunado.

Dionísio ofereceu-se para trocar de lugar com ele por um dia, para que ele também pudesse sentir o gosto de toda esta sorte, sendo servido em ouro e prata, atendido por garotas de extraordinária beleza, e servido com as melhores comidas. No meio de todo o luxo, Dionísio ordenou que uma espada fosse pendurada sobre o pescoço de Dâmocles, presa apenas por um fio de rabo de cavalo.

Ao ver a espada afiada suspensa diretamente sobre sua cabeça, Dâmocles perdeu o interesse pela excelente comida e pelas belas garotas e abdicou de seu posto, dizendo que não queria mais ser tão afortunado.

A situação de Dâmocles era extremamente frágil, qualquer estresse no fio de rabo de cavalo o mataria. Situações frágeis devem ser evitadas, tanto na vida real, quanto no mercado financeiro.

Os paralelos para os exemplos de estresse físico, seriam o excesso de volatilidade ou choques externos.

O robusto, também chamado de resiliente, seria aquele que após sofrer um estresse, permanece igual, nem melhor e nem pior. Um trator é projetado para ser robusto, mesmo enfrentando um terreno adverso, chega ao final do seu trajeto inteiro, basicamente na mesma situação em que o iniciou.

Nas alegorias míticas, seria a ave fênix, um pássaro da mitologia grega que, quando morria, entrava em autocombustão e, passado algum tempo, ressurgia das próprias cinzas. Mas ressurgia igual ao que era, nem melhor e nem pior.

A terceira categoria da tríade, a mais interessante, são os elementos antifrágeis, os quais submetidos a um estresse ficariam melhores do que começaram. Para Taleb, a vida é muito antifrágil. A Terra sofreu diversos eventos de extinção em massa durante a sua história, sendo a que envolve os dinossauros a mais famosa. Em alguns desses eventos, mais de 90% das espécies foram extintas. Algum tempo após a extinção, a vida, ao contrário de se fragilizar, sofreu um processo de fortalecimento, aumentando exponencialmente o número de espécies, as quais, em geral mais complexas que as anteriores.

A antifragilidade, nesse sentido, foi a grande responsável pelo surgimento do ser humano no planeta.

A figura mítica utilizada é a Hidra, pertence às lendas gregas, animal com várias cabeças de serpente e um corpo de dragão. Ao cortar uma cabeça da Hidra, duas nasceriam em seu lugar. Ficaria ainda mais perigosa – seria antifrágil.

Como matemático Taleb utiliza também os termos convexo e assimetria positiva para a antifragilidade. Da mesma forma, côncavo ou assimetria negativa são frágeis. Os elementos robustos são simétricos.

Imagine um jogo de moeda em que aposte em cara ou coroa. Com uma moeda honesta, sabemos que as probabilidades são iguais, 50% para uma das possibilidades. Esse é um jogo simétrico, as suas chances de ganhar e perder são iguais. Se você tiver muito tempo e jogar muitas vezes esse jogo, a tendência é terminar com o mesmo valor que começou – simétrico ou robusto, nos termos do autor.

Não é uma aposta interessante, pois, estatisticamente, não melhora sua riqueza em longo prazo. Mas poderia ser bem pior: se você for a um cassino, há uma imensa assimetria negativa nas máquinas de caça-níquel. Na maioria dos cassinos, elas são programadas para vencer em 95% das vezes, deixando uma probabilidade de vitória para o desafortunado apostador de apenas 5%. Essa é uma aposta côncava ou frágil e naturalmente, você não deveria se envolver com ela.

Em anos recentes, com as possiblidades de se negociar ativos financeiros da sua própria casa, via internet, tem surgido defensores de uma mudança profissional radical: pessoas insatisfeitas com seu trabalho, poderiam abandonar seus empregos e ganhar muito dinheiro, em casa fazendo operações de compra e venda de curtíssimo prazo, várias vezes ao dia, de diversos ativos financeiros, como ações, commodities, futuros e opções. No jargão técnico são os *day traders*, aqueles que negociam para se aproveitar de pequenas altas e baixas nos preços, em sucessivas operações durante o dia.

O problema é que os *day traders* enfrentam os grandes investidores profissionais, com bilhões de dólares, os sistemas mais avançados em informática, conexões ultra-rápidas com as bolsas, os melhores algoritmos do mundo, possibilidade de apostas alavancadas com dinheiro muito barato, entre outras infindáveis desvantagens para os confiantes *day traders* pessoa física – eles não tem a menor chance.

Pesquisa[116] no Brasil demonstrou que 97% dos *day traders* perdem dinheiro. Essa sim é uma aposta realmente frágil, simetria extremamente negativa. Em termos puramente estatísticos, é melhor tentar a sorte no cassino.

---

[116] CHAGUE, Fernando; DE-LOSSO, Rodrigo; GIOVANNETTI, Bruno. *Day trading for a living?*, 2020.

Já os investimentos em uma carteira de ações na bolsa de valores, em longo prazo, possuem um caráter antifrágil, uma assimetria positiva. Isso decore das características desses instrumentos. As ações possuem o que se chama juridicamente de responsabilidade limitada, ou seja, o investidor pode perder no máximo, tudo que investiu. Não será obrigado, em uma eventual falência, a aportar mais recursos ainda para cobrir dívidas. Portanto a sua perda máxima possível é de 100% do investimento. Por outro lado, não há um limite para quanto o valor das ações possam subir.

Claramente, uma assimetria positiva. Em certo sentido é o anticassino, há risco, claro, mas as probabilidades estão a seu favor. Seria como fazer uma aposta de cara ou coroa, mas em uma moeda viciada, com 60% de cara. Você saberia disso e seria autorizado a apostar na cara. Se você tiver tempo e jogar o suficiente esse jogo ficará rico, mesmo com eventuais ondas de azar no meio do caminho. Assim são as ações **em longo prazo**.

Para ilustrar esse conceito imagine um investidor com R$ 100 mil reais, que comprou 100 ações diferentes, investindo R$ 1 mil em cada uma. O critério das escolhas das ações foi puramente aleatório, sorteou os nomes delas. Após alguns anos (*longo prazo, certo?*), sem nenhuma mudança, a sua carteira apresentou esses resultados:

Nº ações	O que aconteceu	Ganho/ perda	Valor Inicial ($)	Valor Final ($)
10	Faliram.	-100%	10.000	0
40	Resultados ruins.	-50%	40.000	20.000
40	Resultados razoáveis.	+50%	40.000	60.000
9	Resultados muito bons.	+100%	9.000	18.000
1	Resultado disruptivo.	+80.000%	1.000	800.000
Total			100.000	898.000

Figura 15.1 – Exemplo de Distribuição Esperada de uma Carteira Diversificada em Longo Prazo

No exemplo, das ações investidas 10 faliram, portanto, seu investimento passou a ser zero, com 100% de perda. Outras 40 tiveram resultados ruins, perdas de mercado, novos entrantes, diminuição de margens, obtendo, em média uma perda de 50% do seu valor inicial.

Outras 40 conseguiram um resultado razoável, melhorando suas margens e seu fluxo de caixa, valorizando suas ações em 50%. Ainda no lado positivo da carteira, 9 foram muito bem, ampliaram seus mercados fortemente, seus lucros e dividendos, entregando um aumento de 100% no valor das suas ações.

Até aqui haveria, basicamente, um empate. Contudo, apenas uma das empresas, fez uma disrupção completa, aumentando o preço de suas ações em incríveis 80.000% (cerca de 800 vezes) o valor inicial. Os R$ 1 mil se transformaram em R$ 800 mil.

A carteira multiplicou seu valor por cerca de nove vezes, essencialmente pelo efeito de uma única ação disruptiva. Esse é o potencial da antifragilidade, do anticassino em gerar riqueza.

Se isso lembrou as distribuições de lei de potência, você acertou. Essa multiplicação de 800 vezes é real. Ocorreu com as ações da Magazine Luiza (MGLU3). Em 2015 o valor da empresa era da ordem de R$ 200 milhões. Apenas seis anos depois, seu valor de mercado era de R$ 160 bilhões. Simplesmente assombroso.

Da mesma forma que o elefante de Moscou, é pouco provável estatisticamente investir em uma empresa de tanto sucesso, mas a probabilidade não é zero. Existem empresas que sofreram multiplicação de dezenas e até centenas de vezes no valor de suas ações, empresas como Google, Amazon, Apple, são outros exemplos.

Mas como achar essas empresas tão maravilhosas, esses cisnes negros positivos? A única resposta é por sorte. É quase impossível identificá-las analiticamente no começo de sua disrupção. Nunca é possível saber se dará certo. A grande maioria fracassa.

Mas há uma estratégia para aumentar a sua possibilidade de ter sorte: a diversificação. Não pelo mesmo motivo que Harry Markowitz, que buscava correlações negativas, mas agora para ampliar a possibilidade de achar uma pepita de ouro, uma empresa disruptiva.

Peter Lynch, lendário gestor da investimentos, e quarto colocado no ranking dos maiores investidores de todos os tempos do *The Wall Street Journal* (veja capítulo 11), adotava essa estratégia, visando encontrar empresas que pudessem multiplicar seu valor em pelo menos 10 vezes. Em seu livro[117] ele relata:

---

[117] LYNCH, Peter S; ROTHCHILD, John. One up on Wall Street: how to use what you already know to make money in the market. Simon and Schuster, 2000.

"Em maio de 1977, assumi o fundo Fidelity Magellan. A Fidelity Magellan tinha US$ 20 milhões em ativos. Havia apenas 40 ações na carteira, e Ned Johnson, o chefe da Fidelity, recomendou que eu reduzisse o número para 25. Escutei educadamente e aumentei o número para 60 ações, seis meses depois para 100 ações, e logo depois disso, para 150 ações. Eu não fiz isso para ser contrário. Fiz isso porque, quando via uma pechincha, não resistia em comprá-la e, naquela época, havia pechinchas por toda parte. O Ned Johnson, de mente aberta, me observou à distância e me incentivou. Nossos métodos eram diferentes, mas isso não o impediu de aceitar os meus – pelo menos enquanto eu estivesse obtendo bons resultados.

Meu portfólio continuou a crescer, a tal ponto que já tive 150 ações sozinho. Em vez de me contentar com algumas poupanças e empréstimos, comprei ações de forma generalizada (depois de determinar, é claro, que cada uma era um investimento promissor). Logo eu me tornei conhecido como o Will Rogers das ações, o homem que nunca viu uma ação de que não gostasse. Eles estão sempre fazendo piadas sobre isso na Barron's – você pode citar uma ação que Lynch não possui? Como atualmente possuo 1.400, acho que eles têm razão."

Peter Lynch simplesmente comprou 1.400 ações com a expectativa de utilizar a diversificação a seu favor, não necessariamente com correlações negativa, mas para produzir retorno disruptivos em algumas poucas delas, que mais do que compensariam as perdas em outras. Estava à procura de seu elefante de Moscou e essa estratégia aumentava as chances de encontrá-lo.

Taleb vai um passo além ao recomendar a sua estratégia *Barbell*. Ele utiliza essa imagem da barra de ferro para o levantamento de pesos. Trata-se de uma barra comprida de ferro um peso em cada ponta e nada no meio (esse é o *Barbell*), também conhecido na academia de musculação como barra de supino. A única diferença na imagem que é para Taleb, os dois pesos nas extremidades não devem ser idênticos:

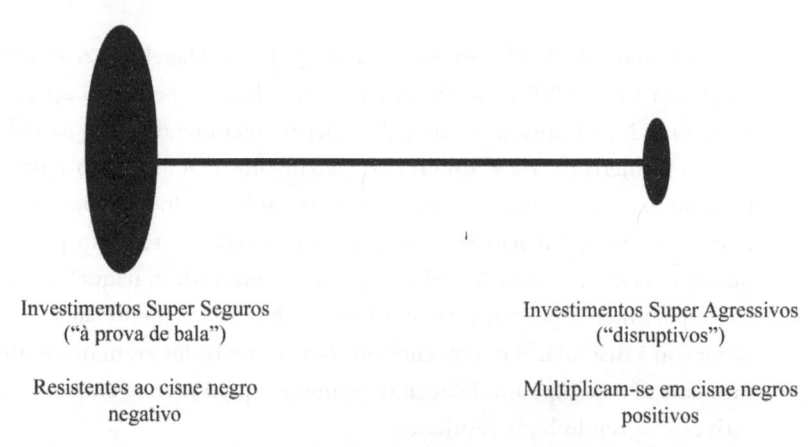

Investimentos Super Seguros ("à prova de bala") Resistentes ao cisne negro negativo	Investimentos Super Agressivos ("disruptivos") Multiplicam-se em cisne negros positivos

Figura 15.2 – Estratégia *Barbell*

A estratégia *Barbell* consiste em identificar os investimentos mais seguros possíveis, como ouro, moedas fortes, títulos do governo e investir a maior parte da carteira neles. O percentual deve ser definido conforme o perfil de cada investidor, mas Taleb sugere algo como 90% dos recursos, por exemplo.

A outra extremidade, no exemplo os 10% restantes seriam compostos por uma combinação de antifragilidade e diversificação. Você deveria investir em ativos arriscados, mas que possuam potencial de multiplicação em cenários positivos e perda máxima de 100% em cenários negativos – antifrágeis. Compras ações, opções, fundos de investimento com responsabilidade limitada, criptomoedas, entre outros ativos, da forma mais diversificada possível, a fim de aumentar as chances de encontrar os raros ativos verdadeiramente disruptivos.

★ ★ ★

A lição para os investidores é que vivemos em um mundo muito mais incerto, volátil e imprevisível do que acreditamos e os modelos financeiros de investimento tradicionais não contemplam essa realidade.

É fácil cair na tentação de acreditar em ganhos fáceis em curto prazo, mas as probabilidades estão absurdamente contra o investidor nessa situação.

Um investidor disciplinado de longo prazo, fazendo uso de uma combinação de diversificação e antifragilidade, deixa as probabilidades a seu favor, criando algo como um anticassino, no qual, se você ficar tempo o suficiente, ficará rico.

O conhecimento sobre os eventos futuros, os métodos de previsão não são a chave do sucesso nos investimentos, ao contrário, reconhecendo que o mercado financeiro é por natureza imprevisível, e tornando a sua estratégia baseada em assimetrias positivas de ganhos para o maior número de ativos possível com essas características, é possível obter uma estratégia vencedora de ganhar dinheiro com o que você não sabe.

Em um mundo cada vez mais incerto e complexo, talvez seja a única estratégia que faz sentido.

Epílogo

Essa breve história das finanças (ou talvez não tão breve assim) teve um começo, mas não tem um final. Muito se evoluiu desde as primeiras ideias de Bachelier no início do século XX, grandes foram as controvérsias, e como toda ciência, as finanças avançam por meio de disrupções como nos mostrou Thomas Kuhn.

O que não muda é o desejo humano pelo conhecimento, por entender a natureza cada vez mais profundamente, na vã esperança de um dia chegar ao conhecimento final sobre tudo. No caso das finanças falamos da natureza mais complexa conhecida, do objeto de estudo mais difícil, o qual a ciência já tentou compreender: o ser humano.

A profunda e aparentemente duradora insistência na matematização da Economia e das finanças podem ter mascarado para muitos a verdadeira natureza dessas ciências, mas não se enganem: são a mais pura estirpe de Ciências Humanas.

Essa é a sua beleza e sua fragilidade: ao falarmos de nós mesmos, não temos um ponto externo e isento de vista. Assim é com a Economia e as finanças, em sua essência uma discussão sobre a natureza do ser humano.

Essa discussão está longe de chegar a uma conclusão, arrisco a dizer que na verdade nem bem começamos.

Em alguma medida a história é uma forma de compreender o que aconteceu e assim um pouco mais de nós mesmo. Naturalmente contei essa história do meu ponto de vista, mas procurei me ater ao máximo aos momentos mais relevantes e suas conexões. Para torná-la mais breve, ou menos longa (e suportável ao leitor) fiz escolhas e omiti muitas partes.

Não poderei contar o final dessa história, pois ainda não foi escrito, mas se a história é viagem ao passado, eu considero essa viagem em particular das finanças fascinante, desejo que tenha se divertido e aproveitado, e agradeço-lhe de coração por ter me acompanhado nela.

Personagens do livro em ordem alfabética pelo sobrenome

Bachelier, Louis: matemático francês, orientado pelo grande cientista Henri Poincaré, cuja tese de doutorado no início dos anos 1900, estabeleceu que os movimentos de curto prazo do mercado financeiro devem ser aleatórios. Considerado o precursor do modelo do *random walk* e eficiência de mercado.

Black, Fischer: um dos mais importantes e famosos financistas de todos os tempos, coautor com Myron Scholes do modelo de precificação de opções Black-Scholes-Merton, não recebeu o prêmio Nobel de Economia em 1997 com Scholes e Merton por ter falecido antes.

Buffett, Warren: discípulo de Benjamin Graham, ambos exponentes do chamado *value investing*, como estratégia de investimentos. Está entre as dez pessoas mais ricas do mundo há décadas, conhecido como "oráculo de Omaha", é considerado um dos maiores investidores de todos os tempos.

Fama, Eugene: professor de finanças da Universidade de Chicago, considerado o pai da Hipótese do Mercado Eficiente. Vencedor do prêmio Nobel de Economia em 2013, dividido com Lars Peter Hansen e Robert J. Shiller.

Friedman, Milton: um dos economistas mais famosos e influentes do século XX, grande estrela da Universidade de Chicago. Ficou conhecido por incentivar fortemente a matematização da economia e como defensor ferrenho do livre mercado. Vencedor do Prêmio Nobel de Economia em 1976.

Graham, Benjamin: gestor de recurso que foi pioneiro em análises cuidadosas de ações e títulos e, em seguida, como professor em tempo parcial na Universidade de Columbia. Considerado o pai do *value investing*. Publicou livros que hoje são clássicos, entre os quais *Security Analysis* com David L. Dodd.

Jensen, Michael: professor e gestor de recursos, realizou trabalhos seminais para hipótese da eficiência de mercado na década de 1960 na Universidade de Chicago, como o "alfa" de Jensen, ainda hoje utilizado no mercado. Um dos maiores defensores de Hipótese do Mercado Eficiente.

Kahneman, Daniel: professor de psicologia israelense, posteriormente radicado nos Estados Unidos que, junto com Amos Tversky são considerados os pais das finanças comportamentais. Influenciou os economistas a começarem a estudar os atalhos mentais, às vezes autodestrutivos, que as pessoas adotam fazer julgamentos sobre dinheiro e o futuro. Vencedor do prêmio Nobel de Economia de 2002, dividido com Vernon Smith.

Lo, Andrew: professor de Finanças e Economia no MIT, reconhecido como grande pesquisador e estatístico. Formulou a Hipótese dos Mercados Adaptáveis, uma proposta de conciliação entre a Hipótese do Mercado Eficiente e as finanças comportamentais.

Lynch, Peter: investidor estadunidense, gestor de fundos mútuos e filantropo. Como gestor do Fundo Magellan na Fidelity Investments entre 1977 e 1990, foi considerado um dos maiores investidores de todos os tempos pelo *The Wall Street Journal*.

Mandelbrot, Benoit: lendário matemático, fez muitas contribuições à ciência, estudando fenômenos que depois ficaram conhecidos como teoria da complexidade. Fez diversas importantes contribuições aos modelos financeiros, além de cunhar o termo fractais para uma classe de fenômenos complexos.

Markowitz, Harry: considerado um dos pais da moderna teoria financeira, criou a teoria da carteira, um trabalho seminal das finanças neoclássicas no início dos anos 1960. Vencedor do Prêmio Nobel de Economia de 1990, dividido com William Sharpe e Merton Miller.

Merton, Robert: aluno de Paul Samuelson no MIT, ajudou a resolver as complexas equações do preço das opções com Fischer Black e Myron

Scholes. Desenvolveu uma abordagem fortemente matemática e racional para as finanças e a gestão de risco. Compartilhou o Nobel de Economia de 1997com Scholes.

Miller, Merton: formulou, junto com seu colega da Carnegie Tech, Franco Modigliani, uma nova teoria para finanças corporativas, com artigos marcantes sobre o custo de capital e dividendos. Em seguida, mudou-se para a Universidade de Chicago, onde se tornou uma das estrelas do departamento de finanças da década de 1960 até o início dos anos 1990. Compartilhou o Nobel de Economia em 1990 com Harry Markowtiz e William Sharpe.

Modigliani, Franco: coautor de dois artigos seminais em finanças com Merton Miller, mas nunca corroborou totalmente a crença em mercados irrestritamente racionais, que prevaleceu nas finanças por décadas. Vencedor do Nobel de Economia de 1985.

Morgenstern, Oskar: economista austríaco que ficou frustrado com a forma como a disciplina lidava com a incerteza e se conectou ao matemático John von Neumann da Universidade de Princeton para propor uma abordagem melhor.

Samuelson, Paul: um dos maiores economistas estadunidenses de todos os tempos, para qual finanças era um interesse secundário. Ainda assim formalizou a primeira prova matemática da hipótese do mercado eficiente e chegou próximo de resolver a equação de Black-Scholes-Merton muito antes dos autores. Vencedor do prêmio Nobel de Economia em 1970.

Savage, Leonard "Jimmy": professor de estatística cujos axiomas para avaliar dados sob incerteza informaram o trabalho de Harry Markowitz e ajudou a definir a racionalidade por décadas. Também foi coautor de um artigo seminal sobre utilidade esperada com Milton Friedman, e responsável pela redescoberta da tese de Louis Bachelier.

Scholes, Myron: colega de classe e amigo de Michael Jensen, desenvolveu o modelo de precificação de opções em conjunto com Fischer Black e Robert Merton. Vencedor do prêmio Nobel de Economia de 1997, dividido com Robert Merton.

Sharpe, William: enquanto procurava um assunto para sua tese de doutorado na UCLA no início dos anos 1960, ele foi apresentado a Harry Markowitz e ampliou a teoria da carteira de Markowitz com o modelo CAPM, o qual virou padrão em todos os cursos finanças e ainda hoje é o principal modelo de precificação de ativos financeiros utilizado tanto na academia quanto no mercado. Vencedor do prêmio Nobel de Economia em 1990, dividido com Harry Markowtiz e Merton Miller.

Shiller, Robert: aluno do MIT de Franco Modigliani demonstrou no início dos anos 1980 que os preços das ações variavam mais do que poderiam ser justificados por dividendos subsequentes. Tornou-se um crítico veemente da hipótese do mercado eficiente. Comum certo grau de ironia do destino, dividiu o prêmio Nobel de Economia de 2013 com o seu maior opositor acadêmico, Eugene Fama.

Shleifer, Andrei: discípulo de Lawrence Summers, desempenhou um papel fundamental em explicar porque a arbitragem – que deveria manter os preços nos mercados financeiros racionais – não necessariamente funcionava em um mercado dominado por gestores financeiros profissionais.

Simon, Herbert: economista da Carnegie-Mellon University que teorizou na década de 1950 que os humanos não eram máquina otimizadoras de utilidade, pois não teriam sequer capacidade cognitiva para tal. Ao invés disso, chegavam a uma solução razoável e não necessariamente ótima, propondo que os seres humanos teriam uma racionalidade limitada. Vencedor do Nobel de Economia de 1978.

Simons, Jim: matemático estadunidense, que se tornou gestor de fundos de investimento e criou um dos primeiros Hedge Funds que se utilizava exclusivamente de algoritmos, a "caixa-preta". Considerado no ranking do The Wall Street Journal o investidor com o maior retorno acumulado, ficando em primeiro lugar no ranking.

Soros, George: megainvestidor e filantropo nascido na Hungria e naturalizado estadunidense. Considerado um dos maiores gestores de *Hedge Funds* de todos os tempos, ficou bilionário. Do ponto de vista teórico é defensor da teoria da reflexividade.

Stiglitz, Joseph: aluno de Paul Samuelson e Franco Modigliani que mostrou como a hipótese de mercado eficiente não poderia ser – pelo menos em teoria – totalmente verdadeira. Vencedor do Nobel de Economia de 2001 dividido com George Akerlof e Michael Spence.

Summers, Lawrence: sobrinho de Paul Samuelson e Kenneth Arrow, fez críticas contundentes à hipótese dos mercados eficientes. Nos anos 1990 foi Secretário do Tesouro no governo Clinton e posteriormente conselheiro econômico do presidente Barack Obama.

Taleb, Nassim: economista, matemático e ensaísta libanês-estadunidenses, é um forte crítico dos mercados eficientes. Propôs as ideias dos eventos de cisne negros e da antifragilidade, bem como estratégias de investimento. Suas ideias tornaram-se populares com seus livros não técnicos figurando por semanas na lista de best-sellers do The New York Times.

Thaler, Richard: considerado um dos pais das finanças comportamentais, foi o primeiro economista que se interessou pelo trabalho, e foi aluno de Daniel Kahneman e Amos Tversky. Vencedor do prêmio Nobel de Economia de 2017.

Thorp, Edward: professor de Matemática da Universidade da Califórnia em Irvine que, após descobrir como vencer os cassinos no blackjack e escrever um livro best-seller sobre isso, descobriu a fórmula para opções de preços antes de Fischer Black e Myron Scholes, apesar de nunca a ter publicado. Pioneiro dos *Hedge Funds* quantitativos.

Tversky, Amos: professor de psicologia, parceiro por décadas de Daniel Kahneman, considerados pais das finanças comportamentais. Teria dividido o prêmio Nobel de Economia em 2002 com Kahneman se não tivesse falecido em 1996.

Neumann, John von: matemático húngaro, cujo livro *Theory of Games and Economic Behavior*, em coautoria com Oskar Morgenstern, teve um grande impacto na Economia. A abordagem de von Neumann-Morgenstern para tomada de decisões sob incerteza moldou a teoria de portfólio de Harry Markowitz e outros aspectos de importantes das finanças quantitativas modernas.

Vencedores do Prêmio Nobel de Economia e personagens do livro

O Prêmio Nobel foi criado em 27 de novembro 1895, no testamento de Alfred Nobel, cientista sueco que ficou muito rico com a invenção da dinamite. As áreas premiadas eram cinco: Física, Química, Medicina, Literatura e Paz.

Os prêmios começaram a ser entregues em 1901. Em respeito ao testamento de Alfred Nobel, nenhuma outra área de atuação é acrescentada nas premiações. A única exceção foi a Economia. Isso porque em 1968 o Sverige Riksbank (Banco Central da Suécia), comemorando seu tricentenário, instituiu o "Prêmio Sverige Riksbank de Ciências Econômicas em memória de Alfred Nobel", patrocinado pelo próprio banco.

Por esta diferença, ele não leva o nome de "Prêmio Nobel" em sua nomenclatura oficial, mas é anunciado e entregue junto aos outros Prêmios Nobel (embora não na mesma semana), além de ter o ganhador escolhido pela Real Academia Sueca de Ciências[118].

Os vencedores do Nobel de Economia e personagens do livro, em ordem cronológica, são:

---

[118] Baseado no website do Conselho Federal de Economia.

Ano	Vencedor	Nacionalidade	Outros vencedores no mesmo ano	Pronunciamento do Comitê do Nobel
1970	Paul Samuelson	Estadunidense	------	"pelo trabalho científico através do qual desenvolveu as teorias dinâmica e estática da economia e ativamente contribuiu para subir o nível da análise na ciência econômica".
1976	Milton Friedman	Estadunidense	-------	"por suas conquistas nos campos da análise do consumo, história e teoria monetária e por sua demonstração da complexidade da política de estabilização".
1978	Herbert Simon	Estadunidense	-------	"por sua pesquisa pioneira nos processos de tomada de decisões dentro de organizações econômicas".
1985	Franco Modigliani	Italiano	-------	"pela análise pioneira de poupança e dos mercados financeiros".
1990	Harry Markowitz	Estadunidense	William Sharpe e Merton Miller	"pelo pioneirismo deles com o trabalho na teoria das economias financeiras".
1990	William Sharpe	Estadunidense	Harry Markowitz e Merton Miller	"pelo pioneirismo deles com o trabalho na teoria das economias financeiras".
1990	Merton Miller	Estadunidense	Harry Markowitz e William Sharpe	"pelo pioneirismo deles com o trabalho na teoria das economias financeiras".
1997	Myron Scholes	Estadunidense e Canadense	Robert Merton	"pelo novo método para determinar o valor dos derivativos.
1997	Robert Merton	Estadunidense	Myron Scholes	"pelo novo método para determinar o valor dos derivativos".
2001	Joseph Stiglitz	Estadunidense	George Akerlof e Michael Spence	"pela análise que fizeram de mercados com assimetria de informação".
2002	Daniel Kahneman	Israelense	Vernon Smith	"por ter integrado conhecimentos da pesquisa psicológica nas ciências econômicas, especialmente no qur diz respeito ao julgamento humano e tomada de decisões sob incertezas".
2013	Eugene Fama	Estadunidense	Robert Shiller e Lars Peter Hansen	"por sua análise empírica dos preços dos ativos".
2013	Robert Shiller	Estadunidense	Eugene Fama e Lars Peter Hansen	"por suas analyses empíricas dos preços dos ativos".
2017	Richard Thaler	Estadunidense	----------	"por suas contribuições à economia comportamental".

Figura 17.1 – Personagens do livro vencedores do Nobel de Economia

Apêndices Técnicos

APÊNDICE TÉCNICO I
A Teoria da Carteira de Markowitz

Para compreender a matemática envolvida na teoria de Markowitz[119] no capítulo 3, vamos seguir com o exemplo das duas empresas analisadas, A e B:

Retorno Esperado (%)	Empresa A	Empresa B
Expansão econômica robusta	19%	4%
Expansão econômica moderada	10%	10%
Recessão econômica	1%	16%

Figura 3.1 – Cenário de Análise (replicada)

Conforme já discutido no próprio capítulo 3, o retorno esperado de cada ação será a média dos seus retornos esperados em cada cenário. Considerando que os cenários possuem a mesma probabilidade de ocorrência (1/3 cada), o cálculo da média é bem simples, basta somar os retornos esperados em

---

[119] O artigo original publicado tem como referência:
MARKOWITZ, Harry. Portfolio Selection. *The Journal of Finance*, Vol. 7, No. 1. (Mar., 1952), pp. 77-91.

cada cenário, no caso as expectativas em expansão robusta, moderada e em recessão e dividir-se pelo número de cenários, no caso três:

Retorno esperado da empresa A = (19% + 10% + 1%) / 3 = 10%
Retorno esperado da empresa B = (4% + 10% + 16%) / 3 = 10%

Mas como calcular o risco?[120] Markowitz optou pela medida estatística clássica de variância, a qual tem por objetivo medir a variabilidade. A ideia básica é calcular a média das diferenças entre os valores e a própria média da distribuição. Quanto maior a média das diferenças, maior a variabilidade, portanto maior o risco.

Contudo, um cuidado muito importante precisa ser tomado: as diferenças para a média devem ser consideradas sempre em valores absolutos, não importando se foram diferenças para mais ou menos que a média. Em outras palavras, o sinal precisar ser desconsiderado, senão valores negativos e positivos podem se compensar subestimando a variabilidade.

Vejamos o que acontece caso os valores não sejam absolutos, ou seja, considerando o sinal para a empresa A:

Média = 10%
Soma das diferenças = (19% − 10%) + (10% − 10%) + (1% − 10%)
Soma das diferenças = 9% + 0% − 9% = 0%

Nesse exemplo os valores positivos e negativos se anularam, fazendo com que a variabilidade fosse zero, o que claramente não é o caso.

Para resolver esse problema há basicamente duas soluções matemáticas possíveis: a primeira seria utilizar a função modular, contudo essa é uma função descontínua que não é facilmente trabalhada para outras aplicações estatísticas. Assim, os estatísticos usualmente preferiram a segunda opção que é exponenciar o resultado a um algarismo par, sendo o quadrado o mais utilizado por ser o algarismo par mais baixo.

---

[120] Parte dos exemplos foi adaptado do livro:
ROSS, Stephen A; WESTERFIELD, Randolph W.; JAFFE, Jeffrey. *Administração financeira*. São Paulo: Atlas, 2002.

A variância aplica o expoente dois (quadrado) às diferenças de forma a deixá-las sempre positivas. Temos assim:
Variâncias das empresas A e B:

Var A = ((19% − 10%)^2 + (10% − 10%)^2 + (1% − 10%)^2) / 3 = 0,0054
Var B = ((4% − 10%)^2 + (10% − 10%)^2 + (16% − 10%)^2) / 3 = 0,0024

As variâncias, contudo, por serem números elevados ao quadrado, produzem unidades que também são quadráticas e não podem ser comparadas diretamente com a média. O desvio-padrão resolve essa questão de forma simples, aplicando a raiz quadrada sobre a variância e obtendo um número com a mesma unidade que a média e, portanto, mais comparável com esta.

As fórmulas estatísticas tradicionalmente consideram a letra grega σ para representar o desvio-padrão e σ^2 para representar a variância.

Os desvios-padrão das empresas A e B são:

σ_a = 7,35% (raiz quadrada de 0,0054)
σ_b = 4,90% (raiz quadrada de 0,0024)

Markowitz propôs que a mensuração do risco de uma carteira de investimentos deveria ser a composição de suas variâncias. Contudo, ao se compor variâncias, surge outra medida estatística, a covariância. Essa medida tem por objetivo quantificar a variação conjunta de duas variáveis, enquanto a variância mensura a variabilidade individual. A própria variância em si é um caso particular de covariância. Para ilustrar essa concepção voltamos ao exemplo das empresas A e B.

Para a variância de A no cenário expansão econômica robusta:

= (19% − 10%)^2 = (19% - 10%) x (19% - 10%)
= (empresa A)^2 = (empresa A) x (empresa A)

Esse é apenas o desdobramento da própria definição de expoente, especificamente quadrado no caso. Em outras palavras, a variância é uma medida de variabilidade de empresa A em relação a ela mesma.

A covariância, por outro lado, tem por objetivo mensurar essa variação conjunto das empresas A e B. Para o mesmo cenário de expansão econômica robusta temos:

Parte do Var A = $(19\% - 10\%)^2 = (19\% - 10\%) \times (19\% - 10\%)$
Parte do Var B = $(4\% - 10\%)^2 = (4\% - 10\%) \times (4\% -10\%)$

A covariância de A com B é simplesmente a variabilidade conjunta das duas empresas nesse cenário:

Parte da COV AB para esse cenário = $(19\% - 10\%) \times (4\% - 10\%)$

Em outras palavras, ao invés de se exponenciar a diferença individual de cada ativo, multiplica-se as diferenças dos dois ativos de forma a observar a resultante conjunta da variabilidade.

Por isso que a variância é um caso particular da covariância. A variância nada mais do que a covariância consigo mesmo, ou seja, a covariância de A com o próprio A e não com B, C, D ou outro elemento. Aplicando-se a covariância aos três cenários das empresas A e B temos:

COV_{AB} = [(19%-10%)(4%-10%) + (10%-10%)(10%-10%) + (1%-10%)(16%-10%)] / 3
COV_{AB} = − 0,0036

A covariância é um número interessante, mas fica ainda mais relevante quando é padronizado, tornando-se a correlação. Da mesma forma que um número absoluto pode ser melhor contextualizado quando é transformado em um número padronizado, como um porcentagem, por exemplo, o mesmo ocorre com a covariância.

Correlação AB = Covariância AB/($\sigma_a \times \sigma_b$)

Ao dividir-se a covariância pela multiplicação dos desvios-padrão de A e B, obtém-se um número padronizado entre -1,0 e + 1,0, denominado correlação. Para o exemplo a correlação é:

Correlação AB = − 0,0036 / (0,0735 × 0,049) = -1,0

Tendo apresentado os conceitos de variância, covariância e correlação fica mais fácil compreender as ideias de Markowitz. O risco da carteira AB será mensurado pela variância dessa carteira. Contudo, a fórmula da variância implica o aparecimento da covariância. Na composição da soma A e B ao quadrado temos o que é conhecido em matemática como um produto notável. Para exemplificar, deseja-se calcular $(1 + 2)^2$. Como se trata de tratam de número é fácil:

$$= (1 + 2)^2 = (3)^2 = 3 \times 3 = 9$$

O mesmo resultado pode ser obtido por meio da propriedade distributiva:

$$= (1 + 2)^2 = (1+2)(1+2) = 1 \times 1 + 1 \times 2 + 2 \times 1 + 2 \times 2 = 1 + 2 + 2 + 4 = 9$$

Com a propriedade distributiva multiplicamos cada um dos quatro elementos entre parênteses entre si e chegamos ao mesmo resultado. Isso naturalmente é desnecessário quando se tratam de números, mas muito útil para a álgebra, quando se tratam de "letras". Essa mesma aplicação da propriedade distributiva gera o produto notável da álgebra:

$$= (A + B)^2 = (A+B)(A+B) = A \times A + A \times B + A \times B + B \times B = A^2 + 2AB + B^2$$

Assim quando temos uma soma exponenciada ao quadrado, aparece um elemento (AB) de combinação entre os dois elementos exponenciados. O mesmo ocorre com a variância e a covariância para Markowitz. Para o risco da carteira temos a soma dos riscos das ativos individuais, ou seja, σ_a e σ_b. Deve-se considerar ainda que a carteira pode investir diferentes valores percentuais nos ativos. Por exemplo, pode-se investir 60% do valor no ativo A e 40% no ativo B. Isso proporcionará uma ponderação ("peso") diferente para o risco de cada ativo no total da carteira. Como notação temos w_a e w_b como os as ponderações de cada ativo.

Considerando-se apenas a o produto notável teríamos:

$$\text{Var AB} = (\sigma_a + \sigma_b)^2 = \sigma_a^2 + \sigma_b^2 + 2 \, \text{COV}_{AB}$$

Esse seria o desenvolvimento da fórmula do produto notável aplicado à variância da carteira, contudo, faz-se necessário incluir as ponderações, ou seja, w_a e w_b. A fórmula, com a inclusão desses elementos, fica da seguinte forma:

$$\text{Var } AB = (\sigma_a w_a + \sigma_b w_b)^2 = \sigma_a^2 w_a^2 + \sigma_b^2 w_b^2 + 2 w_a w_b \text{COV}_{AB}$$

Essa é a fórmula padrão que os livros didáticos apresentam para o cálculo do risco da carteira de Markowitz. Uma forma mais visual de interpretar esses conceitos é por meio de uma tabela, a qual recebe o nome técnico de matriz (afinal fica mais elegante!). Para a Teoria da Carteira é conhecida como matriz de variância e covariância. Nessa matriz faz-se as combinações dos ativos A e B:

	Ativo A	Ativo B
Ativo A	$\sigma_a^2 w_a^2$	$w_a w_b \text{COV}_{AB}$
Ativo B	$w_a w_b \text{COV}_{AB}$	$\sigma_b^2 w_b^2$

Figura 18.1 – Matriz de Variância e Covariância

Na matriz temos as combinações dos ativos com eles mesmo e com o outro ativo. Ao relacionar o ativo consigo mesmo, encontra-se a variância (σ^2) e com o outro ativo, a covariância. Observa-se que na diagonal da matriz obtém-se as variâncias e nos outros quadrantes as covariâncias. Uma outra forma de escrever a mesma matriz é:

	Ativo A	Ativo B
Ativo A	$\text{VAR}_A w_a^2$	$w_a w_b \text{COV}_{AB}$
Ativo B	$w_a w_b \text{COV}_{AB}$	$\text{VAR}_B w_b^2$

Figura 18.2 – Matriz de Variância e Covariância reescrita

Nessa segunda forma apenas coloca-se o VAR ao invés do σ^2 para enfatizar a questão que a matriz produz um conjunto de variâncias e covariâncias. A fórmula é deduzida diretamente da matriz, por meio da soma de seus quatro quadrantes:

$$\text{Var AB} = \sigma_a^2 w_a^2 + \sigma_b^2 w_b^2 + 2 w_a w_b \text{COV}_{AB}$$

Essa fórmula e matriz são válidas para carteiras de dois ativos. O que acontece quando se adicionam mais ativos, por exemplo três? Esse foi um dos problemas práticos encontrados para a aplicação da Teoria da Carteira, o número de elementos da fórmula aumenta significativamente a medida em que mais ativos são adicionados. Para três ativos, A,B e C teríamos:

$$\text{Var ABC} = (\sigma_a w_a + \sigma_b w_b + \sigma_c w_c)^2$$
$$\text{Var ABC} = \sigma_a^2 w_a^2 + \sigma_b^2 w_b^2 + \sigma_c^2 w_c^2 + 2 w_a w_b \text{COV}_{AB} + 2 w_a w_c \text{COV}_{AC} + 2 w_b w_c \text{COV}_{BC}$$

Para três ativos, tem-se três variâncias e três covariâncias, o que torno o cálculo bem mais trabalhoso. Isso fica mais evidente na matriz de variância e covariância:

	Ativo A	Ativo B	Ativo C
Ativo A	$\text{VAR}_A w_a^2$	$w_a w_b \text{COV}_{AB}$	$w_a w_c \text{COV}_{AC}$
Ativo B	$w_a w_b \text{COV}_{AB}$	$\text{VAR}_B w_b^2$	$w_b w_c \text{COV}_{BC}$
Ativo C	$w_a w_c \text{COV}_{AC}$	$w_b w_c \text{COV}_{BC}$	$\text{VAR}_C w_c^2$

Figura 18.3 – Matriz de Variância e Covariância com três ativos

Somando-se os nove quadrantes da matriz de variância e covariância para três ativos, obtém-se a mesma fórmula anteriormente deduzida por meio do produto notável:

$$\text{Var ABC} = \sigma_a^2 w_a^2 + \sigma_b^2 w_b^2 + \sigma_c^2 w_c^2 + 2 w_a w_b \text{COV}_{AB} + 2 w_a w_c \text{COV}_{AC} + 2 w_b w_c \text{COV}_{BC}$$

Essa lógica dedutiva de expansão dos termos quadrados, impostos pela escolha de Markowitz referente a variância/covariância acaba por tornar os cálculos muito complexos para carteiras do mundo real na década de 1950. Por exemplo, uma carteira com 10 ações geraria uma matriz de 10 linhas por 10 colunas, ou seja, 100 quadrantes. Já uma matriz com 20 ações geraria uma matriz de 20 por 20 com 400 quadrantes. Considerando-se que o mercado de ações dos Estados Unidos possui centenas (se não milhares de ações) diferentes, esse foi um grave problema prático que foi praticamente insolúvel até a década de 1990 com a popularização do uso de softwares e planilhas de cálculo.

Retomando o exemplo inicial desse apêndice, como ficaria o retorno e o risco da carteira com as ações A e B nos cenários analisados? Para tanto as ponderações na carteira serão 40% para o ativo A e 60% para o ativo B.

Retorno dos ativos individuais:
Retorno esperado da empresa A = (19% + 10% + 1%) / 3 = 10%
Retorno esperado da empresa B = (4% + 10% + 16%) / 3 = 10%

Risco dos ativos individuais:
Var A = ((19% − 10%)^2 + (10% − 10%)^2 + (1% − 10%)^2) / 3 = 0,0054
Var B = ((4% − 10%)^2 + (10% − 10%)^2 + (16% − 10%)^2) / 3 = 0,0024
σ_a = 7,35% (raiz quadrada de 0,0054)
σ_b = 4,90% (raiz quadrada de 0,0024)

Aplicando a fórmula padrão da teoria da carteira para dois ativos:
Var AB = $(\sigma_a w_a + \sigma_b w_b)^2 = \sigma_a^2 w_a^2 + \sigma_b^2 w_b^2 + 2 w_a w_b COV_{AB}$

Retorno Esperado da Carteira

Retorno da carteira AB = (10%) x 0,6 + (10%) x 0,4 = **10%**

Risco da Carteira:

σ^2 = (0,4^2 x 0,0735^2) + (0,6^2 x 0,049^2) + (2 x 0,6 x 0,4 x -0,0036)

σ^2 = (0,0864%) + (0,0864%) + (-0,1728%)

σ^2 = **0,0%**

Figura 18.4 – Exemplo de Carteira Perfeitamente Diversificada

Nesse exemplo didático, uma vez que a correlação foi perfeitamente negativa (-1,0) a diversificação da carteira foi perfeita, reduzindo o seu risco (variância) para zero. Isso é muito contraintuitivo, como é possível somar-se dois ativos com risco e sair com uma carteira sem risco? De forma simples, ocorre, pois as variações dos dois ativos se cancelam perfeitamente, ocorrem sempre em sentidos opostos, a carteira basicamente se transforma em "renda fixa" sem perder rentabilidade, o retorno esperado da carteira continua sendo 10%. Markowitz, com isso, demonstrou que a diversificação é "o único almoço grátis em finanças", no sentido em que reduz o risco sem reduzir o retorno esperado da carteira.

Naturalmente, no mundo real, não existem ativos com correlação perfeita -1,0 que permitam uma carteira com variância zero, porém existem ativos com correlações baixas e às vezes até negativas entre si, que permitem um importante efeito de diversificação e redução de risco. O conceito foi suficientemente poderoso e profundo para influenciar toda a indústria de gestão de recursos e laurear, merecidamente, Harry Markowitz com o Prêmio Nobel de Economia em 1990.

APÊNDICE TÉCNICO II
Teoremas de Modigliani e Miller (M&M)

As contribuições de Modigliani e Miller[121] são muitas para as finanças, notadamente para as discussões de finanças corporativas[122], ou seja, como as empresas de capital aberto deveriam gerir sua função financeira.

Para tanto, partiram de uma série de pressupostos que os críticos consideram muito irreais, mas que foram indispensáveis para a construção da teoria. Os autores imaginaram um "mundo idealizado", no qual sete pressupostos seriam verdadeiros:

1) Inexistência de impostos sobre os lucros da pessoa jurídica e sobre os rendimentos auferidos pelas pessoas físicas;
2) Inexistência de custos de transação;

---

[121] O artigo original publicado tem como referência:
MODIGLIANI, Franco; MILLER, Merton, H. The Cost of Capital, Corporation Finance and the Theory of Investment. *The American Economic Review*, Vol. 48, No. 3. (Jun., 1958), pp. 261-297.
[122] Parte dos exemplos foi adaptado do livro:
ROSS, Stephen A; WESTERFIELD, Randolph W.; JAFFE, Jeffrey. *Administração financeira*. São Paulo: Atlas, 2002.

3) Inexistência de risco referente a dívida das empresas (recursos de terceiros) com o que se elimina a possibilidade de que as empresas venham a falir, não sendo assim considerados os custos de falência;
4) Simetria de informações entre os investidores e os administradores das empresas, com estes atuando no melhor benefício dos acionistas (inexistência de conflito de agência entre acionistas e administradores);
5) Investidores e empresas tomam recursos emprestados pagando a mesma taxa e juros e sem limitação de montante levantado. Notadamente isso seria possível ao custo de uma taxa livre de risco.
6) O lucro antes dos juros e do imposto de renda (LAJIR, em inglês EBIT) não é afetado pelo uso de endividamento, possuindo expectativa de ser constante, portanto, as empresas não tenderão a crescer em longo do tempo, mas poderá oscilar ao redor do retorno esperado;
7) O desvio-padrão do LAJIR (em inglês EBIT) é adequado para medir o risco do negócio, portanto, empresas com o mesmo desvio-padrão de lucros, deverão ter os mesmos riscos.

Baseados nesses pressupostos, criaram duas proposições, que modernamente são conhecidas como proposições I e II de M&M.

A proposição I de M&M (sem impostos) conclui que a estrutura de capital, ou seja, o nível de endividamento da empresa é irrelevante, não afetando o valor de mercado da empresa. Os autores se utilizam de argumentos de arbitragem para demonstrar sua primeira proposição. Arbitragem é o processo pelo qual um investidor pode se aproveitar de preços diferentes do mesmo ativo em diferentes mercados, ao mesmo tempo comprando no mercado em que esse ativo está mais barato e vendendo no mercado em que está mais caro, consequentemente ganhando dinheiro.

A mesma lógica vale para os investidores de M&M, os quais poderiam arbitrar compras de empresas endividadas (também chamadas de alavancadas), replicando a compra (arbitrando) por uma empresa hipotética idêntica, sem dívidas (também chamada de desalavancada), simplesmente tomando recursos emprestados pessoalmente no lugar das dívidas da empresa.

Para a proposição I os valores das empresas alavancadas (VL) e desalavancadas (VU) seriam os mesmos, o endividamento não afetaria o valor da empresa, dados os pressupostos rígidos colocados.

O princípio da arbitragem fundamenta esta proposição, pois se duas empresas (sujeitas aos pressupostos do modelo) idênticas em todos os aspectos, exceto no nível de alavancagem financeira utilizada, possuíssem valores distintos, ocorreriam dois investimentos semelhantes, mas avaliados de maneira diferenciada.

Com isso, haveria uma tendência de que fossem efetuadas sucessivas operações de arbitragem, até que os valores de ambas as empresas ficassem idênticos, forçando que: VL = VU. Para demonstrar isso com um exemplo numérico simples[123]:

Suponha que investidores pudessem emprestar ou tomar emprestado às mesmas taxas de juros que as empresas (pressuposto 5 anterior). Então imagine duas empresas, A e B. A primeira, A, não tem dívida; e lança 1000 ações a R$ 1,00 cada, logo tem um valor de R$ 1.000,00. A outra empresa, B, é idêntica em todos os respeitos, exceto que ela é alavancada, isto é, tem dívidas. Ela levantou R$ 500,00 em dívidas e R$ 500,00 em ações. Estas ações custariam R$ 1,00? Não, na visão convencional. A empresa alavancada, B, teria um custo de capital menor que a não alavancada, A, e, portanto, valeria mais. O preço da ação da empresa alavancada, B, excederia R$ 1,00, e poderia valer mais de R$ 1.000,00.

Mas isso não pode estar certo. Para ver como, suponha que um investidor compre 100 ações da empresa alavancada, B. Ele seria dono de 1/5 da empresa (100/500). Ele receberia, portanto – na forma de dividendos ou em uma apreciação no valor de suas ações- 1/5 dos ganhos da empresa. Isto compreenderia 1/5 dos seus lucros operacionais menos 1/5 dos juros que a empresa alavancada, B, tem que pagar (isto é,1/5 dos juros sobre R$ 500,00).

---

[123] Parte dos exemplos foi adaptado de:
PEGETTI, Ana Lúcia. "Estrutura de Capital: Uma Revisão da Teoria Moderna de Modigliani e Miller". *Revela: Periódico de Divulgação Científica da FALS*. Faculdade do Litoral Sul Paulista, Ano V,- nº XIII (jul/2012). Disponível em: <http://www.fals.com.br/revela/revela026/REVELA%20XVII/REVELA13_1.pdf>. Acesso em: 16 abr. 2021.

Agora compare isto com o que aconteceria se o investidor comprasse 200 ações na outra empresa, não alavancada, A, mas usando R$ 100,00 do dinheiro emprestado, junto com suas próprias poupanças. No final do ano o investidor receberia 1/5 dos lucros da empresa (porque ele é dono de 200 das 1.000 ações). Ao mesmo tempo, ele teria que pagar juros de seu empréstimo de R$ 100,00.

Os dois investimentos, em outras palavras, rendem exatamente o mesmo retorno. Disto segue que as empresas – uma alavancada e outra não – devem ter o mesmo valor. De mesma maneira, as ações nas duas devem valer a mesma coisa.

Modigliani e Miller mostram, portanto, que se um investidor, emprestar ou tomar emprestado, cria sua alavancagem "artesanal", sendo que a decisão de financiamento da empresa não pode afetar o seu valor.

Uma outra justificativa para a igualdade é baseada na **proposição II de M&M (sem impostos)**, segundo a qual o custo do capital próprio da empresa cresce à medida que ela se endivida mais, pois a utilização de mais dívidas aumenta o desvio-padrão do retorno sobre o patrimônio líquido (ROE) o que eleva o risco dos sócios da empresa.

Segundo o modelo de MM, tal aumento tende a compensar os ganhos obtidos com a utilização de capital de terceiros (de custo mais baixo, conforme citado anteriormente), de maneira matematicamente exata, o que manterá constante o custo médio ponderado de capital (CMPC ou em inglês WACC) da empresa. Com isso, justifica-se a manutenção do valor da empresa no mesmo patamar em qualquer nível de endividamento. O custo médio ponderado de capital (WACC, em inglês), nada mais é do que a média ponderada do custo de capital próprio e custo de capital de terceiros:

$$r_{WACC} = \frac{B}{B+S} \times r_B + \frac{S}{B+S} \times r_S$$

Onde:
r_{wacc} = custo médio ponderado de capital da empresa
r_b = custo do capital de terceiros (custo das dívidas)
r_s = custo do capital próprio

S = montante de capital próprio
B = montante de capital de terceiros (dívidas)
B/B+S = percentual de capital de terceiros (endividamento) da empresa
S/B+S = percentual do capital próprio da empresa

Formalmente, a dedução da proposição II de M&M (sem impostos) é que:
Pela proposição I, temos que rwacc = r0 em outras palavras, o custo de capital (rwacc) é fixo (r0), independentemente da estrutura de capital, como argumentado anteriormente.
Assim:

$$\frac{B}{B+S} \times r_B + \frac{S}{B+S} \times r_S = r_0$$

Multiplicando os dois lados da equação por $\frac{B+S}{S}$:

$$\frac{B+S}{S} \times \frac{B}{B+S} \times r_B + \frac{B+S}{S} \times \frac{S}{B+S} \times r_S = \frac{B+S}{S} r_0$$

$$\frac{B}{S} \times r_B + r_S = \frac{B+S}{S} r_0$$

$$\left(\frac{B}{S} \times r_B\right) + r_S = \frac{B}{S} r_0 + r_0 \qquad r_S = r_0 + \frac{B}{S}(r_0 - r_B)$$

Figura 19.1 – Dedução do Teorema de M&M

Uma outra forma de expressar essa segunda proposição é por meio de um gráfico no qual as linhas representam:

```
                                    B
                        r_S = r_0 + ─── × (r_0 - r_B)
                                    S_L

                                    B             S
                        r_WACC = ─────── × r_B + ─────── × r_S
                                  B+S             B+S
```

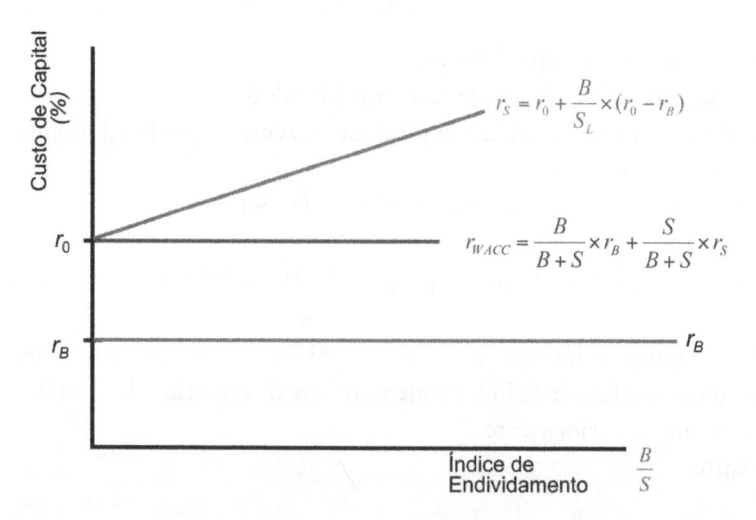

Figura 19.2 – Teorema de M&M em forma gráfica

Muito sinteticamente, a proposição II diz que o custo de capital (WACC) ficaria inalterado com o aumento do endividamento, pois, apesar do custo do capital de terceiros ir diminuindo o WACC por um lado, por outro lado o aumento do risco levaria a um aumento do custo de capital de terceiros, fazendo com os dois efeitos se compensassem e deixassem o WACC e consequentemente, o valor da empresa, inalterados, independentemente de sua alavancagem.

A estrutura de capital seria irrelevante.

Posteriormente, devido à inúmeras críticas recebidas por M&M por seus pressupostos serem irrealistas, os autores fizeram uma nova pesquisa, na qual consideravam o imposto de renda e chegaram à conclusão de que a empresa deveria ter um alto grau de alavancagem para aumentar o seu valor.

Na verdade, o mérito de M&M está em criar um arcabouço teórico, ainda que com premissas pouco realistas, sobre o qual poderia haver uma discussão racional sobre estrutura de capital e dividendos, cerne das finanças corporativas.

Por essas e outras contribuições, ambos foram laureados com o prêmio Nobel de Economia, mas separadamente. Modigliani foi agraciado em 1985 e Miller em 1990, dividindo-o com Markowitz e Sharpe.

APÊNDICE TÉCNICO III
O CAPM

O *capital assets pricing model* (CAPM), ou seja, o modelo de apreçamento de ativos de capital, foi fruto da contribuição de quatro professores: William Sharpe, Jack Treynor, John Lintner e Jan Mossin.[124] Por ter sido o primeiro a publicar sobre o assunto, o prêmio Nobel de Economia de 1990 foi atribuído a William Sharpe (dividido com Harry Markowitz e Merton Miller), mas isso não diminuí a importância e contribuição dos demais professores. Na sua versão atual, o modelo é central, talvez isoladamente,

---

[124] Os artigos originais publicados pelos quatro professores que deram origem ao CAPM têm como referência:
SHARPE, William F. Capital asset prices: A theory of market equilibrium under conditions of risk. *The Journal of finance*, v. 19, n. 3, p. 425-442, 1964.
TREYNOR, Jack L. "Towards a Theory of Market Value of Risky Assets," *in Asset Pricing and Portfolio Performance; Models, Strategy and Performance Metrics*, Robert A. Korajczk, ed. (London: Risk Books, 1999).
LINTNER, John, "The Valuation of Risk Assets and the Selection of Risky Investments in Stock Portfolios and Capital Budgets," *Review of Economics and Statistics* (Feb. 1965): 13–37.
MOSSIN, Jan. Equilibrium in a capital asset market. *Econometrica: Journal of the econometric society*, p. 768-783, 1966.

o mais importante de toda a área de finanças, notadamente para as discussões de finanças corporativas[125]. Nos livros-texto o modelo é apresentado como:

$$K = Rf + \beta (Rm - Rf)$$

No qual:
K = retorno esperado (ou "justo") dado o risco;
Rf = taxa livre de risco da economia;
Rm = retorno esperado do mercado de capitais;
β = risco do ativo analisado;

A interpretação do modelo é bastante intuitiva e sua formulação matemática final também bastante acessível, no formato de uma equação de primeiro grau. A ideia central é estabelecer uma relação matemática entre o retorno esperado (ou "justo") para o investidor que toma determinado nível de risco.

Para tanto o modelo utiliza-se do conceito de custo de oportunidade. Considerando os investidores racionais, esses demandarão um retorno crescente e proporcional à medida que o risco aumenta, dadas as outras possibilidades de investimento na economia. Essas outras possibilidades geram o custo de oportunidade e assim permitem uma comparação objetiva entre retorno e risco.

O primeiro elemento consiste na taxa livre de risco (Rf). Os governos emitem títulos de dívida, em geral, para financiar seus déficits público e/ou fazer novos investimento e gastos. Esses títulos são de renda fixa, ou seja, prometem o pagamento de juros aos investidores, bem como o repagamento do valor principal emprestado ao governo após alguns anos. Eles são acessíveis ao público em geral, negociados em mercados com liquidez, no Brasil a forma mais conhecida de fazer esse investimento é por meio do Tesouro Direto. Mas qual o seu risco? Esse é o ponto-chave da primeira parte do modelo: teoricamente o risco é zero.

---

[125] Parte dos exemplos foi adaptado do livro:
ROSS, Stephen A; WESTERFIELD, Randolph W.; JAFFE, Jeffrey. *Administração financeira*. São Paulo: Atlas, 2002.

A interpretação mais usual de seu risco teórico ser zero é porque o emissor é o governo, o qual é a única entidade na economia que pode imprimir moeda. Assim, teoricamente mesmo em uma situação limite, de imenso déficit público e crise econômica, o governo tem o poder legal de imprimir moeda para pagar os seus títulos, não existindo, portanto, risco de calote para o investidor nesses ativos.

Seguindo com a lógica do raciocínio, o modelo precisa de um referencial de risco. A economia oferece oportunidade de investimento sem risco, os títulos públicos, mas também inúmeras oportunidades de investimento com risco. Como mensurá-lo? O CAPM escolheu a bolsa de valores, mais especificamente o índice representativo dos preços de ações, para ser essa referência de risco.

A bolsa de valores representa, em alguma medida, a própria economia do país e oferece oportunidades de investimentos com risco, as ações de empresas. Assim, o retorno esperado do mercado de capitais (Rm) representaria o retorno esperado médio dos investimentos com risco na economia.

A diferença entre os custos de oportunidade dos investimentos com risco (Rm) e o investimento livre de risco (Rf) na economia, recebeu o nome de "Prêmio de risco":

Prêmio de risco = $Rm - Rf$

Logo, o CAPM pode ser reescrito como:

$K = Rf + \beta \times$ prêmio de risco

Essa fórmula faz sentido intuitivamente. O retorno esperado de um investimento, em um mercado racional, deve ser igual ao retorno do investimento sem risco mais um prêmio pelo risco corrido.

Para ajustar adequadamente o retorno justo com risco, entra o coeficiente beta (β). O retorno médio esperado do mercado (Rm) é um referencial de risco, mas é uma média. Os ativos individuais podem ter mais ou menos risco que a média, naturalmente. Logo, a fim de ajustar-se corretamente o retorno esperado para cada ativo individual, o prêmio de risco deve ser multiplicado por um coeficiente, indicando se esse ativo possui risco maior ou menor que a média. Esse é o coeficiente beta (β).

Um coeficiente beta 1,0 significa que o ativo individual possui exatamente o mesmo risco que a média do mercado de capitais, enquanto um beta de 2,0 significa que o ativo possui o dobro do risco médio do mercado.

Faremos dois exemplos numéricos para auxiliar o entendimento: digamos que a taxa livre de risco esperada (normalmente utilizamos a taxa Selic no caso do Brasil) é de 3% ao ano e que o retorno esperado da bolsa de valores (normalmente utilizamos o Ibovespa para a B3 – bolsa de valores brasileira) é de 12% ao ano. Qual o retorno esperado das empresas A e B, que possuem betas de 2,0 e 0,5, respectivamente?

Prêmio de risco = 12% – 4% = 9% a.a.

Empresa A
K = Rf + β x prêmio de risco
K = 3% + 2,0 x 9% = 21% a.a.

Empresa B
K = Rf + β x prêmio de risco
K = 4% + 0,5 x 9% = 8,5% a.a.

Investidores racionais exigirão um retorno de 21% a.a. da empresa A, a fim de compensar seu alto risco (o dobro da média do mercado), enquanto demandarão retorno menor da empresa B, de 8,5% a.a., pois seu risco é bem menor, apenas metade da média do mercado.

O ponto nevrálgico do modelo é o beta, uma vez que as taxas Rf e Rm são dados conhecidos, pelo menos do ponto de vista histórico. A alteração da forma de calcular risco em relação à proposta de Markowitz simplificou e tornou utilizável o CAPM desde a década de 1960.

Retomando a teoria da carteira de Markowitz (veja Apêndice Técnico I) o risco seria mensurado pelo desvio-padrão (ou variância) do retorno do ativo. Quanto maior o desvio-padrão, maiores as possibilidades estatísticas de ganhos ou perdas e consequentemente maiores os riscos. O CAPM altera a definição de risco, para esse modelo o desvio-padrão mede o risco total do ativo, mas não é esse o risco relevante para a carteira. Assim:

Risco total = Desvio-padrão (conforme Markowitz)
Para o CAPM, contudo, o risco total possui dois componentes:
Risco total = risco sistêmico + risco não-sistêmico

Os riscos não-sistêmicos (ou idiossincráticos) são aqueles inerentes apenas à empresa, não impactando as demais. Por outro lado, os riscos sistêmicos são aqueles que afetam todas as empresas, independentemente de seu setor econômico, porte ou mesmo tipo de produtos ou serviços.

A fim de ilustrar os conceitos, um exemplo de risco não-sistêmico que a Petrobrás enfrenta é a possibilidade, ainda que remota, de uma de suas plataformas de petróleo marítimas sofra danos imprevistos e afunde. Esse evento é improvável, mas não impossível, ocorreu efetivamente em março de 2001 com a sua plataforma P-36.

Esse evento de significativo prejuízo humano, econômico, ambiental e de imagem naturalmente afetou negativamente os preços das ações da Petrobrás, mas não as demais ações da Bolsa de Valores, já que estava limitado à Petrobrás, sendo um risco não-sistêmico ou idiossincrático.

Já eventos políticos, em geral, são riscos sistêmicos, afetando positivamente ou negativamente (ainda que em diferentes intensidades) todas as ações. A eleição de um governo com agenda considerada favorável aos negócios, pode impulsionar quase todas as ações da Bolsa, devido as melhores perspectivas em geral.

Para o CAPM o risco não-sistêmico deve ser desconsiderado, pois ele pode ser eliminado por diversificação. Considerando a primeira premissa básica fundamental do modelo, que todos os investidores são racionais, como a diversificação permite a eliminação do risco não-sistêmico sem redução de retorno esperado, todos os investidores adotariam esse procedimento. Uma vez que todos estão diversificados, somente o risco sistêmico é relevante.

A segunda premissa fundamental é que os mercados são eficientes. Para o CAPM isso significa que o mercado é capaz de identificar todos os riscos existentes e condensá-los nas variações dos preços das ações. Portanto a variação do preço da ação em comparação com a variação dos preços do índice de mercado permitiria avaliar o risco da empresa. Esse é o princípio do cálculo do coeficiente beta.

Uma ação que varia, estatisticamente, o dobro que o índice de preços, tem o dobro do risco do mercado e, portanto, beta = 2,0.

O cálculo estatístico do beta se dá por meio de uma regressão linear. A regressão simples é um método estatístico usado no estudo da relação entre duas variáveis. Este tipo de técnica estatística que visa analisar relação entre duas variáveis começou a ser desenvolvida inicialmente por Francis Galton ainda em fins do século XIX, o qual estava interessado em estudar a relação entre a altura de um pai e a de seu filho. Posteriormente seu discípulo Karl Pearson deu prosseguimento ao seu trabalho abrindo caminho para o desenvolvimento atual destes tipos de método, em especial da regressão linear.

Assim a regressão simples procura estudar estatisticamente a relação entre duas variáveis, denominadas na literatura como variável independente e variável dependente. A variável independente é utilizada para prever o valor da variável dependente. Uma vez que a relação entre as variáveis se aproxime geometricamente de uma reta, tal método é chamado de regressão linear simples. Assim a relação pode ser representada genericamente pelo seguinte modelo de regressão:

$$y = \alpha + \beta x + \epsilon$$

No modelo, α representa o ponto no qual a reta da regressão intercepta o eixo y e β consiste na inclinação da reta. O termo ϵ é uma variável aleatória denominada termo de erro.

A fim de estimar α e β o método mais utilizado é o critério dos mínimos quadrados. Em outras palavras, dada uma amostra de pontos a reta de regressão estimada será aquela que minimiza o quadrado da distância entre os pontos e a reta. Os parâmetros podem ser calculados pelo método dos mínimos quadrados mediante as seguintes equações:

$$\beta = \frac{\Sigma(X_i - \overline{X})(Y_i - \overline{Y})}{\Sigma(X_i - \overline{X})^2}$$

$$\alpha = \overline{Y} - \beta\overline{X}$$

Nas equações

X_i = valor da variável independente para a i-ésima observação
Y_i = valor da variável dependente para a i-ésima observação

$\overline{X}$ = valor médio da variável independente
$\overline{Y}$ = valor médio da variável dependente
n = número total de observações

Aplicando a regressão linear simples ao CAPM, temos que a variação do índice de preços é a variável independente e a variação do preço da ação específica é a variável dependente.

Uma observação mais detalhada do cálculo do beta nos indica que no numerador temos a covariância entre a ação e o índice de mercado e no denominador temos a variância do índice de mercado. Podemos, assim, reescrever a fórmula do beta como:

β = covariância $_{(\text{ação, índice de mercado})}$ / variância $_{(\text{índice de mercado})}$

O coeficiente beta é obtido pela divisão entre a covariância da ação com índice de mercado pela variância do índice de mercado.

As planilhas de cálculo possuem essas fórmulas já programadas. A seguir será apresentado um exemplo numérico com a utilização das ferramentas do MS Excel. Na tabela a seguir são apresentadas as variações mensais (por 12 meses) dos preços do índice Bovespa, principal índice da bolsa brasileira, a B3, em comparação com as variações de preços, nos mesmos períodos, da ação A:

Mês	Ibovespa	Ação A
janeiro	3,0%	2,6%
fevereiro	-2,0%	-0,5%
março	-1,5%	1,0%
abril	4,2%	3,3%
maio	5,6%	1,5%
junho	9,5%	7,8%
julho	-3,3%	-1,9%
agosto	-2,4%	1,8%
setembro	5,2%	8,6%
outubro	0,5%	-1,4%
novembro	1,1%	0,7%
dezembro	3,2%	4,9%
Covariância (ibov, ação A)	0,0928%	
Variância (ibov)	0,1379%	
Beta (β)	0,6735	

Figura 20.1 – Cálculo do Beta

Utilizando-se as fórmulas programadas no Excel, de covariância e variância, o beta foi calculado na tabela.

Uma forma alternativa e gráfica de calcular o beta no Excel, é com a utilização de um gráfico de dispersão. Para a tabela anterior, o gráfico de dispersão ("gráfico de pontos) é:

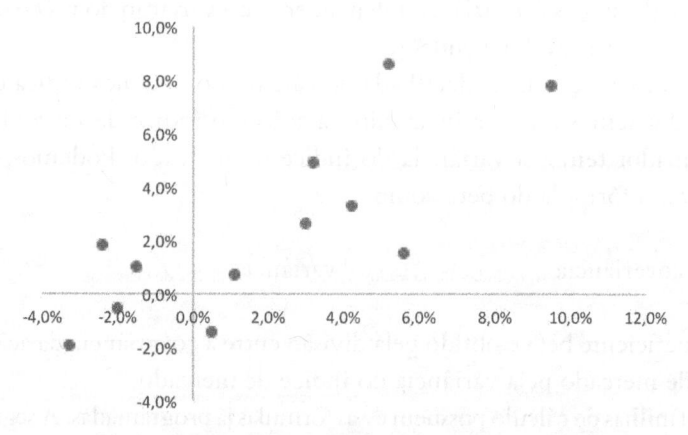

Figura 20.2 – Cálculo do Beta no Excel – parte 1

Selecione um ponto no gráfico e clique com o botão esquerdo do mouse. Na sequência selecione a função "adicionar linha de tendência".

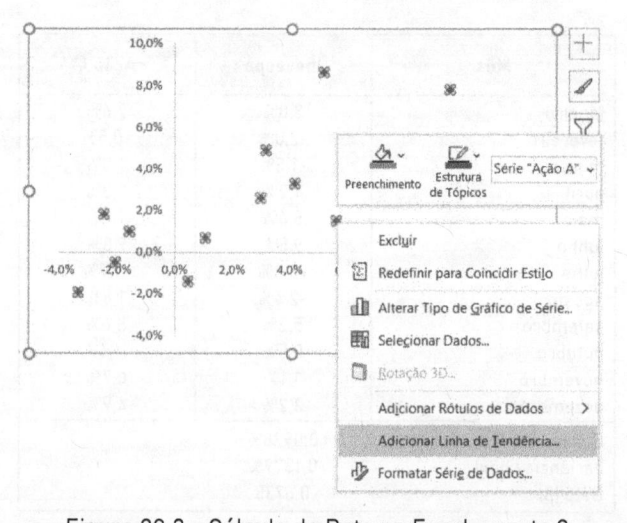

Figura 20.3 – Cálculo do Beta no Excel – parte 2

O CAPM

Selecione "Exibir equação no gráfico" na tela do assistente de função da linha de tendência:

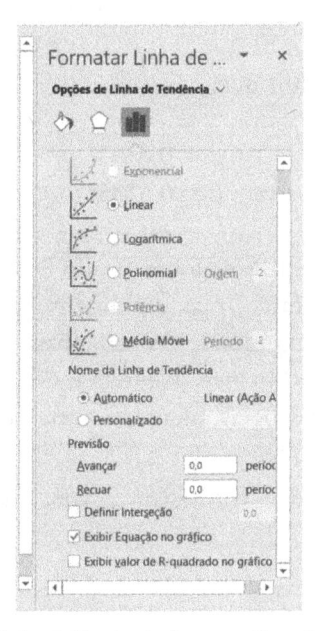

Figura 20.4 – Cálculo do Beta no Excel – parte 3

O gráfico de dispersão inicial será cortado pela reta de regressão com a sua equação indicando os valores de alfa e beta:

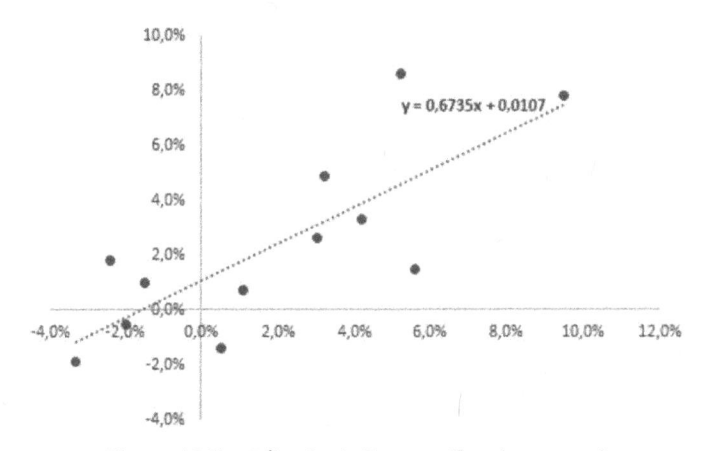

Figura 20.5 – Cálculo do Beta no Excel – parte 4

O gráfico apresenta a equação de regressão:

$$y = 0{,}6735x + 0{,}0107$$

Logo, podemos concluir que:

$$\alpha = 0{,}0107$$
$$\beta = 0{,}6735$$

O cálculo do coeficiente beta foi realizado utilizando-se dados de doze meses no exemplo numérico, mas usualmente o mercado trabalha com dados dos últimos sessenta meses. Os principais websites de informações financeiras como Yahoo Finance, Reuters e Google Finance geralmente divulgam os coeficientes betas, além de outras informações financeiras interessantes, gratuitamente.

APÊNDICE TÉCNICO IV
Fluxo de Caixa Descontado

O *Value Investing*, além de todas as considerações qualitativas e insights de Warren Buffett e muitos outros praticantes, possui uma base quantitativa de estimação do valor da empresa. Todos os detalhes e discussões desse método são longas e controversas e fogem ao escopo desse livro. Contudo, é possível apresentar nesse anexo um modelo simplificado, mas que contempla todos os elementos centrais utilizados e demonstra, em um exemplo de empresa fictícia, a mecânica numérica do Fluxo de Caixa Descontado (FCD). De forma bastante resumidas, as etapas para o *valuation* de uma empresa pelo FCD são:

1) Determinar o FC base para a projeção;
2) Projetar os FC do período explícito;
3) Determinar a taxa de desconto (CMPC);
4) Calcular o valor presente do período explícito;
5) Calcular o valor da perpetuidade, em especial a taxa de crescimento (g);
6) Calcular o valor presente da perpetuidade;
7) Determinar o valor da empresa.

> Valor da empresa = VP do período explícito + VP da perpetuidade

Figura 21.1 – Valor da empresa

A fim de tornar mais clara essas etapas, pode-se visualizá-las graficamente na figura 21.2 a seguir:

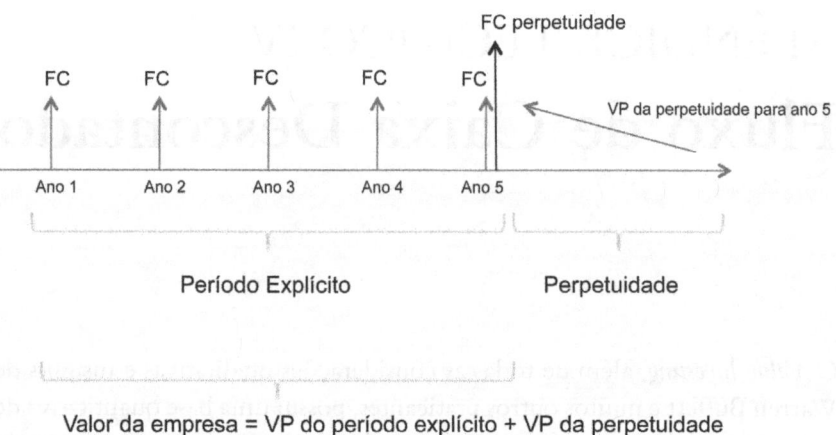

Valor da empresa = VP do período explícito + VP da perpetuidade

Figura 21.2 – Estrutura do Fluxo de Caixa Descontado

A fim de tornar o método de mais fácil compreensão cada uma das sete etapas serão descritas em detalhes e calculadas de um exemplo da estimativa do valor de uma loja de roupas, a loja MODA.

Etapa 1 do FCD – determinar o FC base para a projeção

A primeira esta do método do FCD consiste em levantar os números iniciais que serão a fonte da projeção futura. Geralmente são os resultados do último ano da empresa, ou seja, os resultados mais recentes que permitem ao empresário ter uma ideia inicial do que pode esperar para a empresa nos próximos anos.

No Brasil, um detalhe importante para a construção dessa primeira etapa consiste em determinar o regime fiscal em que a empresa está inserida. Caso a empresa seja optante no imposto de renda pelo chamado "lucro real" a construção ocorre de uma forma, caso a opção seja pelo "lucro presumido" ou pelo "simples nacional", caso da grande maioria das pequenas e médias empresas, a construção fica mais simples. Essas diferenças estão demonstradas na figura 21.3.

FC - opção pelo "lucro real"	FC - opção pelo "lucro presumido" ou "simples nacional"
D.R.E	D.R.E
Receita Líquida	Receita Líquida
(-) Custos	(-) Custos
(=) Lucro Bruto	(=) Lucro Bruto
(-) Desp. Operacionais	(-) Desp. Operacionais
(=) EBITDA	(=) EBITDA
(-) Depreciação	(-) Depreciação
(=) EBIT	(=) EBIT
FLUXO DE CAIXA	**FLUXO DE CAIXA**
(=) EBIT (1 - T) *	(=) EBITDA
(+) Depreciação	(+/-) Variação do Capital de Giro
(+/-) Variação do Capital de Giro	(-) Investimentos
(-) Investimentos	**(=) Fluxo de Caixa da Firma (FCF)**
(=) Fluxo de Caixa da Firma (FCF)	

* (1 - T) é a fórmula para ajustar o EBIT (lucro operacional) descontando o imposto de renda, sendo que a letra "T" da fórmula representa justamente essa alíquota, a qual no Brasil usualmente é de 34%.

Figura 21.3 - Modelos de Fluxo de Caixa

No exemplo da hipotético da loja de roupas MODA, ela é optante pelo "simples nacional", portanto, será baseado no lado direito da Figura 21.3.

Observa-se que a diferença entre os dois lados é composta apenas pela forma de cálculo do imposto de renda (IR). Enquanto no lado esquerdo o IR é calculado sobre o lucro líquido, logo a depreciação diminui o IR a pagar, no lado direito o imposto incide diretamente sobre a receita da empresa, não havendo assim a necessidade de considerar a depreciação ajustando o imposto a pagar. Os componentes necessários à construção do fluxo de caixa base da projeção são:

Receita líquida: receitas das vendas da empresa deduzida dos tributos que incidem sobre vendas;

Custos: gastos da empresa em atividades ligadas diretamente à produção dos bens ou à prestação dos serviços que a empresa vende ou presta;

Lucro bruto: resultado da receita líquida subtraída dos custos;

Despesas operacionais: gastos de suporte da empresa, como gastos administrativos, de vendas e gerais, não diretamente vinculados à produção ou prestação de serviços;

EBITDA: Earnings before interest, taxes, depreciation and amortization – lucro antes dos juros, imposto de renda, depreciação e amortização (em português, LAJIDA). Calcula-se o EBITDA tomando-se o valor do lucro bruto e subtraindo-se as despesas operacionais.

Depreciação: despesa referente à perda de valor ao longo do tempo dos ativos da empresa.

EBIT: Earnings before interest and taxes – lucro antes dos juros e do imposto de renda (em português, LAJIR). Calcula-se o EBIT tomando-se o valor do EBITDA e subtraindo-se a depreciação.

Variação do capital de giro: aumento ou diminuição dos saldos do contas a receber, estoques e contas a pagar.

Investimento: valores utilizados em bens tangíveis ou intangíveis para a produção ou prestação de serviços.

Calculando-se então o resultado do ano anterior da loja MODA, os números são resumidos figura 21.4:

FC da loja MODA Resultados financeiro do ano anterior	R$
D.R.E	
Receita Líquida	594.900
(-) Custos	- 237.960
(=) Lucro Bruto	356.940
(-) Desp. Operacionais	- 157.897
(=) EBITDA	199.043
(-) Depreciação	- 52.497
(=) EBIT	146.546
FLUXO DE CAIXA	
(=) EBITDA	199.043
(+/-) Variação do Capital de Giro	- 72.330
(-) Investimentos	- 16.200
(=) Fluxo de Caixa da Firma (FCF)	**110.513**

Figura 21.4 – Construção do FC base da projeção da loja MODA

Após a determinação do fluxo de caixa base da projeção, a segunda etapa é a projeção do fluxo de caixa para o período explícito.

Etapa 2 do FCD – projetar os FC do período explícito

O período explícito de projeção consiste no horizonte de tempo no qual a empresa consegue projetar seus resultados de forma razoavelmente confiável. Esse período normalmente é estabelecido entre cinco e dez anos após o período base de projeção.

A fim de projetar tais resultados são admitidas premissas, ou seja, pressupostos do que acontecerá nos próximos anos. Evidentemente que premissas diferentes levam a resultados diferentes no cálculo do valor da empresa. Logo se faz necessária a discussão detalhada das premissas para que tenha a melhor estimativa possível. Caso haja muita dúvida em relação a uma premissa importante o mais recomendável é a utilização da mais provável aliada a uma análise de sensibilidade do que poderia acontecer com o valor caso a premissa fosse alterada.

Continuaremos com a loja MODA para ilustrar a etapa 2. Os mesmos componentes do fluxo de caixa base da projeção foram projetados para cinco anos no futuro, tempo determinado para o período explícito de projeção por ser o horizonte de premissas razoáveis para a empresa. Os resultados estão na Figura 21.5.

FC da loja MODA Resultados financeiros	R$ Ano base	R$ Ano 1	R$ Ano 2	R$ Ano 3	R$ Ano 4	R$ Ano 5
D.R.E						
Receita Líquida	594.900	624.645	655.877	688.671	723.105	759.260
(-) Custos	237.960	249.858	262.351	275.468	289.242	303.704
(=) Lucro Bruto	356.940	374.787	393.526	413.203	433.863	455.556
(-) Desp. Operacionais	157.897	168.950	180.776	193.431	206.971	221.459
(=) EBITDA	199.043	205.837	212.750	219.772	226.892	234.097
(-) Depreciação	52.497	52.497	52.497	52.497	52.497	52.497
(=) EBIT	146.546	153.340	160.253	167.275	174.395	181.600
FLUXO DE CAIXA						
(=) EBITDA	199.043	205.837	212.750	219.772	226.892	234.097
(+/-) Variação do Capital de Giro	72.330	75.947	79.744	83.731	87.918	92.313
(-) Investimentos	16.200	-	-	-	10.000	5.000
(=) Fluxo de Caixa da Firma (FCF)	**110.513**	**129.891**	**133.006**	**136.041**	**128.974**	**136.784**

Figura 21.5 – Projeção dos FC da loja MODA – período explícito

A identificação e descrição das premissas utilizadas nas projeções são muito importantes para o entendimento e a validação do método. Cada empresa e cada situação diferente exigirão diferentes premissas, do melhor julgamento do avaliador e sempre baseadas em fatos e dados. As premissas utilizadas na projeção da loja MODA foram:

Receita líquida: crescimento de 5% ao ano, baseado no crescimento histórico dos últimos 3 anos da empresa;

Custos: manutenção da margem de contribuição média dos produtos da loja, mantendo assim os custos na faixa de 40% do valor da receita líquida;

Despesas operacionais: crescimento de 7% ao ano, considerando a inflação esperada para os próximos anos;

Depreciação: manutenção das taxas atuais de depreciação;

Variação do capital de giro: aumento do capital de giro proporcional ao aumento da receita líquida, ou seja, 5% ao ano;

Investimentos: reformas e pintura da loja programadas para os próximos anos.

Após a projeção dos fluxos de caixa para o período explícito, a terceira etapa consiste na determinação da taxa de desconto.

Etapa 3 do FCD – determinar a taxa de desconto (CMPC)

O fluxo de caixa projetado encontra-se no futuro, ou seja, os seus valores são entradas ou saídas de caixa esperadas para os próximos anos. Assim, como há o chamado "valor do dinheiro no tempo", em outras palavras, dinheiro "na mão" hoje vale mais que dinheiro no futuro, para se avaliar o valor da empresa no presente, faz-se necessário esse ajuste, o qual é feito por meio de uma taxa de desconto.

A taxa de desconto utilizada para o cálculo do valor da empresa é o seu custo de capital, também conhecido como Custo Médio Ponderado de Capital (CMPC) ou ainda é utilizada sua sigla em inglês, WACC. Esse custo de capital é a média ponderada dos custos das duas fontes de capital da empresa: o custo do capital de terceiros (kd) e o custo do capital próprio (ke).

CMPC = kd x (% do capital de terceiros) + ke x (% do capital próprio)

Nota: a fórmula do CMPC exposta é válida para empresas optantes pelo "lucro presumido" ou "Simples Nacional". Caso a empresa seja optante pelo "lucro real" a fórmula deve ser alterada, multiplicando-se o kd por (1 – T), sendo "T" a alíquota do imposto de renda.

O capital de terceiros é constituído por todas as fontes de recursos que não são proprietárias da empresa, notadamente por empréstimos e financiamentos bancários. O custo do capital de terceiros (kd) é a taxa de juros paga a esse financiamento. Caso haja diferentes financiamentos com taxas de juros diversas, o kd será a média ponderada das taxas de juros pagas.

O capital próprio é constituído basicamente pelo patrimônio líquido da empresa, ou seja, os recursos pertencentes aos sócios-proprietários do negócio. O custo do capital próprio (ke), contudo, não apresenta uma taxa de juros formal como o kd, sendo assim mais difícil de ser estimado. O ke é um custo de oportunidade, ou seja, o proprietário do negócio tem a oportunidade de investir em outros ativos, logo a empresa deve remunerá-lo no mínimo no mesmo montante que ativos de mesmo grau de risco.

O modelo mais utilizado para estimar o custo do capital próprio é o CAPM *(capital assets pricing model)*:

$$K = Rf + \beta (Rm - Rf)$$

K – retorno esperado do ativo, no caso corresponde a Ke, custo do capital próprio;
Rf – taxa livre de risco da economia, ou seja, o "custo do dinheiro";
Rm – retorno esperado do mercado de ações;
β – risco do negócio em relação ao risco do mercado de ações.

O CAPM basicamente afirma que o custo do capital próprio é dado pelo custo do dinheiro (Rf) mais um adicional pelo risco do negócio que é medido por β (Rm – Rf). O risco beta (β) é função da variação do preço das ações da empresa e não pode ser diretamente mensurado para empresas de capital fechado, caso mais comum entre pequenas e médias empresas. Nesse caso a solução está em utilizar-se dados dos EUA, o qual possui muitas empresas de capital aberto, diferentemente do Brasil, ajustando esses dados estadunidenses para torná-los compatíveis com o Brasil. A forma de ajustar o CAPM com números estadunidenses e utilizá-los no Brasil é a seguinte:

$$Ke = Rf + \beta_{EUA} (Rm - Rf) + \text{risco Brasil} + \text{diferencial de inflação}$$

Os dados utilizados são baseados em diversas fontes de informações sumarizadas na figura 21.6:

Sigla	Descrição	Fonte Sugerida
Ke	Custo do capital próprio	CAPM adaptado
Rf	Taxa livre de risco da economia dos EUA, geralmente utilizada a taxa de juros do T-BOND.	New York University – NYU – Damodaran http://pages.stern.nyu.edu/~adamodar/ New_Home_Page/datafile/histretSP.html
β_{EUA}	Risco beta dos setores econômicos dos EUA.	New York University – NYU – Damodaran http://pages.stern.nyu.edu/~adamodar/ New_Home_Page/datafile/Betas.html
(Rm – Rf)	Retorno esperado do mercado de ações dos EUA.	New York University – NYU – Damodaran http://pages.stern.nyu.edu/~adamodar/ New_Home_Page/datafile/histretSP.html
Risco Brasil	Risco Brasil medido pelo EMBI+ do JP Morgan	IPEADATA http://www.ipeadata.gov.br/ExibeSerie. aspx?serid=40940&module=M
Diferencial de inflação	Diferença entre as inflações esperadas no Brasil e nos EUA	Global Rates http://www.global-rates.com/economic-indicators/inflation/consumer-prices/cpi/united-states.aspx

Figura 21.6 – Fontes de Dados para Estimativa do Ke

Os dados utilizados para o cálculo do CMPC da loja MODA estão descritos figura 21.7.

Sigla	Estimativa	Fonte
Rf – EUA	4,88% a.a.	New York University – NYU – Damodaran http://pages.stern.nyu.edu/~adamodar/New_Home_Page/datafile/histretSP.html
β_{EUA}	1,16	New York University – NYU – Damodaran http://pages.stern.nyu.edu/~adamodar/New_Home_Page/datafile/Betas.html
(Rm – Rf)	4,54% a.a.	New York University – NYU – Damodaran http://pages.stern.nyu.edu/~adamodar/New_Home_Page/datafile/histretSP.html
Risco Brasil	2,70% a.a.	IPEADATA http://www.ipeadata.gov.br/ExibeSerie.aspx?serid=40940&module=M

Diferencial de inflação	2,00% a.a.	Global Rates http://www.global-rates.com/economic-indicators/inflation/consumer-prices/cpi/united-states.aspx
% capital de terceiros	40%	Balanço patrimonial da loja LFV – empréstimo do BNDES no montante de R$ 80 mil
% capital próprio	60%	Balanço patrimonial da loja LFV – patrimônio líquido no montante de R$ 120 mil
Kd	7% a.a.	Juros pagos pelo empréstimo do BNDES

Figura 21.7 – Dados para Cálculo do CMPC da loja MODA

Utilizando-se os dados presentes na figura 21.7 o cálculo do custo do capital próprio (ke) fica:

Ke = Rf + β_{EUA} (Rm – Rf) + risco Brasil + diferencial de inflação
Ke = 4,88% + 1,16 (4,54%) + 2,70% + 2,00% = 14,85%

Após o cálculo do Ke, pode calcular o CMPC utilizando-se ainda os dados do Quadro 3:

CMPC = kd x (% do capital de terceiros) + ke x (% do capital próprio)
CMPC = 7,0% x (0,4) + 14,85% x (0,6) = 11,71%

A taxa de desconto dos fluxos de caixa, constituída como o CMPC da empresa foi determinada em 11,71% ao ano, finalizando a terceira etapa. A quarta etapa consiste no cálculo do valor presente do período explícito.

Etapa 4 do FCD – calcular o valor presente do período explícito

Uma vez que já foram estimados os fluxos de caixa projetados para o período explícito, bem como a taxa de desconto, na forma do CMPC, a quarta etapa do FCD consiste em descontar o fluxo estimado pelo CMPC de forma a calcular o valor presente desse fluxo.

A forma mais simples de realizar tal cálculo é utilizar o auxílio de uma planilha eletrônica. Na planilha MS Excel o cálculo pode ser realizado da seguinte forma:

Fórmulas / Financeira / VPL

A fim de ilustrar tal procedimento, as Figuras 1 e 2 a seguir demonstram como realizá-lo para a loja MODA:

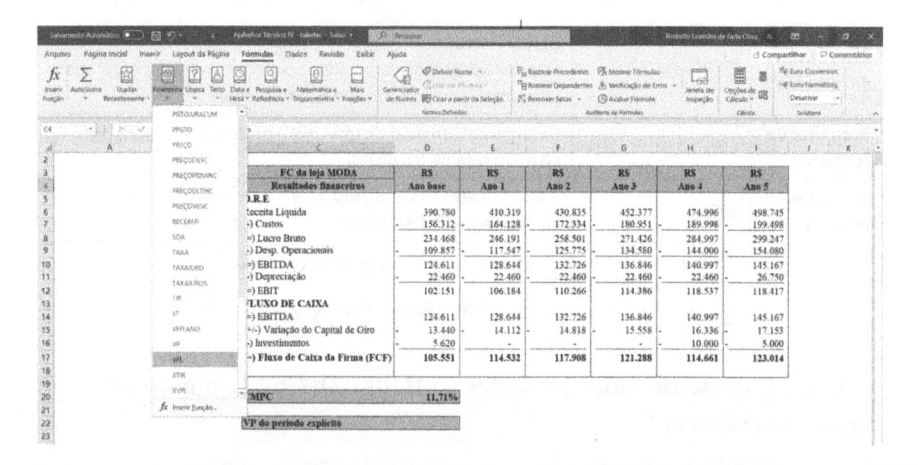

Figura 21.8 – Dados para Cálculo do CMPC da loja MODA

Na figura 1 colocou-se na planilha os fluxos de caixa projetados para o período explícito, o CMPC e solicitou-se Fórmula / Financeira / VPL:

Figura 21.9 – VPL para Cálculo do CMPC da loja MODA

Na figura 21.9 foram selecionados, por meio do assistente de função do MS Excel, a "Taxa" como sendo o CMPC de 11,71% e o "Valor 1" selecionando os fluxos de caixa dos anos 1 ao 5.

Por fim obtém-se o valor presente dos fluxos de caixa do período explícito como demonstrado na figura 21.10:

Fluxo de Caixa Descontado

FC da loja MODA Resultados financeiros	R$ Ano base	R$ Ano 1	R$ Ano 2	R$ Ano 3	R$ Ano 4	R$ Ano 5
D.R.E						
Receita Líquida	594.900	624.645	655.877	688.671	723.105	759.260
(-) Custos	-237.960	-249.858	-262.351	-275.468	-289.242	-303.704
(=) Lucro Bruto	356.940	374.787	393.526	413.203	433.863	455.556
(-) Desp. Operacionais	-157.897	-168.950	-180.776	-193.431	-206.971	-221.459
(=) EBITDA	199.043	205.837	212.750	219.772	226.892	234.097
(-) Depreciação	-52.497	-52.497	-52.497	-52.497	-52.497	-52.497
(=) EBIT	146.546	153.340	160.253	167.275	174.395	181.600
FLUXO DE CAIXA						
(=) EBITDA	199.043	205.837	212.750	219.772	226.892	234.097
(+/-) Variação do Capital de Giro	-72.330	-75.947	-79.744	-83.731	-87.918	-92.313
(-) Investimentos	-16.200	-	-	-	-10.000	-5.000
(=) Fluxo de Caixa da Firma (FCF)	110.513	129.891	133.006	136.041	128.974	136.784
CMPC	11,71%					
VP do período explícito	481.893					

Figura 21.10 – VP do período explícito da loja MODA

O valor presente do período explícito da loja LFV foi estimado em R$ 481.893,00 finalizando assim a etapa quatro. A quinta etapa consiste no cálculo do valor da perpetuidade da empresa.

Etapa 5 do FCD – calcular o valor da perpetuidade

O período explícito foi projetado mediante o horizonte em que as premissas permitiam uma projeção com razoável confiança. Após esse período, contudo, a empresa continua existindo. Assim considera-se geralmente que o último fluxo de caixa do período explícito se repetirá perpetuamente, uma vez que a empresa, teoricamente, poderia durar para sempre. A fim de tornar a premissa mais realista, considera-se que o fluxo de caixa final do período explícito crescerá a uma taxa constante (g) que será função do crescimento da economia ou do setor da empresa em longo prazo. As Figuras 3 e 4 ilustram tal conceito.

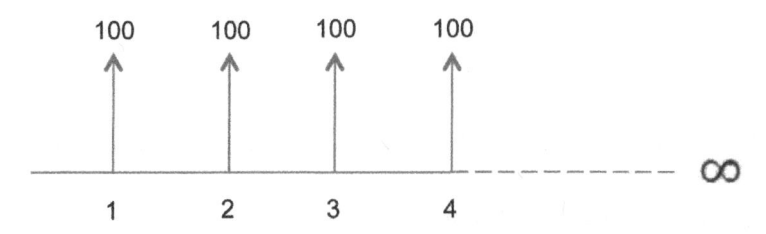

Figura 21.11 – FC em perpetuidade sem crescimento

```
              103,31
        102,10  ↑
  101,00  ↑
100,00 ↑
  ↑
  |    |    |    |  - - - - - - ∞
  1    2    3    4
```

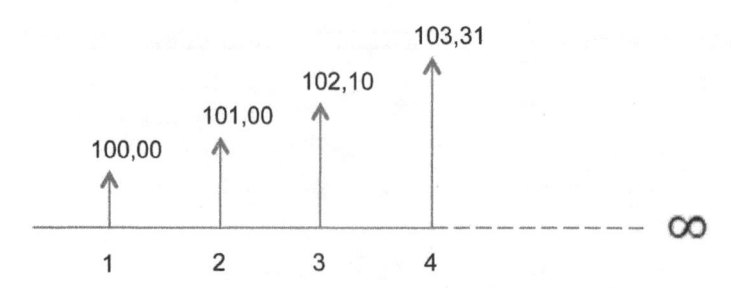

Figura 21.12 – FC em perpetuidade com crescimento (g) de 1% ao ano

Adotada a premissa do fluxo perpétuo com crescimento constante (g) e utilizando-se da teoria das progressões geométricas, o valor da perpetuidade no ano final do período explícito é dado por:

$$\text{Perpetuidade} = \frac{FC(1+g)}{(CMPC - g)}$$

Para a loja MODA, a aplicação do conceito da perpetuidade tem as seguintes premissas:

a) FC do ano do período explícito = R$ 136.784,00 (etapa 2)
b) CMPC = 11,71% ao ano (etapa 3)
c) Taxa de crescimento (g) = 1% – estimada como potencial de crescimento da loja na cidade de atuação em longo prazo.

Aplicando-se a fórmula da perpetuidade para a loja MODA os resultados obtidos são os seguintes:

$$\text{Perpetuidade} = \frac{FC(1+g)}{(CMPC - g)} = \frac{136.784\,(1,01)}{(0,1171 - 0,01)} = 1.289.933$$

O valor da perpetuidade da loja MODA foi estimado em R$ 1.289.933,00 finalizando assim a etapa cinco. A sexta etapa consiste no cálculo do valor presente da perpetuidade da empresa.

Etapa 6 do FCD – calcular o valor presente da perpetuidade

A perpetuidade calculada na seção anterior está no período do fluxo de caixa final do período explícito. No caso da loja MODA, no ano 5. Assim, a fim de poder compará-lo corretamente com o valor presente do período explícito, faz-se necessário calcular o valor presente da perpetuidade, o qual pode ser calculado com o auxílio de uma planilha eletrônica.

No caso da loja de MODA o resultado pode ser alcançado utilizando-se as funções do MS Excel conforme ilustrado pela Figura 21.13:Fórmulas / Financeira / VP

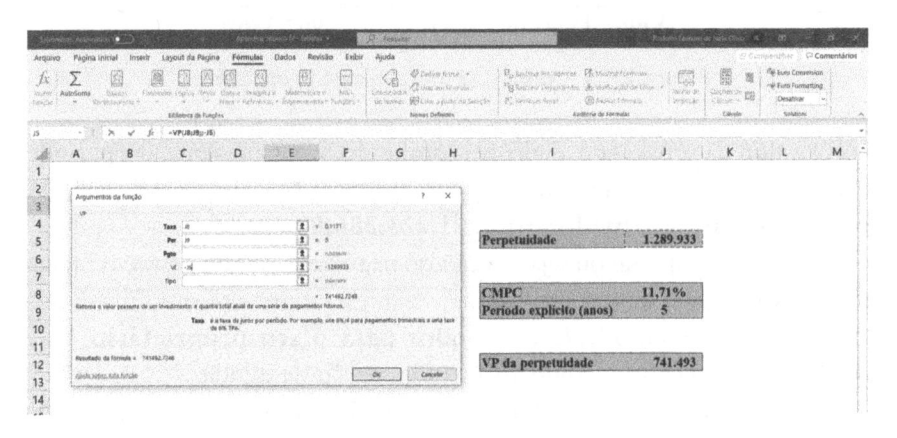

Figura 21.13 – VP da Perpetuidade

Utilizando-se o assistente de função do Excel:

Taxa = 11,71%
Per = 5
VF = – 1.289.933

VP da perpetuidade = R$ 741.493,00

O valor presente da perpetuidade com essas premissas foi calculado em R$ 741.493,00 encerrando a etapa seis. A sétima e última etapa consiste no cálculo do valor da empresa.

Etapa 7 do FCD – determinar o valor da empresa

A etapa final do processo de cálculo do valor por meio do FCD de caixa descontado está descrita na Tabela 4.

VP do período explícito	481.893
+	
VP da perpetuidade	741.493
Valor da empresa	**1.223.386**
(-) BNDES	- 230.000
Valor do proprietário	**993.386**

Figura 21.14 – Valor da Empresa e do Proprietário

O valor da empresa é dado pela soma do valor presente do período explícito com o valor presente da perpetuidade. No caso da loja MODA **o seu valor foi estimado em R$ 1.223.386,00.**

O valor da empresa, ou seja, o valor do negócio é dividido entre o capital próprio e o capital de terceiros. Uma vez que a empresa possui uma dívida de R$ 230 mil com o BNDES **o valor para o seu proprietário é de R$ 993.386,00** considerando assim a liquidação da dívida.

Naturalmente como os valores são estimativas, os resultados apresentam ordem de grandeza e não números exatos e são altamente dependentes das premissas adotadas. Portanto é bem razoável dizer que com as premissas adotadas, **a loja MODA possui um valor intrínseco da ordem de R$ 1 milhão.**

Referências

"28-Year-Old Crypto Founder Pays Record $4.6 Million For Lunch With Warren Buffett". *Forbes*. Disponível em: <https://www.forbes.com/sites/maddieberg/2019/05/29/want-to-have-lunch-with-warren-buffett-heres-how-much-it-will-cost-you/?sh=351d896f4a02>. Acesso em 16 abr. 2021.

"Belle Époque". *Wikipédia*. Disponível em: <https://pt.wikipedia.org/wiki/Belle_%C3%89poque>. Acesso em: 16 abr. 2021.

"Curva normal". *Wikipédia*. Disponível em: https://pt.wikipedia.org/wiki/Distribui%C3%A7%C3%A3o_normal. Acesso em: 16 abr. 2021.

"Henri Poincaré". *Só Matemática*. Disponível em: <https://www.somatematica.com.br/biograf/poincare.php>. Acesso em: 16 abr. 2021.

"Movimento Browniano". *IFUSP*. Disponível em: <https://portal.if.usp.br/labdid/sites/portal.if.usp.br.labdid/files/Browniano-L.pdf>. Acesso em: 16 abr. 2021.

"Seu instinto vale ouro". *Revista Isto É Independente*, agosto de 2003. Disponível em: <https://istoe.com.br/13100_SEU+INSTINTO+VALE+OURO/>. Acesso em: 16 abr. 2021.

ANDERSON, David R.; SWEENEY, Dennis J.; WILLIAMS, Thomas A. *Estatística Aplicada à Administração e Economia*. São Paulo: CENGAGE Learning, 2011.

Antifragile: Things That Gain from Disorder. New York: Random House. 2012.

BALL, Ray and BROWN, Philip, "An Empirical Evaluation of Accounting Income Numbers," *Journal of Accounting Research* (Autumn 1968), pp. 78-159.

BBC BRASIL. "Como Isaac Newton perdeu milhões com ações apostando que faria fortuna na América do Sul". *BBC News Brasil*. 10 dez. 2017. Disponível em: <https://www.bbc.com/portuguese/geral-42136063>. Acesso em: 16 abr. 2021.

BERNSTEIN, Peter L. *Desafio aos Deuses*: a Fascinante História do Risco". Rio de Janeiro: Editora Campus, 1997, pp. 115.

BERNSTEIN, Peter. *Desafio aos deuses: a fascinante história do risco*. Rio de Janeiro: Elsevier, 1997.

BLACK, Fischer; SCHOLES, Myron. The pricing of options and corporate liabilities. *Journal of political economy*, v. 81, n. 3, pp. 637-654, 1973.

BUFFETT, Warren E. The superinvestors of Graham-and-Doddsville. *Hermes*, p. 4-15, 1984.

CAMARGO, Richard. "O caso GameStop: uma bolha para chamar de sua". *Seu Dinheiro*, 31 jan. 2021. Disponível em: <https://www.seudinheiro.com/2021/colunistas/estrada-do-futuro/o-caso-gamestop-uma-bolha-para-chamar-de-sua/>. Acesso em: 15 abr. 2021.

CARHART, Mark M. On persistence in mutual fund performance. *The Journal of finance*, v. 52, n. 1, pp. 57-82, 1997.

CHAGUE, Fernando; DE-LOSSO, Rodrigo; GIOVANNETTI, Bruno. Day trading for a living?. *Available at SSRN 3423101*, 2020.

DAMODARAN, Aswath. *Historical Returns on Stocks, Bonds and Bills – United States*. Disponível em: <http://pages.stern.nyu.edu/~adamodar/New_Home_Page/datacurrent.html>. Acesso em: 16 abr. 2021.

DAMODARAN, Aswath. *Damodaran on valuation: security analysis for investment and corporate finance*. John Wiley & Sons, 2016.

DAMODARAN, Aswath. *Investment valuation: Tools and techniques for determining the value of any asset*. John Wiley & Sons, 2012.

DAMODARAN, Aswath. *The little book of valuation: how to value a company, pick a stock and profit*. John Wiley & Sons, 2011.

DAVIS, William L.; FIGGINS, Bob; HEDENGREN, David; e KLEIN, Daniel B. "Economic Professors' Favorite Economic Thinkers, Journals, and Blogs", *Econ Journal Watch 8(2): 126–146*, maio de 2011.

DE BONDT, W. F. M.; THALER, R. H. Does the stock market overreact? *Journal of Finance*, v.40, n.3, p.793-807, 1985.

EDITORS. "Harry Markowitz Biography". *TheFamousPeople.com*. Disponível em: <https://www.thefamouspeople.com/profiles/harry-markowitz-7400.php>. Acesso em: 16 abr. 2021.

Edward N. Lorenz (1917-2008) – meteorologist and father of chaos theory. *Nature*, v. 453, pp. 300, maio 2008.

FAMA, Eugene F. "Random Walks in Stock Prices," *Financial Analysts Journal* (Sept.–Oct. 1965, repr. Jan.–Feb. 1995): pp. 76.

FAMA, Eugene F. Efficient Capital Markets: A Review of Theory and Empirical Work. *Journal of Finance*, v. 25, pp. 383-417, 1970.

FAMA, Eugene F. Efficient capital markets: II. *The journal of finance*, v. 46, n. 5, pp. 1575-1617, 1991.

FAMA, Eugene F. FISHER, Lawrence, JENSEN, Michael C., ROLL, Richard, "The Adjustment of Stock Prices to New Information," *International Economic Review* (Feb. 1969): pp. 1–21.

FAMA, Eugene F.; FRENCH, Kenneth R. A five-factor asset pricing model. *Journal of Financial Economics*, v. 116, n. 1, pp. 1-22, 2015.

FAMA, Eugene F.; MILLER, Merton H. *The theory of finance*. Holt Rinehart & Winston, 1972.

FAMA, Eugene; FRENCH, Kenneth. The cross-section of expected stock returns. *The Journal of Finance*, v. 47, n. 2, pp. 427-465, 1992.

Fooled by Randomness: The Hidden Role of Chance in Life and in the Markets. New York: Random House. 2001.

FOX, Justin. *The Myth of the Rational Market: a history of risk, reward and delusion on Wall Street*. New York: HarperCollins, 2009.

FRIEDMAN, Milton and SAVAGE, L. J., "The Utility Analysis of Choices Involving Risk," *Journal of Political Economy* (Aug. 1948), pp. 279–304.

FRIEDMAN, Milton. The methodology of positive economics. *Essays in positive economics*, v. 3, n. 3, pp. 145-178, 1953.

FRIEDMAN, Milton; FRIEDMAN, Rose D. *Two lucky people: Memoirs*. Chicago: University of Chicago Press, 1999, pp. 216.

GALBRAITH, John Kenneth. *Uma breve história da euforia financeira*. São Paulo: Pioneira, 1992.

GLEICK, James. *Chaos: making a new science*. New York: Penguin Books, 2008.

HAGSTROM, Robert G. The Warren Buffett way: Investment strategies of the world's greatest investor. John Wiley & Sons, 1997.

ISAACSON, Walter. *Einstein – sua vida, seu universo*. São Paulo: Companhia das Letras, 2008.

Jack L. Treynor, "Towards a Theory of Market Value of Risky Assets," *in Asset Pricing and Portfolio Performance; Models, Strategy and Performance Metrics*, Robert A. Korajczk, ed. (London: Risk Books, 1999).

KAHNEMAN, Daniel. *Rápido e devagar*: duas formas de pensar. Objetiva, 2012.

KAHNEMAN, Daniel; TVERSKY, Amos. Prospect Theory: An Analysis of Decision under Risk. *Econometrica*, V. 47, No. 2 (March 1979) pp. 263 -292.

KAKU, Michio. *Physics of the impossible*. New York: Anchor Books, 2009.

KLICK EDUCAÇÃO. "Sir Isaac Newton: Físico, matemático e astrônomo". *Biografias UOL*. 17 ago. 2015. Disponível em: <https://educacao.uol.com.br/biografias/sir-isaac-newton.htm>. Acesso em: 16 abr. 2021.

KUHN, Thomas. *A Estrutura das Revoluções Científicas*. São Paulo: Perspectiva, 5° edição, 1998.

LEWIS, Michael. *O projeto desfazer*: a amizade que mudou nossa forma de pensar. Intrínseca, 2017.

LINTNER, John, "The Valuation of Risk Assets and the Selection of Risky Investments in Stock Portfolios and Capital Budgets," *Review of Economics and Statistics* (Feb. 1965), pp. 13–37.

LINTNER, John, "The Valuation of Risk Assets and the Selection of Risky Investments in Stock Portfolios and Capital Budgets," *Review of Economics and Statistics* (Feb. 1965), pp. 13–37.

LO, Andrew W. *Mercado Adaptáveis: evolução financeira na velocidade do pensamento*. Rio de Janeiro: Alta Books, 2018.

LO, Andrew W. The adaptive markets hypothesis. *The Journal of Portfolio Management*, v. 30, n. 5, p. 15-29, 2004.

LO, Andrew W.; MACKINLAY, A. Craig. Stock market prices do not follow random walks: Evidence from a simple specification test. *The review of financial studies*, v. 1, n. 1, p. 41-66, 1988.

LO, Andrew W.; REPIN, Dmitry V. The psychophysiology of real-time financial risk processing. *Journal of cognitive neuroscience*, v. 14, n. 3, pp. 323-339, 2002.

LOWENSTEIN, Roger Lowenstein, *Buffett: The Making of an American Capitalist*. New York: Main Street Books, 1996, pp. 317.

LYNCH, Peter S; ROTHCHILD, John. *One up on Wall Street: how to use what you already know to make money in the market*. Simon and Schuster, 2000.

MANDELBROT, Benoit B.; HUDSON, Richard L. *The (mis) behaviour of markets: a fractal view of risk, ruin and reward*. Basic books, 2004.

MANDELBROT, Benoit. How long is the coast of Britain? Statistical self-similarity and fractional dimension. *science*, v. 156, n. 3775, pp. 636-638, 1967.

MANDELBROT, Benoit; TALEB, Nassim. A focus on the exceptions that prove the rule. *Financial Times*, v. 23, n. 3, 2006.

MANDELBROT, Benoit; TAYLOR, Howard M. On the distribution of stock price differences. *Operations research*, v. 15, n. 6, pp. 1057-1062, 1967.

MARKOWITZ, Harry. Portfolio Selection. *The Journal of Finance*, Vol. 7, No. 1. (Mar., 1952), pp. 77-91.

MARSHALL, Alfred. *Principles of Economics*. Amherst, New York, 1ª edição, 1997.

MARTIN, Gerald S.; PUTHENPURACKAL, John. *Imitation is the sincerest form of flattery:* Warren Buffett and Berkshire Hathaway. 2008.

MAY, Robert M. Simple mathematical models with very complicated dynamics. *Nature*, v. 261, pp. 459-467, jun. 1976.

MILLER, Merton H. "Behavioral Rationality in Finance: The Case of Dividends," *Journal of Business* (Oct. 1986): S467.

MITCHELL, Melanie. *Complexity* – a guided tour. New York: Oxford Press, 2009.

MODIGLIANI, Franco; MILLER, Merton, H. The Cost of Capital, Corporation Finance and the Theory of Investment. *The American Economic Review*, Vol. 48, No. 3. 1958, pp. 261-297.

MOSSIN, Jan. Equilibrium in a capital asset market. *Econometrica: Journal of the econometric society*, p. 768-783, 1966.

NIEDERHOFFER, Victor. *The education of a speculator.* John Wiley & Sons, 1997.

ODLYZKO, Andrew. Newton's financial misadventures in the South Sea Bubble. *Notes and Records: the Royal Society journal of the history of science*, v. 73, n. 1, p. 29-59, 2018.

OLIVEIRA FILHO, Kepler de Souza. "Sir Issac Newton". *Universidade Federal do Rio Grande do Sul.* Disponível em: <http://astro.if.ufrgs.br/bib/newton.htm>. Acesso em: 16 abr. 2021.

OLIVO, Rodolfo L. F; MORILHAS, Leandro J. Gestão por Valor. *In*: SOUSA, Almir F.; BORTOLI NETO, Adelino. Manual Prático de Gestão para Pequenas e Médias Empresas.1. ed. São Paulo: Manole, 2018, capítulo. 22, pp. 383 – 394.

Oskar Morgenstern, "Perfect Foresight and Economic Equilibrium," *The Selected Economic Writings of Oskar Morgenstern* (New York: New York University Press, 1976), 172–73.

PEGETTI, Ana Lúcia. "Estrutura de Capital: Uma Revisão da Teoria Moderna de Modigliani e Miller". *Revela: Periódico de Divulgação Científica da FALS.* Faculdade do Litoral Sul Paulista, Ano V,- n° XIII (jul/2012). Disponível em: <http://www.fals.com.br/revela/revela026/REVELA%20XVII/REVELA13_1.pdf>. Acesso em: 16 abr. 2021.

POPPER, Karl R. *A lógica da pesquisa científica.* São Paulo: Cultrix, 2004.

RAPPAPORT, Alfred, "Selecting strategies that create shareholder value," *Harvard Business Review* (May–June 1981), pp. 139–49.

ROSS, Stephen A; WESTERFIELD, Randolph W.; JAFFE, Jeffrey. *Administração financeira.* São Paulo: Atlas, 2002.

RUELLE, David. *Acaso e caos.* São Paulo: Unesp, 1993, pp. 42.

SAVAGE, Leonard J. *The foundations of statistics.* New York: Dover Publications, 1972.

SHAKESPEARE, W. O Mercador de Veneza. Disponível em: < http://www.dominiopublico.gov.br/pesquisa/DetalheObraForm.do?select_action=&co_obra=2354>. Acesso em: 16 abr. 2021.

SHARPE, William F. Capital asset prices: A theory of market equilibrium under conditions of risk. *The Journal of finance*, v. 19, n. 3, pp. 425-442, 1964.

SHARPE, William F., "A Simplified Model for Portfolio Analysis," *Management Science* (Jan. 1963), pp. 281.

SHILLER, Robert J. "Do Stock Prices Move Too Much to Be Justified by Subsequent Changes in Dividends?" *American Economic Review* (June 1981), pp. 421–35.

SHLEIFER, Andrei. Do Demand Curves for Stocks Slope Down? *Journal of Finance* (July 1986), pp. 579–90.

SHLEIFER, Andrei; VISHNY, Robert W. The limits of arbitrage. *The Journal of finance*, v. 52, n. 1, pp. 35-55, 1997.

SLATER, Robert. *"Estratégias de Investimento de George Soros"*. São Paulo: Editora Campus, 1998.

SLATER, Robert. *George Soros Definitivo*: a história e as ideias de um dos investidores mais influentes do mundo. Rio de Janeiro: Editora Campus, 2009.

SOROS, George. Fallibility, reflexivity, and the human uncertainty principle. *Journal of Economic Methodology*, v. 20, n. 4, pp. 309-329, 2013.

SOROS, George. *The alchemy of finance*. John Wiley & Sons, 1987.

STEWART, Ian. *Does God play dice?* – the new mathematics of chaos. Malden: Blackwell Publishing, 2002, pp. 18.

STRATHERN, Paul. *Bohr e a teoria quântica*. Rio de Janeiro: Jorge Zahar Editor, 1999.

TALEB, Nassim N. *A lógica do cisne negro* – o impacto do altamente improvável. Rio de Janeiro: Bestseller, 2009.

TALEB, Nassim Nicholas. *Skin in the Game*: Hidden Asymmetries in Daily Life. New York: Random House. 2018.

TALEB, Nassim Nicholas. *The Bed of Procrustes*: Philosophical and Practical Aphorisms. New York: Random House. 2010.

TALEB, Nassim Nicholas. *The Black Swan*: The Impact of the Highly Improbable. New York: Random House and Penguin Books. 2007.

TANOUS, Peter. *Investment Gurus* (New York: New York Institute of Finance, 1997), página 215.

THALER, Richard H. *Misbehaving*: a construção da economia comportamental. Rio de Janeiro: Intrínseca, 2019.

THORP, Edward. Um homem para qualquer mercado: *De Las Vegas a Wall Street, como derrotei a banca e o mercado*. Portfolio-Penguin, 2018.

TREYNOR, Jack L. "Towards a Theory of Market Value of Risky Assets," *in Asset Pricing and Portfolio Performance; Models, Strategy and Performance Metrics*, Robert A. Korajczk, ed. (London: Risk Books, 1999).

UKCOASTGUIDE. *Site de informações sobre a costa litorânea da Grã-Bretanha*. Disponível em: <http://www.ukcoastguide.co.uk>. Acesso em: 16 abr. 2021.

VON WANGENHEIM, Aldo et al. "Técnicas de análise de imagem utilizando fractais". UFSC. Disponível em: < http://www.inf.ufsc.br/~aldo.vw/visao/2000/fractais/index.html>. Acesso em: 16 abr. 2021.

WASENDORF SR., Russel R.; WASENDORF JR., Russel R. "Feature Interview: Harry M. Markovitz, Nobel Laureate. *Altavra*. Disponível em: <http://www.altavra.com/docs/thirdparty/interview-with-nobel-laureate-harry-markowitz.pdf>. Acesso em: 16 abr. 2021.

WEATHERALL, James Owen. *A Física de Wall Street*. Rio de Janeiro: Elsevier, 2015.

WILSON, Edward O. *Sociobiology: The new synthesis*. Harvard University Press, 2000.

ZUCKERMAN, Gregory. "The Making of the World's Greatest Investor". *The Wall Street Journal*, 2 nov. 2019. Disponível em: <https://www.wsj.com/articles/the-making-of-the-worlds-greatest-investor-11572667202>. Acesso em: 16 abr. 2021.

ZUCKERMAN, Gregory. *O Homem que Decifrou o Mercado: como Jim Simons criou a revolução quant*. Rio de Janeiro: Alta Books Editora, 2020.